Crise das Matrizes Espaciais

Coleção Debates
Dirigida por J. Guinsburg

Equipe de Realização – Revisão: Juliana Simionato; Produção: Ricardo W. Neves, Sérgio Kon e Heda Maria Lopes.

fábio duarte
CRISE DAS MATRIZES ESPACIAIS

ARQUITETURA, CIDADES, GEOPOLÍTICA, TECNOCULTURA

EDITORA PERSPECTIVA

Dados Internacionais de Catalogação na Publicação (CIP)
(Câmara Brasileira do Livro, SP, Brasil)

Duarte, Fábio, 1970 –
   Crise das matrizes espaciais : arquitetura,
cidades, geopolítica, tecnocultura /
Fábio Duarte. -- São Paulo : Perspectivas:
FAPESP, 2002. -- (Debates ; 287)

Bibliografia.

1. Arquitetura 2. Espaço (Arquitetura)
3. Geopolítica 4. Matrizes 5. Redes de informação
6. Urbanismo I. Título. II. Série

02-4886   CDD-720.1

Índices para catálogo sistemático:
1. Matrizes espaciais : Crise : Arquitetura 720.1

Direitos reservados à
EDITORA PERSPECTIVA S.A.
Av. Brigadeiro Luís Antônio, 3025
01401-000 – São Paulo – SP – Brasil
Telefax: (0--11) 3885-8388
www.editoraperspectiva.com.br
2002

SUMÁRIO

Agradecimentos 11
Introdução Metodológica 13

PRIMEIRA PARTE

1. *Do Espaço* 29
   Espaço Postulado 30
   Espaço Produzido 38

2. *Construções* 47
   Construção do Espaço 47
   Construção do Lugar 65
   Construção do Território 76

3. *Conceitos em Crise* 89
   Processos de Desterritorialização 90
   Espaço/Tecnológico/Crítico 95
   Não-lugares no seu Devido Espaço 97

4. *Matrizes Espaciais* 101
   Espaço/Território/Lugar 104
   Espaço/Espaço 106
   Espaço/Território 107
   Território/Território 109
   Território/Lugar 112
   Lugar/Lugar 114
   Espaço/Lugar 115

5. *Cena Contemporânea* 117
   Espaços da Modernidade e sua Crise 118
   Continuidade ou Ruptura na Pós-Modernidade ... 123
   Paradoxos da Globalização 129
   Sociedade Informacional, suas Redes e seus Fluxos .. 137

SEGUNDA PARTE

1. *Arquitetura* 143
   Matriz Espacial na Arquitetura Moderna 147
   Crise e Pós-modernidade 157
   Elipse Crítica 164
   História e Linguagem, Aldo Rossi e Peter
   Eisenman 166

2. *Cidades e Redes* 175
   Redes 176
   Cidades do Espaço de Fluxos 180
   Silicon Valley, Silicon Alley e Cidade Multimídia .. 185

3. *Geopolítica* 193
   Mundo Internacional 196
   Matriz Internacional de Raymond Aron 206
   Sistemas em Xeque 212
   Matriz Civilizacional de Samuel Huntington 215
   Territórios e Redes 223

4. *Tecnocultura* 229
   Cultura Tecnológica e Ciberespaço 231
   Virtualidades 235
   Transarquitetura de Marcos Novak 238

 Arquitetura Fluida de Nox 241
 Espaços Híbridos de Knowbotic Research...... 245
  Antártida tecnológica 245
  I0_dencies: maquínico urbano 248
5. *Reflexões Finais* 253

Bibliografia................................. 259

AGRADECIMENTOS

Sou grato à prof. dra. Nelly de Camargo, pela generosidade com que se dispôs a orientar os rumos desta pesquisa, oferecendo-me plena liberdade intelectual para segui-los.

Os apoios financeiro, administrativo e científico da Fundação de Amparo à Pesquisa do Estado de São Paulo propiciaram a dedicação plena a esta investigação.

Encontro-me com alguns de meus professores a cada releitura deste livro. Lembrando-os, agradeço à dra. Cristina Costa, da ECA-USP, dra. Lucrécia Ferrara, da FAU-USP, dr. Renato Ortiz, do IFCH-Unicamp, e Jorge Wilheim, pelos importantes comentários à versão preliminar deste trabalho.

Os professores dr. Louis Guay, do Centre de Recherche en Aménagement et Développement da Université Laval, Quebec; e dr. Georges Benko, do Institut de Géographie, Université de Paris 1 (Panthéon-Sorbonne), acolheram-me em suas universidades, onde foi desenvolvida parte fundamental de pesquisa e redação deste trabalho.

INTRODUÇÃO METODOLÓGICA

Os fundamentos do espaço (como ele é vivido cotidianamente, proposto intelectual e artisticamente, ou constituído politicamente) vêm sendo questionados em diferentes áreas do conhecimento como artes, arquitetura, sociologia, geopolítica e filosofia. Porém, ao observarmos eventos contemporâneos e argumentos dessas disciplinas, duas perguntas se colocam: de um lado, com opiniões tão diversas, será que todas essas áreas tratam do mesmo espaço? De outro, será que toda essa discussão sobre o espaço não seria apenas um dos apontamentos de uma transformação transversal das formas de conhecimento do mundo atual?

Essas perguntas ensejaram várias outras, que serão abertas ao longo deste trabalho. Mas é necessário desvendar que elas indicam duas abordagens teóricas e metodológicas distintas. Na primeira pergunta, o espaço é considerado como o objeto de pesquisa, sendo sua discussão aprofundada através do estudo dos variados eventos e de diferentes abordagens teóricas. Na segunda, o espaço seria mais um instrumento de pesquisa quando, a partir de sua definição conceitual, demonstrar-se-ia como cada uma dessas interpretações indicam mudanças não exclusivas do espaço, e sim das próprias disciplinas que o trataram. Os dois procedimentos investigativos seriam legítimos e trariam bons resultados, mas suscitariam réplicas imediatas: se usado como instrumento, como proposto na segunda alternativa, pressupor-se-ia um conceito definitivo de espaço, o que, pela primeira, é justamente o que parece estar sendo questionado – além do fato de que, possivelmente, cada uma das disciplinas entenderia o espaço distintamente. Isso colocaria em dúvida a validade do procedimento instrumental, obscurecendo ainda mais a abordagem teórica.

Para estudar o que as diferentes manifestações acerca do espaço revelam sobre ele e sobre si mesmas, percebeu-se então a necessidade de trabalhar de modo sincrônico os dois processos, tendo como objeto teórico e instrumental as matrizes espaciais, permitindo atender às necessidades intelectuais despertadas pelos eventos em diferentes áreas do conhecimento, no intuito de compreender a significação do espaço posto em evidência, e aquilo que esse espaço multifacetado evidencia da dinâmica contemporânea.

O que este trabalho propõe é a construção de uma estratégia para a apreensão e compreensão das crises de conceitos fundamentais que vivemos, privilegiando seu caráter espacial elegendo criteriosamente como os seus três conceitos de base o espaço, o território e o lugar, que possuem substrato comum, mas especificidades que lhes individualizam. Após a discussão de cada termo, propõe-se a construção de matrizes, entendidas como a organização de paradigmas de várias disciplinas que formam uma predisposição para a apreensão, compreensão e construção do mundo. Elas não são o seu modelo, a sua fôrma; são suas matrizes, que o constituem e por ele são constituídas. Desse modo, através da construção de matrizes intelectuais proposta neste livro, discutiremos a crise transversal das matrizes espaciais no mundo contemporâneo, tomando como objetos de análise obras e eventos em arquitetura, urbanismo, geopolítica e tecnologias informacionais.

A metodologia empregada durante a pesquisa para a este trabalho foi marcadamente heurística, através da aproximação atenta a obras e eventos que tiveram função catalítica na construção de um procedimento intelectual de pesquisa e questionamento. O processo intelectual heurístico, discutido com profundidade por Puchkin (1969) parte da observação de fenômenos singulares, que chegam "como um relâmpago" e possibilitam o eco de suas características em face de outros similares; mas, para que sirvam de instrumental intelectual, necessitam de uma sistematização, tanto para serem compreendidos como para permitirem a construção de instrumentos genéricos de conhecimento. Com esse procedimento, não se busca formalizar um corpo teórico que induza a conclusões pretendidas. A heurística é inicialmente um processo abdutivo, buscando as conexões entre os eventos por suas possíveis similaridades, a partir do que se pode ou não esboçar em um sistema teórico coerente. Seu procedimento não é, portanto, linear, com uma resolução levando imediatamente à outra, mas faz com que a cada aproximação dos objetos, qualidades não apreendidas despertem a atenção para novos problemas, e a estrutura intelectiva seja questionada e incrementada. Ou seja, um método que permita, como escreveu Lucrécia Ferrara (1986: xiii), a "iluminação recíproca entre o objeto de estudo e o arsenal de informações de que dispõe o pesquisador". Por fim, pode-se pensar na diferença metodológica entre *dispars* e *compars*, discutida por Gilles Deleuze e Félix Guattari (1995). *Compars* busca extrair leis constantes de variáveis para construir um modelo "legalista": é modelo de conhecimento que opera como decalque; enquanto *dispars* propõe-se a colocar as variáveis em estado de constante mutação, buscando singularidades na matéria ao invés da constituição de uma forma fixa: é como um mapa, sempre suscetível a mudanças, devendo ser lido em diferentes dimensões, relacionando fatores distintos aos interesses do observador e à escala estudada.

Esse procedimento de trabalho não é tanto feito por uma escolha consciente tomada antes de sua execução, mas pelo contágio de estímulos constantes. Trabalha-se no limite da segurança, pois, diversamente de uma pesquisa que parte de conceitos chaves para estudar um caso, a escolha é justamente o estudo de eventos aparentemente isolados com a intenção de se colocar intermitentemente em xeque os conceitos que, ao mesmo tempo, devem iluminar esses eventos. O risco acompanha toda a pesquisa e ainda finaliza com uma aparente traição que o autor faz-se a si mesmo, pois se durante todo o trabalho caminhou-se do despertar heurístico à busca dos fundamentos conceituais, a serem confirmados ou questionados, no momento da apresentação dessas reflexões o caminho deverá ser invertido. Mas essa inversão possibilitou a construção de uma base conceitual e metodológica comum e coerente para todo o trabalho. Assim, o livro se inicia com as reflexões teóricas, passando pela apresentação do panorama que envolveu os acontecimentos, questionamentos e pesquisa, para então se deter em obras e eventos que despertaram a reflexão teórica e agora serão por ela iluminados.

Vale, por fim, tomar algumas idéias de Thomas Kuhn para clarear o modo como a pesquisa foi feita. Para ele (1983), a história das ciências não deve ser considerada como um processo evolutivo, mas transformada por revoluções paradigmáticas. Revoluções que provenham ou incitem crises no seu meio de pesquisa podem ecoar em diversas áreas de conhecimento, a ponto de alterar as idéias básicas de uma sociedade sobre o mundo. Após uma revolução, há um árduo período de depuração das novas teorias e experimentos. Trabalho de limpeza teórica que caracteriza um dos conceitos chaves de Kuhn: a ciência normal, que se fundamenta em diversas posições teóricas aceitas pela comunidade, através das quais crê-se ter instrumentos suficientemente aptos para se explicar os fatos.

A ciência normal é basicamente cumulativa e seu trabalho sobre certos paradigmas tende à constituição de regras que devem reger todos os eventos. Até que elas não sejam mais adequadas. Há então uma crise da ciência normal, que Kuhn vê se resolver de três modos: ou ela mostra-se eficaz o suficiente para absorver os novos problemas e resolvê-los a partir de seus paradigmas e lógicas interiores; ou não os resolve e, nenhum outro procedimento intelectual surgindo para esclarecê-los, tais problemas são deixados de lado para uma aproximação futura; ou, finalmente, surgem dessa crise novos parâmetros que não se enquadram na ciência normal existente e serão aceitos como norteadores dos novos procedimentos científicos. Daí vêm as revoluções paradigmáticas.

Kuhn adverte que, mesmo não sendo abordadas, tais crises e mudanças de paradigmas não devem ser tomadas sempre como algo interno às ciências, mas freqüentemente como resultado (ou, ao menos, profundamente influenciadas) por fatores externos, sejam ideológicos, religiosos ou tecnológicos. O destaque dado às crises científicas apontando seu desenvolvimento marcou uma importante transformação na maneira de se ver as ciências, ressaltada por diversos autores que desde então se reportam a Kuhn. Entre eles, Edgar Morin (1977: 28) prescreve o "uso autocrítico dos acontecimentos" com informações que podem desestruturar os sistemas concebidos para manter certa coerência inteligível (segundo o paradigma dominante) do mundo. Mundo que, usando exemplo de Morin, não obedece a uma ordem interna do Cosmos, mas sim se constrói por uma sucessão imprevisível de acontecimentos que se ramificam, metamorfoseiam-se. Mas é necessário cuidado para não sobrevalorizar a informação em si, ou se especializar ao extremo em acontecimentos singulares, como as ciências, na sua fase normal, tendem a fazer – o que, Kuhn concorda, exacerbou-se na modernidade. A atenção aos acontecimentos é ressaltada não pelo privilégio de uma ciência em profundidade, mas para a ativação de todo o pensamento.

A valorização de um paradigma e a especialização das ciências encontrou sucesso no que Bruno Latour (1995: 12) chamou de ciência feita, acabada, que, vista no interior dos laboratórios, bibliotecas ou no campo, pouco guarda do universo complexo da pesquisa. Numa tábua de dicotomias, o autor coloca a ciência (entendida como feita) como segura, sem ligações com vida exterior em seu domínio, restrita aos fatos que não são discutidos; enquanto a pesquisa é arriscada, incerta, guiada por ramificações externas. Latour analisa que, após vinte anos da crítica feita por Morin, está havendo uma crise da sobrevaloração da ciência perante a pesquisa, atestando uma mudança de paradigma no próprio procedimento de se interessar por uma pesquisa, executá-la considerando fatores externos ao laboratório e expô-la durante todo o processo – que se mantém, ao fim, aberto. Latour toma como exemplo o projeto Genoma que há alguns anos deixou de ser um assunto de especialistas para atrair investimento maciço em equipamentos, com seus avanços e problemas internos discutidos em público. Essa mudança de escala, envolvendo mais pesquisadores de outras áreas e com investimentos encurtando os passos do trabalho, seria ao mesmo tempo uma decisão científica, administrativa, técnica e industrial. Os conceitos, finalmente, não seriam considerados paradigmas guias de uma nova ciência normal, mas entidades estratégicas para se conhecer e também se inserir no mundo. Se se pensar nos momentos críticos dos paradigmas de Kuhn, é importante notar que Latour indica uma crise no próprio fazer científico que atinge mais as ciências ditas duras que as ciências sociais e que o autor reconhece em questões públicas respondidas no final do livro.

Tais argumentos de Kuhn, Latour e Morin interessam aqui porque este trabalho vai trafegar por diferentes disciplinas tendo consciência de alguns perigos que podem se voltar contra o processo de pesquisa. Primeiro, os acontecimentos não serão tomados em si, como se através deles se vislumbrasse princípios conceituais essenciais, e sim por serem a materialização de processos que não se escondem neles, acontecimentos, mas nas possíveis relações que mantêm com outros, formando um sistema. Segundo, não se quer partir de uma afirmação teórica para então induzir suas comprovações através de citações esparsas em diversas disciplinas. O passeio por diversas áreas de conhecimento é a constatação inicial de que a crise das matrizes espaciais foi despertada por eventos díspares e dispersos em campos do saber, o que pode indicar uma transformação global, tanto da matriz espacial em si quanto de outros sistemas que, interdependentes, buscam entender e organizar o mundo. Finalmente, a partir da construção de conceitos estratégicos, ao mesmo tempo instrumentos teóricos e metodológicos, a volta aos eventos que despertaram este trabalho tem o intuito de ressaltar e entender como se dá sua crise; porém, como o princípio gerador deste trabalho é a suposição de uma crise de paradigmas fundamentais (no caso, espaciais), os instrumentos metodológicos e teóricos que serão construídos e utilizados portam sua própria crítica em estado latente. É o risco a se tomar quando se tenciona discutir as crises; mas é também o fomento quando se quer um texto crítico.

Analisar a crise de paradigmas negando sua importância como se não existissem ou tivessem sido superados, pode ser uma luz, mas apenas se for considerada a metáfora de uma embarcação à deriva, que, sem saber como navegar num oceano de fluxos que não consegue ler, lança um tiro luminoso esperando salvamento. É chamativo, mas é fátuo. Como escreveu Kuhn, um paradigma estrutural é o ápice de uma ciência que, na seqüência, dedica-se a comprová-lo e a questioná-lo. Na sua ausência completa ou pretendida, todos os fatos têm a mesma importância – que se no momento de ebulição da crise pode ser proveitoso, sua manutenção leva-os à importância nenhuma. Por isso o destaque de Kuhn na história das ciências como períodos normais, crise de paradigmas, construção de outros períodos normais – esses tanto esclarecendo como alimentando as potencialidades dos novos paradigmas e, ciclicamente, ao levá-los ao seu máximo, colocá-los novamente em xeque.

Assim entendida a crise, pode-se passar ao segundo termo do título deste trabalho, as matrizes. Outro conceito da mesma ordem, o de sistema, far-se-á presente aqui com certa constância. Mas não devem ser confundidos. A princípio, podemos entender os sistemas como compostos por elementos que devem funcionar de determinada maneira regularmente, absorvendo e completando as funções uns dos outros. Se o senso comum concorda que os sistemas são mais do que a soma das partes, Edgar Morin (1977: 68-69) lembra que são também menos que a soma das partes, pois para que um sistema seja eficaz, várias potencialidades de cada um de seus elementos não podem se manifestar em prol do funcionamento do conjunto. A ciência normal exposta por Thomas Kuhn constitui-se em um sistema, com seus conceitos e instrumentos característicos que buscam explorar e explicar todos os fenômenos. A crise se dá justamente quando os fatores exteriores são fortes o suficiente para demandarem certa consideração que o sistema, pelos elementos que integra e pelo modo como os organiza, não mais responde devidamente. A cibernética estudou profundamente os sistemas e sua organização, buscando esclarecer as propriedades e as funções de elementos estranhos mas a eles compatíveis. É o princípio básico da entrada e saída de dados numa caixa preta. Pode-se tanto desvendar o funcionamento do sistema analisando como os elementos entraram e como saíram ou, conhecendo o sistema, determinar as saídas correspondentes a cada elemento. É o procedimento básico de compreensão tanto da caixa preta dos aviões como da estrutura das línguas ocidentais. Conhecendo-se os caracteres e as regras da língua portuguesa é possível saber que, numa brincadeira de forca ou palavra cruzada, por exemplo, após um P não se coloca um Z ou outro P, e ainda se tem a gama de elementos possíveis (as cinco vogais mais L e R). Qualquer eventual inclusão de outro elemento será detectada primeiramente como um erro – mesmo que depois se constate uma mudança das regras do sistema (no português brasileiro, há algumas décadas o H seria também uma probabilidade) ou um possível questionamento do próprio sistema.

A tecnologia é comumente considerada como resultado de uma ligação retroalimentadora da ciência e da economia, ao mesmo tempo em que substrato e fermento da civilização, e dita por Edgar Morin (1969: 70) como o *logos* universal. Ela tem em sistemas que funcionam adequadamente sua base de desenvolvimento, o que se torna patente quando se analisa a industrialização em face do desenvolvimento econômico, político ou urbano seu contemporâneo. Podemos nos lembrar de *Metropolis*, de Fritz Lang, filme do final da década de 1920, em que toda a organização social e política devia funcionar de acordo com o sistema industrial hegemônico, formando um grande sistema econômico, social, tecnológico e ideológico. Tal temática foi retomada diversas vezes tanto pela literatura quanto pelo cinema, da sátira de *Tempos Modernos*, de Charles Chaplin, aos episódios semanais de *Chapéu Coco e Bota de Couro*, não se alterando essencialmente no sério *Alphaville*, de Jean-Luc Godard, ou na sátira às casas modernas de *Meu Tio*, de Jacques Tati. Em todos os casos, havia um sistema que teria como essência ou objetivo a organização de toda a sociedade – mas que poderia ser subvertido, séria ou humoristicamente –, demonstrando claramente a existência de elementos que o sistema não consegue integrar.

A organização dinâmica de elementos de uma tecnologia industrial e seu vínculo com o sistema econômico capitalista foi motivo de estudos sobre como toda a sociedade, a partir desses dois paradigmas conectados, formaria um grande sistema. Claro, o espaço foi lido aí pela sua inclusão. Milton Santos (1989: 18) afirma que homens, firmas e instituições seriam elementos de um "verdadeiro sistema" comandado pelo modo de produção dominante – e sua conseqüente distribuição e consumo de produtos, que determinariam portanto como se entende e como se organiza o espaço. Uma implicação desse sistema industrial e econômico encontrará seu eco ideológico no trabalho de Henri Lefebvre (1981) sobre o espaço, considerado ele próprio um produto desse sistema. Em certa medida foi uma questão aproximada que deu início a algumas obras de Milton Santos (1989: 5), que se pergunta "como passar do sistema produtivo ao espaço?". Ambos os autores serão discutidos em momentos oportunos, ressaltando, entretanto, que um dos fatores da crise – mote deste trabalho – é que tal sistema, para o bem ou para o mal, não funciona tão engenhosamente a ponto de determinar todas as instâncias da vida. Nem do espaço.

Santos (1989: 23) vê a possibilidade de estudar o espaço por estruturas conceituais (econômicas, políticas etc.) e não sistemas, pois, para ele, a consideração dos sistemas implica na determinação precisa de seus elementos, seus atributos e a relação entre eles, enquanto a idéia de estrutura absorve definições mais amplas do que podem ser entendidos como seus elementos pertinentes. Em suas obras seguintes, que aqui terão maior importância, o espaço deixa de ser uma instância como a econômica ou a sociológica para ser tratado como um fundamento global. A crítica ao entendimento de todos os aspectos do mundo como sistemas foi abordada por Jean Baudrillard quando tratou os objetos industrializados corriqueiros que constituem a paisagem do cotidiano. Concorda com o conceito de sistemas tecnológicos, sociais, científicos e econômicos que engendram os objetos tecnológicos até que saiam das fábricas – onde mesmo sua funcionalidade precisa foi planejada. Mas, e quando, através do uso, da prática cotidiana, essas pretendidas funções são subvertidas? Se há um sistema de objetos, como ele comporta os usos imprevistos, que alteram sua função, seu significado e seu papel na dinâmica cotidiana que, afinal, não funciona tão engenhosamente como os sistemas tecno-ideológicos previam?

Novamente recorrendo a Kuhn, a formação de um sistema requer a existência tácita de paradigmas norteadores. Pois bem, quando se analisa a crise dos próprios paradigmas, não se pode conceber um sistema que funcione perfeitamente – algumas tentativas serão discutidas, mesmo sabendo-as infrutíferas até o momento. À idéia de estrutura que Santos levanta, nem o próprio autor dará continuidade explícita em suas obras seguintes, talvez pelo perigo por ele mesmo apontado de que, se desligada da função, ela leve a um "estruturalismo anistórico e formal" (Santos, 1989: 66), que não consideraria, portanto, a importância capital das transformações para a vida dos conceitos.

Chega-se, assim, à idéia de matriz utilizada neste trabalho a partir de Paul Veyne (1986: 6-33), que as entende não como evidências materiais, mas formadas por alguns dos conceitos ordenadores da realidade. A história deixaria de ser analisada pelos fatos inscritos num tempo e espaço físicos para ser entendida pela formalização de problemas e idéias provenientes de vários sistemas conceituais interligados em matrizes, pelas quais a história seria tanto responsável quanto por elas seria regida. Raymond Aron (1959: 87) deu como exemplo que o tempo que César levaria para chegar a Paris seria o mesmo que o de Napoleão, séculos depois, para chegar a Roma; entretanto, a Roma de César e a Europa de Napoleão são espaços e tempos históricos distintos. Portanto, as matrizes espaciais, privilegiadas neste estudo, não devem ser entendidas como submetidas à história ou à geografia, mas como um dos conceitos instrumentais para a formação e análise de eventos sociais, culturais, econômicos ou políticos.

Desse modo, entende-se uma matriz como a organização de paradigmas de várias disciplinas que formam uma predisposição para a apreensão, compreensão e construção do mundo. As fronteiras entre civilizações podem revelar os fundamentos de diferentes matrizes, sejam temporais, sejam espaciais. Quando os europeus chegaram à América, perceberam e intervieram no novo continente munidos de matrizes espaciais alimentadas pelos sistemas religiosos, filosóficos, econômicos e técnicos que possuíam, e que divergiam frontalmente das matrizes dos habitantes locais. Estudando as representações que os europeus fizeram do Brasil, percebe-se que a carta de Pero Vaz de Caminha ao rei português descreve o que encontrou filtrado pela matriz espacial que ele portava da Europa; o mesmo vale para representações da flora, fauna e índios brasileiros (que, aliás, não se imaginavam brasileiros) que são freqüentemente misturadas com figuras mitológicas européias ou simplesmente figuras imaginárias que povoavam qualquer mundo desconhecido, misterioso.

Félix Guattari (1989: 27; 1992: 23-25), em suas constantes críticas à psicanálise freudiana, considera que mesmo as formas de subjetivação se transformam na história de acordo com certas matrizes; desse modo, assim como o teatro grego ou o amor cortês em suas épocas, o século XX tem em Sigmund Freud e sua insistência na sexualidade e na infância, na mitologia e no passado reincidente, uma matriz repleta de neuroses, histerias e psicoses pela qual se poderia analisar o mundo contemporâneo – que, em parte, ela mesma formou. Ainda sobre a psicanálise, é o que Gilles Deleuze e Félix Guattari (1995: 52) criticam em relação à obsessão a alguns moldes de análise: "Freud nem escuta, olha seu cão e responde: 'é papai'". Para este trabalho, o que importa não é o objeto da discussão de Deleuze e Guattari, mas notar como tal procedimento criticado pode representar o extremo das matrizes, quando elas estão ao mesmo tempo na formação e na apreensão de um mundo até o ponto em que o discurso torna-se prisioneiro de si mesmo, ou seja, usa-se uma matriz para guiar uma leitura de uma realidade que se crê, desde o princípio, ser formada pela mesma matriz.

De modo mais estrutural, toma-se aqui matriz e não sistema até pela formalização de ambos. Como foi dito, o sistema é ao mesmo tempo mais e menos que a soma das partes, sendo que os seus elementos não entram em contato todos uns com os outros para que seu funcionamento seja o mais eficiente possível, tendendo à previsibilidade e causalidade, como notou Walter Buckley (1971: 68). Em compensação, se um elemento novo é incluído no sistema, ou ele se adapta ao conjunto ou todo esse se altera. Numa matriz, todos os elementos entram em contato entre si, não há funcionamento visado, as equações entre as partes podem ser alteradas a partir dos mesmos elementos, e qualquer outro pode ser inserido sabendo-se de antemão que entrará em contato com os outros. Uma matriz não é um modelo, é uma matriz. Platão, em *Timeu*, faz sua cosmogonia a partir do termo *Khôra*, que, além de ter implicações diretas com o espaço, que serão posteriormente exploradas, é a matriz do mundo. A matriz não determina todos os aspectos do mundo, mas é o "receptáculo amorfo" (como será visto por Jacques Derrida e Edward Casey, entre outros) constituído pelos elementos que aí adquirem existência. Nenhum elemento existe sem se formar em *Khôra*, que só passa a existir pela passagem desses elementos. É a partir dessas três concepções que a matriz é aqui proposta para se pensar o espaço, numa relação cuidadosa com outros importantes conceitos como sistema e estrutura. A matriz não se organiza em si mesma determinando outros elementos ou sistemas, mas existe pela e para a própria permanência desses; ela é nutriz de apreensões, compreensões e construções do mundo, que todavia não se restringem a ela; e ela pode ser transformada pela inclusão, retirada ou metamorfose de elementos, continuando a existir como tal – já que, paradoxalmente, ela nunca existe como tal, ensimesmada.

Voltando para o ponto de partida chega-se, ciclicamente, ao último termo do título deste trabalho: o espaço. Haveria um conceito ontológico de espaço na base de todos os eventos e discussões que apontam sua crise? Pensamos que não, e o início da argumentação sobre o espaço se fará justamente discutindo o que está submerso nas tentativas de se conceituar um espaço ontológico puro: a postulação de um espaço. É verdade, como afirmam diversos autores, que o espaço é composto de partes interdependentes. O problema é que a partir daí se criam divisões comumente baseadas nos saberes envolvidos, ou seja, haveria um espaço econômico, um espaço ecológico, outro psicológico, literário, sociológico, urbano, arquitetônico e, seguramente, qualquer outro adendo que o classificaria por feições disciplinares. Tal divisão pode ser eficaz quando se quer pensar economia ou psicologia, ao se perguntar como o espaço é entendido pela sociologia, ou qual é seu papel na literatura; mas isso em nada auxilia uma incursão no estudo do espaço em si.

De outro lado, há a consciência de que o espaço é plural, e tais divisões não são de todo eficazes, mesmo que alguns autores optem por um desses termos. É o caso de Henri Lefebvre, que escolheu tratar do espaço sociológico e, dentro dele, a partir de uma visão ideológica precisa (forças do capital industrial produziriam todo o espaço, pela violência e pela política). Suas idéias serão discutidas em momento conveniente. Momentaneamente se nota que Lefebvre atesta a existência da pluralidade de significados, agenciamento e apreensão dos elementos espaciais, e propõe que haja um espaço percebido, um espaço vivido e um espaço concebido. Essa classificação é mais proveitosa que as disciplinares, pois trata da multiplicidade própria do espaço sem recorrer a divisões conceituais históricas. Concorda-se que o espaço é formado com a história, mas ele não é datado. A classificação das características múltiplas do espaço se dá por propriedades que lhe são intrínsecas. Alguns traços da maneira como se percebe, vive-se, ou se concebe o espaço possibilitam uma classificação clara de conceitos a ele subjacentes. Como em *Khôra*, esses elementos são formados no e pelo espaço, mas adquirem características suficientes para que sejam elaborados de forma independente, constituindo, na sua interação, as matrizes espaciais.

A tríade matricial será composta pelo espaço, lugar e território. Suas definições, em dicionário, enciclopédias e até mesmo em livros teóricos dedicados ao tema, confundem-se por igualá-los conceitualmente ou separá-los, principalmente, por uma simples diferença de tamanho. Há, por exemplo, livros dedicados ao lugar onde, claramente, referem-se a objetos e ações essenciais do espaço; outros dedicados ao espaço que o tratam apenas pelas suas formas de controle exercidas por um conjunto de elementos sobre outro, noção mais próxima do território.

Aqui foram discutidos brevemente os três fundamentos desta reflexão, ordenados em crise, matriz, espaço. Ao se propor um estudo atento de cada um deles, cabe uma inversão de encaminhamento. Os próximos capítulos serão dedicados à discussão ampla do Espaço, chegando à proposta de construção do espaço, do território e do lugar; em seguida, as matrizes espaciais serão constituídas; e então, através de um painel da situação mundial contemporânea, ligando certos eventos e obras teóricas, discutir a crise que se entende transversal a várias disciplinas. Crise que apenas conceitos fundamentais do mundo (como tempo ou ser – ou caso, o espaço), podem acarretar. Finalmente, será aprofundado o estudo de processos que se desenvolvem entre o final, do século XX e o início do século XXI, em distintas áreas de conhecimento, para se discutir a pertinência do que se propõe como a crise das matrizes espaciais. Processos que, estando na conclusão deste texto, deram início ao trabalho.

PRIMEIRA PARTE

1. DO ESPAÇO

A busca pela definição de espaço em dicionários e enciclopédias pode ser tão labiríntica quanto elucidativa. Labiríntica pois, em enciclopédias gerais, o verbete espaço ramifica-se em subverbetes que nem sempre convergem a uma clarificação conceitual do termo – em certas enciclopédias, como a *Universalis* (1995), o próprio termo isolado não existe, detendo-se em especificidades disciplinares. Em enciclopédias especializadas é freqüente que sua explicação siga dois rumos: de um lado, como em geografia (Baud *et al.*, 1995), o termo é assumido como aberto a distintas interpretações, confundido com outros termos disciplinares (território, paisagem, lugar) e, no ensaio de defini-lo, cai-se em derivações, como espaço econômico, espaço vivido ou espaço geográfico; de outro lado, sobretudo em filosofia (Russ, 1991; Abbagnand, 1971), o que se encontra é uma discussão das diferentes acepções atribuídas ao termo sintonizada com a história da disciplina. Mas a busca é também elucidativa justamente por apresentar a pluralidade de áreas de conhecimento nas quais o espaço tem importância fundamental; e assim, pelas visões por vezes díspares, tem-se consciência da polissemia do conceito.

Mas como pode um conceito ser fundamental a várias disciplinas se, em si mesmo, ele é tão variado? Esse é um paradoxo do espaço que será abordado neste livro, sem a intenção de elucidá-lo. Neste capítulo serão discutidas, num primeiro momento, as tentativas de se encontrar a definição de um espaço absoluto e suas conseqüências epistemológicas e sociais; em seguida, assumindo que as idéias de espaço se alteram junto com as transformações da humanidade, serão analisados trabalhos teóricos que buscam identificar fatores sociais que determinam a natureza do espaço; para então, num terceiro momento, identificarmos alguns termos definidores do espaço que perpassam tanto a visão absoluta quanto a polissêmica. A identificação desses termos não pretende propor uma outra definição, apenas servirá de instrumental teórico e metodológico para dar conta das transformações do espaço em face de alguns fenômenos contemporâneos.

Os elementos básicos definidores do espaço possibilitam que se derivem dele outros dois conceitos, o território e o lugar, que, com o espaço, formarão a tríade conceitual das matrizes espaciais. Para eles também as definições enciclopédicas são enigmáticas, por vezes colocando-os até como sinônimos. Não o são.

Espaço Postulado

Freqüentemente dicionários tentam definir o espaço como sendo algo com uma "extensão ilimitada...". A própria quantificação de "ilimitado" parece ter sido tomada como alternativa à uma impossibilidade definidora. Parece quase nada querer dizer. E no entanto diz; e o diz com a clara intenção de que a infinitude atrelada à incompletude do espaço se mantenha.

A moderna definição do espaço como algo infinito e suas conseqüências está presente na obra de diversos pensadores. Identificando as teorias de Giordano Bruno e Galileu Galilei como preconizadoras da infinitude do espaço, o filósofo Jan Marejko (1998) aponta que a característica fundamental desses trabalhos é que o espaço infinito foi descrito não por ter sido constatado, mas postulado. O conceito do espaço não mais correspondia ao vivido, mas ao que poderia ser formulado através da linguagem científica – o que faria o homem conceber o mundo além de todos os seus limites carnais. É importante lembrar que tal infinitude não aparece como uma medida, como se um espaço infinito pudesse ser quantificado num tempo infinito, e sim como um conceito novo para as ciências, não mensurável, mesmo que intrínseco ao desenvolvimento científico e filosófico posterior.

A definição ontológica do espaço como sendo infinito e incorpóreo (Abbagnand, 1971) é recorrente no desenvolvimento das ciências e da filosofia modernas, passando pelas obras de Newton e conseqüentes, até início do século XX. Retendo essa definição, e tomando de Marejko (1994: 15) que a ontologia poderia ser entendida como o "movimento de um espírito encarnado ou topizado (*topisé*) em direção ao objeto de que fala", tem-se um paradoxo. O corpo, considerado ao mesmo tempo "sujeito" e "objeto", sem poder ser separado em conceitos distintos, não se encaixaria na exatidão do pensamento filosófico e científico nascente. Poder-se-ia perguntar: nesse espaço infinito e incorpóreo, onde colocar o corpo humano? Henri Lefebvre (1981: 467) alerta para a abolição do corpo que se instaurava no pensamento ocidental, considerando-a como uma traição filosófica. Jan Marejko (1994: 29-30) ainda observa que se é necessária a alienação do sujeito do objeto observado para se chegar a uma definição precisa, se todos os cientistas decidissem se retirar do espaço para defini-lo, ninguém e nada mais restaria no mundo. É o mundo histórico, do homem histórico, aquele que não sabe mais o que fazer com seu corpo, imaginando-se fora de qualquer enraizamento espaço-temporal.

De outra parte, numa sociedade em que a religião confundia-se com a ordem do mundo, admitir que o espaço é infinito significaria dizer que tudo está no espaço – e, em última análise, é espaço. Deus perde seu lugar (Marejko, 1998: 120-121). Também nesse espaço infinito, qualquer ação, qualquer movimento perderia sua razão pois, em última análise, não se iria a lugar algum, nada se almejaria, pois se continuaria sempre dentro do mesmo espaço. Daí Marejko (1998: 32, 122) dizer do espaço infinito como algo eternamente fechado, o espaço infinito como uma prisão. Falta nesse espaço a razão de ser do movimento, não o deslocamento de um ponto a outro, mas o sentido do ser que se move buscando além dele para, de certa forma, completar-se. Era tal a existência do Deus transcendental, anulada ao se aceitar o espaço infinito como absoluto, portanto, contendo tudo.

As teorias anteriores do espaço não se queriam absolutas e buscavam ver o universo científico/filosófico como um dos elementos do mundo vivido, não seu regente. O mundo moderno busca fundamentos definidores de como deve ser o espaço (e diversos outros temas científicos e filosóficos) – fundamentos que seriam matematicamente comprovados, tendendo assim a serem considerados "verdadeiros" e inquestionáveis para todos os fenômenos.

Esse espaço fundamental, sem Deus e sem a interferência do ser humano, que se queria assim alheio a influências que não fossem científicas, era resultado de um posicionamento dos pensadores perante o mundo em que viviam, e produziu conceitos que foram utilizados na formação ideológica das sociedades futuras. O espaço fundamental queria-se preciso, sem interferências anímicas ou divinas. Nesse sentido, a Reforma protestante no século XVI, a consolidação da ciência e a emergência da idéia de cidadania no século XVII foram essenciais na reinvenção da espiritualidade, como escreveu Bruno Latour (1991: 52), o que permitiu manter a religiosidade na esfera privada e não a trazer à baila durante discussões científicas, tornando assim possível, para a sociedade moderna que se formava, ser ao mesmo tempo piedosa e laica.

Em relação às distorções do espaço pela presença do homem, foi também entre os séculos XV e XVII que se criou a perspectiva, que nada mais é (ou deveria ser) do que uma técnica de representação do espaço. Entretanto, a perspectiva, construída geometricamente de modo que, através dela, o espaço pudesse ser mensurado objetivamente, cria o espaço como um continente onde todos os elementos se colocam em relação ao olho. Mas a perspectiva tem vários aspectos ideológicos na forma de apreensão, compreensão e representação do mundo que se escondem na intenção de apresentar a disposição perfeita dos objetos segundo leis ópticas. Lembremos que perspectiva fundamenta-se em dois pontos: a fuga e o olho. A fuga possibilitaria a colocação "exata" dos objetos no espaço e era usada como prova matemática, portanto inegável, de fenômenos de apreensão do mundo, de modo que Leonardo Da Vinci afirmou que a perspectiva elucida que "toda coisa transmite ao olho sua imagem em linha cônica" (*apud* Regnauld, 1998: 23). A fuga é o limite do espaço perspectivo, o horizonte. Todas as linhas convergem à fuga e, se não a ela direcionadas, não fazem parte do espaço. Um exercício simples de perspectiva mostra que um grande edifício que esteja do lado do observador, mas cuja existência ultrapassa o campo visual, não pode fazer parte do espaço representado. A questão não é simplesmente de desenho, mas cultural. Qualquer forma de representação deve excluir alguns elementos em prol de outros; mas a perspectiva criou leis que definem como deve ser apresentado qualquer espaço.

Veja-se o *Retrato Eqüestre de Guidoriccio Fogliano*, de Simone Martini. Os conjuntos de edifícios parecem "desproporcionais" entre si, e sobretudo à figura do cavaleiro, se forem atendidas as leis geométricas da perspectiva. Para esse afresco, que superdimensiona a personagem de Fogliano perante os castelos e acampamentos militares, pode valer a observação de Rudolf Arnheim (1989). Ao analisar algumas telas medievais, que não respondem ao que chamou de "axioma do realismo" criado pela perspectiva central, alerta para que o artista, "longe de cometer um engano", optou pela melhor maneira de passar o que queria ao público. Tal representação, com destaque para uns e não outros elementos, sem que haja uma regra visual que valha para todos, é portanto ideológica, da mesma forma que a perspectiva central criou normas que se querem regentes da apreensão do espaço real, do espaço verdadeiro. A perspectiva determina um espaço postulado.

O privilégio do olho sobre todos os outros sentidos na apreensão do mundo é central na criação da perspectiva. Para questionar essa apreensão do espaço visual, Hervé Regnauld cita um experimento proposto por Wittgenstein. Imagine-se

Simone Martini, *Retrato Eqüestre de Guidoriccio Fogliano* (1328). Detalhe.

que todas as partículas do meu corpo estejam dispersas e apenas o olho fixo; ele vê, mas como as partículas do observador estão dispersas, o olho não pode situar-se ou situar o observador, tampouco dimensionar o que vê. Assim, o olho necessita de todo o corpo do observador para se situar no espaço. Na seqüência dessa experimentação, Wittgenstein (1975: §72-75) propõe vários olhos espalhados em janelas e descolados dos seus corpos; eles veriam, mas não se poderia dizer quem vê com quais olhos, e o observador (corpo), tendo uma imagem, não saberia qual é o olho que vê por si, indicando que se o observador por completo não estiver ligado ao espaço, ocorre a perda de qualquer significação desse. Através do espaço geométrico da perspectiva se mede o que se vê sem se definir o sujeito cultural.

Mas o papel da perspectiva no contexto histórico que definia a visão de mundo que se formava pode ser analisado de modo divergente. Onde Marejko vê uma ligação ideológica da perspectiva com a ciência na definição do conceito de espaço que se instaura, Regnauld percebe a perspectiva tentando afirmar-se sobre conceitos que a ciência queria demonstrar inválidas. Desse modo, enquanto na ciência se demonstrava que a Terra não era o centro do mundo, não podendo ser referência nem para um movimento nem para um tempo absolutos, em arte a perspectiva privilegiava o olho centralizador. A perspectiva poderia assim ser vista tanto como a exclusão do homem da forma "correta" de se apreender o espaço, quanto também como a tentativa, ante a ciência universalista, de focalizar o mundo em regras ópticas próprias ao humano. A discordância de opiniões importa a este trabalho não pela confrontação em si, mas para ressaltar que é a multiplicidade de discussões sobre o espaço, quando considerados aspectos de linguagem, tecnologias ou política, que faz que ele seja um tema incompleto mas mutável – embora não infinito, e com potencialidade de ser descrito.

Em relação à abolição de uma existência transcendental influenciando o espaço vivido, Marejko (1994) e Lefebvre (1981) escrevem que o entendimento das regras intrínsecas do funcionamento do universo assegurava uma ciência leiga, o que influenciou na determinação de Estados laicos e possibilitou o fortalecimento da democracia moderna, embutindo no funcionamento político possíveis regras internas que não poderiam sofrer influência de fatos religiosos, espirituais ou culturais. Da mesma maneira que a ciência se fazia pela eliminação de toda subjetividade, também o poder instaurado assim se pretendia, diferindo de outras formas de poder como os faraós, caciques, imperadores ou reis, que legitimavam sua força em sua visão particular do cosmos, que dirigia toda a sociedade. A visão científica possibilitou a defesa de um espaço absoluto, que foi usado politicamente como símbolo de certa "unidade cívica" organizando o mundo.

Se interessante a crítica dos dois autores à visão absoluta do espaço e seus desdobramentos históricos e políticos, é ausente em seus textos a visão contrária: o estudo do momento histórico do surgimento dessas concepções "científicas" do mundo. Para isso, a obra de Thomas Kuhn é clarificadora. Para se chegar a ela, um último exemplo utilizado na crítica de Marejko. Atacando a retirada de toda subjetividade na formação da idéia de mundo que surgia com a ciência moderna,

Marejko (1994: 173) afirma que antes de Galileu, o ser humano era considerado parte integrante do mundo e sua existência nele o alterava peremptoriamente, sendo sua característica a qualidade de movimentar-se, de buscar algo transcendental inerente à sua vida – e mais, essa era a própria dinâmica do mundo, de todas as coisas, sendo que mesmo a pedra "desejaria" se encaminhar ao centro da Terra! Mas vale notar como a mesma pedra era vista antes de Galileu, pensando em Aristóteles. Kuhn (1983: 148 e 170-172) coloca os dois pensadores citados olhando uma pedra balançando na extremidade de um fio. Segundo a ciência aristotélica, a pedra tendia a se imobilizar no ponto mais baixo pois sua "essência" fazia com que fosse atraída para o centro da Terra; portanto, seu balanço no fio era uma queda interrompida mas determinada por sua natureza. Galilei, de modo diverso, via na pedra balançando na ponta de um fio um pêndulo, e sua imobilidade no ponto inferior como regido por leis que, com Newton, seriam descritas e calculadas como gravitacionais.

Contextualizando as revoluções científicas que analisa, Kuhn (1983: 101-102) ainda diz que o sucesso das teorias de Galilei sobre o movimento vem acompanhado das dificuldades para tratar o assunto que se acumulavam no pensamento aristotélico. A não funcionalidade de teorias em voga também impulsionou outras transformações científicas, como a teoria de ondas, surgida num ambiente de insatisfação com as explicações newtonianas de difração e polarização da luz.

Voltando ao espaço, para contextualizar sua compreensão além do vivido imediatamente pelo homem, pode-se finalizar com a visão do heliocentrismo substituindo o geocentrismo. Aí também Marejko vê sintoma do abandono do ser humano, pois o homem não vivenciaria a rotação e a translação da Terra, deixando de ser o centro de seu próprio mundo. Ilustra a perda da consideração do ser humano na definição de visão do mundo e de seu espaço, faltando-lhe um contexto histórico, oferecido novamente por Kuhn (1983: 104). O ambiente científico de Copérnico mostrava-se insatisfeito com as explicações oferecidas pelas teorias astronômicas de Ptolomeu. Um assistente de Copérnico dizia que nenhum sistema tão complicado e inexato poderia ser fiel à natureza, e o próprio Copérnico dizia ter herdado da tradição um monstro. Os esforços para a substituição da astronomia ptolomaica envolviam diversos pensadores desde o início do século XVI e eram impulsionados pela sociedade não científica que queria uma reforma no calendário para torná-lo mais preciso. Para os contemporâneos de Copérnico, "Terra" significava "posição fixa", e o choque da teoria de Copérnico deve ser visto não tanto pelo fato de demonstrar que a Terra gira, mas sim porque, com suas proposições, o próprio sentido da palavra "Terra" se modificaria (Kuhn, 1983: 170-172).

A crítica à concepção de espaço absoluto e infinito, moldado nas ciências e filosofia modernas, não é fato isolado na constituição de uma visão de mundo que reja todas as camadas sociais. Todas as transformações de conceitos fundamentais para a vida humana são acompanhadas de alterações na organização social: sejam faraós, sejam cientistas modernos, há algo sob a transformação de conceitos que desencadeia alterações paralelas em vários aspectos da organização social. Porém, deve ser ressaltada a especificidade e a força do conceito de espaço fundamental científico moderno que, ao contrário das outras concepções espaciais anteriores e posteriores, também alimentadas ideologicamente, foi o único a ter promovido uma convergência crescente de seus princípios, regendo a organização das idéias em toda a sociedade. Basta notar que as propostas de Einstein, maior revolução em física depois de Newton, ainda não se fazem sentir inteiramente no cotidiano – mesmo que constituam, com outros pensamentos paradigmáticos, como os de Darwin, Freud e Marx, o ambiente intelectual no qual a modernidade se formou e a contemporaneidade se transforma.

Bruno Latour (1991: 76) vê na constituição do mundo moderno uma simetria canônica que promulga a inacessibilidade das coisas em si, ao mesmo tempo em que o sujeito transcendental é distanciado do mundo. A partir daí pode-se pensar a existência de um espaço total, ontológico, isento de ânimos e repleto de leis universais; entretanto, ele não tem qualquer pertinência quando se considera o homem como elemento não apenas integrante, mas catalisador da compreensão desse mundo – o que é o fato básico do espaço tratado neste livro. É o processo subterrâneo de formação de conceitos, de maneiras de apreender e compreender o mundo que torna o espaço, conceito polissêmico e fundamental em disciplinas distintas, importante para o entendimento das transformações de boa parte da vida cotidiana.

Em qualquer idéia de espaço existem cargas culturais temporalizadas e localizadas. Esse espaço, para usar um termo ainda não carregado semanticamente, foi produzido. Tal é a contribuição crucial do trabalho de Henri Lefebvre, no seu estudo sobre os fundamentos dessa produção, que envolveria intenções preconcebidas para se moldar o espaço com objetivos ideológicos no mais das vezes ligados à certa forma de poder. Todavia, teria sido o espaço sempre produzido para se impor sobre a sociedade o modo de produção político e econômico vigente?

Espaço Produzido

Vimos que um conceito absoluto, como o postulado pelo espaço infinito, não auxilia um aprofundamento objetivo na discussão de fenômenos espaciais; tampouco deixa de ser uma consideração carregada ideologicamente, usada como instrumento de influência sobre a concepção de mundo de toda uma sociedade. Entretanto, bastaria dizer que o espaço é múltiplo? Não, é preciso que se coloquem parâmetros que definam o objeto a ser estudado, ao mesmo tempo em que sirvam como instrumentos para reflexões.

Novamente buscando uma definição de espaço, é elucidativa a apresentação do verbete na *Encyplopaedia Universalis* (1995), preparado pela historiadora das cidades Françoise Choay. Ela escreve que o termo *spatium* não aparece nos primeiros tratados de arquitetura, como nos de Vitrúvio ou Alberti, e mantém-se ausente por vários séculos, até mesmo em Ledoux, no século XVIII. Então, a teoria da arquitetura lidava com proporções, harmonia, conveniência, efeito, ordem e distribuição de seus elementos, sendo que seus problemas eram resolvidos fundamentalmente através do desenho. Tal ausência do trato direto do espaço na arquitetura é realmente espantosa e foi ressaltada por Henri Lefebvre (1981: 312-313), que considera capital a obra de Vitrúvio como um tratado de semiologia arquitetônica, mas em que falta um dado, para ele fundamental, na constituição do espaço: o efeito urbano, sem o qual não existe qualquer possibilidade de se falar em espaço cívico, em espaço como algo vivido coletivamente. Todavia, todos esses teóricos escreveram suas obras nas cidades, responsáveis pela mais importante transformação no modo de vida individual e coletivo da história – é a partir da revolução urbana que toda outra subseqüente pode ser considerada. Concluindo com o texto de Choay, vê-se que, no campo de conhecimento envolvendo a arquitetura, é efetivamente em urbanismo, que envolve o trato com as coletividades civicamente organizadas, que o tema é tratado objetivamente a partir do século XIX, especialmente pelo Barão de Haussmann, responsável pela transformação urbana de Paris.

Considerando esse espaço de convívio coletivo, Henri Lefebvre propõe uma teoria da produção do espaço social – ou, melhor, espaços sociais, que vão dos ambientes domésticos aos Estados nacionais. São espaços compartilhados, que possuem a orientação de sua vivência gravada em seus objetos e condutas. Assim, para Lefebvre (1981: 112) o espaço é a "morfologia social", não um quadro ou caixa em que fatos ocorrem; mas justamente essas ocorrências são simultaneamente fatores da produção e sintomas dos fundamentos ideológicos formadores desse espaço.

Para entender o que Lefebvre quer dizer com produção, observemos sua distinção entre obra e produto. Lefebvre (1981: 185) considera "obra" algo único, insubstituível, e "produto" algo que resulta de gestos repetitivos e que também é feito para ser indefinidamente repetido. Haveria a pressuposição de uma lógica que determinaria o produto, a forma como seria utilizado pela sociedade e principalmente seu papel como regulador dos atos dessa sociedade. Haveria sempre uma ideologia dominante guiando e controlando a sua produção e uso. Assim como o dinheiro é um objeto concreto, mas também a formalização de um conceito regente da ordem econômica e social moderna, os espaços seriam similarmente produzidos. "O espaço social envolve as coisas produzidas, compreende suas relações em sua coexistência [...] No entanto, ele é uma ficção [...] comparável àquela de um signo" (Lefebvre, 1981: 88). Na produção há um par básico que é o mundo e o cosmos, este sendo o substrato ideológico constituinte do primeiro, material. A igreja é o espaço da Igreja, onde o confessionário, o altar, a distribuição da audiência e do pregador são elementos de um espaço que reflete a forma de dominação de uma ideologia sobre o seu público, o mesmo valendo para as suas formas externas e localização urbana, que ampliam tal modo de controle espacial sobre uma área maior que seu recinto – envolvendo outros espaços, objetos e pessoas. Esse espaço produzido seria finalmente codificado, mesmo que não explicitamente, de modo a manter a ordem prevista na visão do cosmos que molda o mundo real, servindo também para que se possa viver tal espaço, compreendê-lo e produzi-lo. Ou seja, segundo certa ideologia as formas físicas e as ordens de poder e convívio em um espaço regeriam tacitamente a vida de uma coletividade sob sua influência, estando codificado de tal modo que poderia ser reproduzido em qualquer outra parte. Estudando a implantação das cidades portuguesas e espanholas na América Latina, vemos que a localização estratégica da casa do governo, casa militar e igreja determinavam a ordem de um espaço; principalmente ao se colocar em evidência as diferenças entre os dois tipos de conformação urbana, percebe-se que a ordem espacial diferia de acordo com as duas visões de mundo dos colonizadores ibéricos.

Para Lefebvre, tal é a lógica da produção do espaço, religioso ou político, que tenderia a ser um espaço absoluto, chegando à plenitude invisível no moderno Estado-Nação capitalista, sendo o poder do Estado o sujeito hegemônico de sua formação. O fortalecimento desse tipo de organização política sobre as sociedades européias ocidentais, ampliadas pelas suas colônias que se tornavam independentes (América) ou aplicadas nas suas novas colônias (África e Ásia) ocorreu no século XIX. Acompanhou a estruturação do regime econômico capitalista que se baseou politicamente no Estado-Nação e se alastrou pelo mundo, acrescido e relacionado pelo desenvolvimento da indústria, suas formas de produção, organização social e consumo. Lefebvre assume no início de seu livro que seu pensamento parte da visão de Marx, justamente por esse autor ter compreendido e explicitado como a ordem do capital moldava o mundo em formação. É interessante notar a referência anterior de Françoise Choay, que identificou nessa mesma época a emergência do termo espaço nos escritos sobre arquitetura, como oriundo do urbanismo, justamente a disciplina que, então, organizava a transformação do espaço de convívio social das cidades em um período de transição entre ordens políticas e econômicas.

Quando Lefebvre busca referência da origem da produção desse espaço, ele também se refere ao campo da arquitetura, em especial à escola alemã Bauhaus, que tem suas raízes no desenvolvimento industrial do século XIX, mas se constituiu e existiu nos anos de 1920. Seus idealizadores, tendo como timoneiro Walter Gropius, tinham consciência de que as inovações tecnológicas industriais iriam transformar toda a sociedade, da forma de produção de objetos às especializações profissionais, das alterações desses produtos na sociedade à mudança no modo de vida dos trabalhadores. Tais alterações teriam impacto em toda a estrutura social e portanto no espaço. A Bauhaus dedicou-se a entender a lógica produtiva industrial e a propor novos utensílios, nova arquitetura e nova cidade para o espaço moderno que se inaugurava. Não importava para a Bauhaus apenas a inserção de objetos arquitetônicos na cidade, mas sim a concepção global de espaços aptos à racionalidade produtiva. As transformações políticas, econômicas e industriais na virada do século XIX para o XX tiveram conseqüências diretas na organização dos Estados, inclusive o alemão, que fechou a escola para opor a seu espaço um outro, onde havia, igualmente, uma ideologia espacial embutida. Estava inaugurado o espaço moderno, que em seus amplos vazios destinados à funcionalidade e à liberdade também trazia a forma ideológica que desenhava o comportamento dos objetos e das pessoas que abrigava. É o espaço como um produto, seguindo a lógica de Lefebvre.

Para contrapor a cidade produzida pelas forças ideológicas da Igreja ou do capital (assumindo que esse trouxe à plenitude o espaço produzido), Lefebvre (1981: 81-91) lembra

Veneza, dizendo-a uma obra, não um produto. "A sua unidade arquitetônica e monumental... quem a quis? [...] Seus objetos ocupam um espaço que não é produzido como tal". O mesmo se poderia dizer dos pequenos vilarejos, em contraposição à cidade moderna, "esta um produto, no sentido o mais rigoroso: repetitível". Em seguida faz uma tímida ressalva, dizendo que mesmo em Veneza o espaço social se reproduz segundo as suas forças produtivas; mas sua exuberância espacial, com o mar, por vezes dominado, outras vezes evocado (suas curvas preciosas e fruição animada), dá-lhe estatura de obra, não produto.

Mas a sua ressalva parece ser muito tímida. É evidente que em Veneza, como em qualquer cidade, sedimentam-se os paradigmas lógicos e ideológicos que são constituintes, mesmo que invisíveis, do espaço. A cidade não ter sido planejada globalmente não retira dela a influência dos conceitos espaciais de uma sociedade, conceitos que interagem com objetos concretos (pedras ou águas, árvores ou pessoas) e movimentos (marítimos ou financeiros) e que formam o espaço. O fato é que a idéia de Lefebvre parte de uma estrutura ideológica própria de sua época, tal como uma visão do cosmos que moldou o mundo real e intelectual de diversos pensadores. Lefebvre assume que é a visão marxista da organização do mundo que embasa o seu entendimento do espaço. Outros autores, por utilizarem e não assumirem a adoção de determinado pressuposto ideológico, comprometeram a riqueza de sua obra. É o caso de Armand Frémont (1976: 17), autor de importante trabalho sobre o espaço vivido, que traz termos amplificadores para se pensar o espaço cotidiano, ao considerar que além dos componentes administrativos, históricos, ecológicos e econômicos, há também fatores psicológicos que constituem o espaço. Porém, se ele inicia o desenvolvimento dessa tese, parece traído pelo "espaço abstrato" de Lefebvre (1981: 62-63), que se impõe e tende a destruir o vivido – transformado na obra de Frémont em um modelador do espaço.

Se o espaço postulado (infinito e puro) é ineficaz para se entender as complexidades espaciais vividas na história, e se a bela Veneza e outros bucólicos vilarejos não devem ser considerados como espaços produzidos, o que eles são? Seriam exceção gloriosa ou excrescência insignificante da magna dinâmica da produção do espaço? Sendo uma ou outra (ou nenhuma delas), de todo modo eles existem. Mas como então analisá-los? De outro lado, assumindo-se viver numa cidade evidentemente produzida, digamos Brasília, a sala do encontro familiar noturno é regida pelas leis abstratas do espaço?

O próprio Lefebvre (1981: 132-133) apresenta pistas teóricas para essas questões no início de seu livro, mas que parecem ter sido abafadas pela tese principal da produção ideológica do mercado capitalista, que envolveria, necessariamente, a violência do poder. As pistas teóricas de Lefebvre (1981: 26-54) são representadas por sua divisão tripartite do espaço: haveria a prática espacial, os espaços de representação e as representações do espaço. A essa divisão corresponderia o espaço percebido, vivido e concebido. O espaço concebido, ou as representações do espaço, é aquele em que se espelham as relações de produção, de ordem, de conhecimentos, de signos e de códigos que formam o espaço, determinando sua vivência e permitindo sua reprodução indiscriminada em qualquer terreno. É o espaço dominante em uma sociedade, tendendo a se tornar um sistema de signos. Pode-se claramente identificá-lo com o objeto final da produção do espaço proposta pelo autor. O espaço vivido, ou os espaços de representação, é formado por simbolismos nem sempre codificados pelas pessoas que o vivem; é o lado "subterrâneo" do tecido social, repleto de signos e modos de se apropriar dos objetos que são próprios aos seus habitantes, tendo como centro o ego, a moradia. É o espaço onde ocorrem os conflitos cotidianos, mas que não se podem sobrelevar às representações do espaço, sendo o espaço vivido de uma frágil liberdade perante o espaço concebido. Finalmente, a prática espacial permite a formação lenta de lugares específicos dentro do espaço, onde a sociedade secreta seus valores, dominando e se apropriando de certos espaços, assegurando a continuidade e coesão social. Não se definindo como um sistema em si, nem pela adaptação a um sistema, é ela que permite que o espaço "se dramatize, graças às energias potenciais dos grupos diversos que transformam pelo uso o espaço homogêneo" (Lefebvre, 1981: 450).

A partir das proposições de Lefebvre, queremos apresentar três críticas à sua conceituação do espaço e análise de fenômenos, que indicariam sua pertinência como uma forma global de entendimento. A primeira é que Lefebvre se dedica profundamente ao espaço concebido, às representações do espaço, mas deixa em segundo plano os espaços de representação e pouco escreve sobre as práticas do espaço – e quando o faz, claramente os submete à ideologia da produção do espaço. É essa carga ideológica de Lefebvre que, mesmo identificada sua origem histórica, parece se transformar em um paradigma teórico atemporal e atópico ao qual toda vivência e formação do espaço devem se submeter. Como já ressaltado, tal espaço abstrato pesou sobre outras importantes tentativas de discussão do espaço, como o caso de Armand Frémont.

Para estudar o espaço vivido, título de seu livro, Frémont (1976: 19-29) parte da formação infantil da apreensão do espaço, baseado nos estudos de Piaget, explicando que as relações do homem com o espaço não são inatas nem imanentes, mas que vão se formando junto com o desenvolvimento das estruturas de inteligência humana, iniciando com o espaço corpóreo imediato da criança e o colo materno e chegando ao espaço social adulto. Quando a criança cresce, percebe a complexidade polissêmica do espaço e um entendimento conceitual qualitativo menos poético faz-se necessário – e aí toda a riqueza que se principiava com a vivência destacada por Frémont se esvai. O autor busca então, para entender a complexidade espacial, uma categorização, também ternária: o espaço de regulação seria aquele codificado como as ruas, calçadas ou semáforos que determinam a apropriação espacial por valores alheios aos objetos em si; o espaço de apropriação seria aquele ocupado por um grupo ou pessoa e que, em última instância, transforma-se em mercadoria, seguindo leis de mercado próprias ao capitalismo industrial ou leis do Estado socialista; finalmente o espaço de alienação, com o qual se refere explicitamente a Lefebvre, para aceitar que a ordem espacial invisível participa da alienação dos homens no sistema social capitalista. Mas como pode ser facilmente percebido, tal divisão não apresenta diferenças qualitativas entre as partes, havendo apenas um espaço abstrato hegemônico que determinaria todos os outros.

Talvez consciente disso, Frémont (1976: 99-100) subdivide o espaço para identificar os lugares, que para ele seriam a "forma elementar do espaço", sendo nada mais que "superfície reduzida e entorno de um pequeno número de pessoas". Mesmo já tendo destruído a riqueza do termo, o autor continua classificando os lugares curiosamente de modo ternário, dedicando os dois primeiros à égide da produção, e o terceiro, que englobaria termos tão díspares como bosques africanos, desertos, cimos inacessíveis, "monstruosas peregrinações do Islã ou do catolicismo", ou ainda "ruas estreitas e sombreadas que perderam toda função, à exceção de um indefinível 'pitoresco'" (111), chamou de lugares inúteis. Mais uma vez, assim como o eternamente fechado espaço postulado infinito, o espaço produzido torna-se uma prisão ideológica. Dessa vez nada mais há que o produzido segundo o mercado, o que é necessariamente mau; e tudo o mais, por falta de classificação (ou de entendimento), deixado nas estreitas ruas sombreadas dos "lugares inúteis".

As duas outras críticas ao espaço produzido, segundo a lógica de Lefebvre, são conexas. Mesmo não tanto explorada, é valiosa a observação qualitativa do autor, diferenciando as representações do espaço, espaços de representação e práticas espaciais. Essa última, menos que uma classificação pelos atributos conceituais, poderia ser vista pela dinâmica que engendra no espaço. Práticas que estariam presentes na produção do espaço, mas, não sendo relevadas, tornar-se-iam subalternas ao espaço concebido. Esse, por sua vez, ganharia destaque supremo e abafaria em boa parte o espaço vivido.

Entendendo essa dinâmica, as representações do espaço e os espaços de representação talvez mereçam termos conceituais apropriados à sua especificidade. Por isso, propõe-se aqui a diferenciação terminológica das práticas espaciais com o intuito de torná-las instrumentos teóricos de análise. Diferenciação conceitual que, não obstante, corrobora a existência de elementos essenciais a todos os espaços – da qual se toma a elegante assertiva de Milton Santos, que define o espaço como sendo a inter-relação de sistemas de objetos e sistemas de ações, dinamizados por paradigmas lógicos que formam e são formados por essa própria dinâmica. Deriva-se daí as definições aqui propostas aos outros dois termos espaciais: território e lugar. O território como uma porção de espaço codificada, onde os símbolos e suas ordens tendem a imantar o espaço, organizando o regime de forças que nele habitam ou que por ele passam, não necessariamente controlados apenas por um poder soberano, mas também por valores de determinada sociedade. O lugar como uma porção do espaço onde um grupo de pessoas ou um indivíduo sedimentam seus valores culturais de modo a depositar nele suas referências, sem que, no entanto, tais valores sejam a ordem materializada de suas vidas ou de outros que aí se encontrem, mas que sirvam como sua identificação no espaço. Os próximos capítulos serão dedicados a uma definição elaborada dos três termos, das construções do espaço, do território e do lugar – que constituirão as matrizes espaciais.

Finalmente, é preciso salientar porque será usada a palavra construção e não produção. A produção do espaço proposta por Lefebvre adquiriu peso ideológico suficiente para enquadrar de antemão qualquer tentativa de clarificação metodológica ou teórica. Partir da "produção do espaço" implicaria aceitar uma metodologia da análise carregada de fundamentos ideológicos, o que pode ser considerado tão inoperante quanto o espaço postulado infinito. A construção, por outro lado, possibilita que as diversas partes teóricas aqui discutidas sejam recolhidas, analisadas por suas similaridades e diferenças conceituais, e então organizadas claramente em três termos básicos que podem servir a várias disciplinas que se ocupam do espaço como psicologia, urbanismo, arquitetura, sociologia, geografia ou geopolítica. Termos (espaço, lugar e território) que serão construídos como ferramentas conceituais para a discussão das crises espaciais contemporâneas.

2. CONSTRUÇÕES

Construção do Espaço

Milton Santos (1997: 67) escreveu uma elegante conceituação do espaço como sendo composto pela relação entre os sistemas de objetos e os sistemas de ações. Em sua definição, considera a ação humana, pois apenas ela tem finalidade, objetivo – enquanto na natureza a ação "é cega, não tem futuro"; e os objetos não agem, mesmo que tendam, ao longo da história, a serem predestinados a determinadas ações. Na natureza, as coisas existem, não são criadas ou produzidas – é desse ponto que Henri Lefebvre (1981: 85-89) parte para caracterizar o que chama de espaço social, que sempre envolve objetos produzidos pelo ser humano, ainda fazendo a diferenciação entre *obra* e *produto*, na qual a primeira é única e insubstituível, enquanto o segundo é feito para que possa ser repetido tanto em si como pelos atos que o produzem. A natureza entra na concepção de espaço dos dois autores, mas deve-se lembrar que é a natureza significada, a natureza que foi introduzida pelo ser humano em seu sistema de objetos ou ações. A definição de espaço de Santos é assim intimamente ligada ao espaço social de Lefebvre. Por ora, pode-se manter a definição geral de Santos (1997: 50) incluindo todas as ações e objetos rememoráveis, acrescentando que para ele o espaço pode ser também entendido como um conjunto de fixos e fluxos, sendo que os primeiros, "fixados em cada lugar, permitem ações que modificam o próprio lugar, fluxos novos ou renovados que recriam as condições ambientais e as condições sociais, e redefinem cada lugar".

Outro ponto fundamental em sua definição, é que para Milton Santos (1997: 34) tais objetos são organizados e "utilizados (acionados) segundo uma lógica" – lógica que está próxima à própria dinâmica da história, que tem o espaço assegurando sua continuidade. Desse modo, conclui que não são os objetos que formam o espaço, mas é esse que os forma, pois é sua lógica própria que determina quais objetos serão destacados e como eles se organizarão. Em diálogo constante, os sistemas de objetos condicionam as ações, e seus sistemas, por sua vez, possibilitam a transformação dos objetos existentes ou levam à criação de novos (1996: 110-111).

Através das proposições de diversos autores dedicados à reflexão sobre o espaço, algumas questões poderiam ser formuladas: haveria uma lógica universal formadora do espaço, à qual todos os espaços conhecidos ou a conhecer estariam submetidos? Todos os objetos e ações encontram-se sob a mesma lógica, valendo para o espaço cotidiano e o espaço astronômico? Tal lógica seria inerente ao espaço ou seria ela construída ideologicamente pelos homens? Ou, não havendo uma única lógica espacial, então o espaço é, de seu princípio, plural? Mas se plural, como os colocar todos sob o nome de espaço? É tal lógica que origina os objetos e as ações ou deles provêm? Tais questões são fundamentais para o estudo do espaço e serão debatidas. Mas desde já é conveniente explicitar que a idéia aqui defendida será a de que não há uma lógica absoluta do espaço, sequer uma lógica de um espaço absoluto, e sim que o espaço é construído na relação entre três partes: os objetos, as ações e os seres humanos – que agem diretamente sobre os objetos ou significam (atribuem signos e significados) ações e objetos.

Caminhando pelos extensos desertos de areia, ou numa longa noite de sonhos, tem-se consciência de sua existência pelos fluxos e fixos que constituem o espaço, material ou onírico. Vive-se todos esses espaços, mesmo não sendo fácil encaixar num mesmo sistema espíritos, plasmas estelares e edifícios, tampouco campos de atração, rituais místicos e trânsito urbano. Entretanto, todos esses elementos compõem os espaços que vivenciamos: nosso mundo. Tentar encaixá-los numa mesma lógica de formação ou organização, se não é impossível, em nada é instrumental, pois os parâmetros para avaliar como tais elementos se relacionam entre si formando o espaço são incongruentes. Entrar-se-ia num universo de fatores onde tudo vale e tudo tem importância. Contrário a isso tem-se o espaço matemático científico, com regras precisas – ainda que venham se transformando ao longo dos séculos –, e cuja formulação contém dois pontos essenciais: ela define quais são os objetos e ações descritíveis, portanto, que fazem parte do espaço (onde os sonhos não entrariam), ao mesmo tempo em que traz a idéia do espaço infinito.

A primeira hipótese deixa de ser válida pois há fatores determinando o espaço vivido cotidianamente não encaixáveis em formulações gerais. A segunda, vulgarizada e aceita sem maiores contestações mesmo por crianças que não podem conceber tal infinitude, é uma das idéias mais fortes do mundo ocidental. Tornada importante para o mundo moderno a partir de Galileu Galilei, ela levanta uma questão simples mas perturbadora: se o espaço é infinito, nada pode estar fora do espaço e nada há além do espaço. Se nada está fora do espaço, se infinito, os sonhos estão no espaço – mas o mesmo espaço que os animais? Se infinito e, portanto, além do espaço só há mais espaço, a sentença do filósofo Jan Marejko (1994: 122) de que o espaço infinito é uma prisão, toma força desesperadora, já que todas as questões a ele postas seriam parte desse espaço, estariam a ele subordinadas e de nada adiantariam.

Nesse sentido, é valiosa a obra de Edward Hall (1959) que, ao estudar as diversas formas de comunicação humana, dos gestos aos odores, considera o espaço como o dado fundamental para a organização de todas as nossas sensações, atividades e instituições. Hall foi um dos pioneiros a ressaltar que o espaço não é algo homogêneo a toda a humanidade, mas que varia culturalmente. Seguindo essa linha, Yi-Fu Tuan (1983: 40) escreveu sobre a importância do entendimento do espaço pela experimentação humana, trazendo da língua inglesa que a própria palavra mundo (*world*) tem radical etimológico *Wer*, que significa homem. Apesar de seu livro ser importante para todos aqueles preocupados com assuntos envolvendo espaço, é preciso que seja lido com os olhos bem abertos, tamanha sua confusão conceitual. Será aqui utilizado com ressalvas anotadas. Assumindo a importância do ser humano na compreensão e formação do mundo e do espaço, diz que o homem, quando dormindo, ainda sofre influências do ambiente, mas perde seu mundo, sendo reduzido a um corpo ocupando um espaço (Tuan, 1983: 41). Ora, tal afirmação, escrita após mais de meio século dos trabalhos de psicanálise de Sigmund Freud, deve ser prontamente questionada; pois o sono, apontado por Lefebvre (1981: 24) como um dos enigmas para a filosofia, pois "reproduz a vida pré-natal e anuncia a morte", é um momento experimentado cotidianamente, podendo servir de exemplo dos diferentes sistemas de objetos e ações que o ser humano vivencia e com os quais constrói seus espaços.

O corpo dormente ocupa um espaço não por estar estirado e inerte, mas (inclusive através desses sinais) porque nessa ocasião, mesmo estando o ser humano inconsciente, seu corpo continua relacionando-se com o ambiente. Atingindo temperatura diferente daquela das atividades conscientes, alterando seu movimento respiratório, escolhendo posições para dormir (sentado, deitado, e não em pé), o ser humano relaciona-se com o espaço para manter-se em equilíbrio, e continua trabalhando para conservar certa temperatura, por exemplo. Ele ainda está, mesmo que minimamente, atento ao mundo que conhece quando acordado e o relaciona com seu corpo biológico, pois ruídos externos estranhos ou necessidades fisiológicas imediatamente o despertam. Assim, mesmo com o corpo considerado inerte por Tuan, o homem não está apenas "ocupando um espaço", mas lidando com objetos e ações da melhor maneira possível para manter seu bem estar – certamente grande número de elementos com os quais não se importa quando acordado.

O sono ainda traz outras elucidações, considerando-se que ele vem acompanhado de sonhos. Sonha-se quando se atinge certo grau de desligamento do mundo em que consciente se vive. Edgar Alan Poe (1978: 263) escreveu que "Quem nunca perdeu os sentidos não descobrirá jamais estranhos palácios e rostos singularmente familiares entre as chamas ardentes; [...] não meditará nunca sobre o perfume de alguma flor desconhecida, nem mergulhará no mistério de alguma melodia que jamais lhe chamou antes a atenção".

O universo onírico é importante na formação cultural de povos e indivíduos há muito tempo. No seu *Dicionário Kazar*, Milorad Pavitch conta a história da polêmica envolvendo o povo guerreiro e nômade Kazar. Entre os séculos VIII e IX de nossa era, o chefe desse povo teve um sonho enigmático que lhe pareceu importar para o destino Kazar. Chamou três filósofos, um cristão, um judeu e um muçulmano, e decidiu que seu povo se converteria à religião daquele que desvendasse o sonho. Eram os caçadores de sonhos, que "sabiam ler os sonhos de outros, viver e morar neles e, percorrendo-os, caçar a presa que quisessem" (1989: 59). O mais célebre dos caçadores, Al Safer, que domesticava os peixes nos sonhos alheios, encontrou Deus nos profundos espaços oníricos e se perdeu em si mesmo, não por cometer qualquer erro em sua ascensão até Ele, mas por não saber como retornar.

Os leitores, decifradores e caçadores de sonhos são figuras que tentam elucidar os mistérios desse mundo tão humano, ganhando importância científica no século XX, com a psicanálise de Sigmund Freud. As figuras que povoam e agem nos sonhos, os impulsos inconscientes e estímulos que lhes dão vida poderiam ser considerados os fixos e os fluxos que compõem o espaço onírico em que vivemos durante boa parte de cada dia, e que são tão reais, tão constitutivos do mundo humano quanto qualquer outro sistema espacial. Já durante o sonho eles podem interferir no comportamento de nosso corpo e sua interação com o meio ambiente, induzindo-o a movimentos, mudanças de temperatura, transpirações que são experimentados entre distintos espaços em que se vive concomitantemente. E é também inegável que a vivência onírica interfere em como lidados com o espaço quando conscientes.

O sono e os sonhos, não diretamente ligados ao mundo consciente, ainda fazem parte de sua constituição, alimentam-no de referências e estímulos, interferem na constituição de objetos e nas ações humanas. Mesmo Henri Lefebvre (1981: 240), especialmente preocupado com o espaço social, aponta a importância do mundo onírico, que é ao mesmo tempo fictício e real; porém não o considera importante para o "aprendizado social", não sendo portanto constituinte do espaço. Isso só poderia ser verdadeiro na sociedade moderna trabalhada por Lefebvre, que não incorpora os sonhos na sua constituição social; caso contrário ao de diversas sociedades por vezes ditas primitivas, como várias tribos de índios brasileiros ou o povo Kazar. O que Lefebvre não deixa claro é que a sociedade de que está tratando é a sociedade moderna ocidental e que, assim, todas as suas opiniões devem tão somente tê-la como referência; não o fazendo, parece assinalar que seus pontos são válidos universalmente. O que poderíamos dizer é que os sonhos são importantes para a constituição do espaço individual, mas serão desconsiderados nesta análise pois não são constituintes do espaço compartilhado socialmente – e ainda isso apenas porque o sistema cultural, o sistema de valores do mundo aqui tratado (ocidental moderno) não os considera como fator coletivo. Com isso quer-se deixar claro que a exclusão ou inclusão de uns ou outros elementos na constituição do espaço não ocorre por seus valores atávicos ou por lógicas universais, mas porque é o sistema cultural, os filtros culturais coletivos do mundo considerado que assim as determinam. Trata-se, pois, de uma decisão metodológica e teórica privilegiar o espaço compartilhado por seres humanos, como é o caso deste trabalho, não um princípio lógico inalienável do espaço.

Edward Hall (1969) escreveu que pessoas de diferentes culturas habitam mundos sensórios distintos e, portanto, espaços potencialmente distintos. A origem dessa afirmação está em que o mundo é percebido através de filtros culturais que são formados por alguns elementos biológicos inerentes ao ser humano, e outros que se diferenciam entre culturas. Voltando brevemente ao exemplo do sono, encontra-se o ser humano vivendo três espaços distintos (mesmo que, sendo um ser, eles são interligados): tem-se o espaço do corpo dormente, interagindo fisicamente com o meio ambiente; o espaço onírico, povoado pelos seres e ações internalizados; e o espaço consciente. Os três se retroalimentam, mas podem ter comportamentos específicos o suficiente para que possam, como o são, ser analisados separadamente.

Talvez por serem experimentados tão cotidianamente, num mesmo corpo, essa distinção de espaços seja vista como artifício metodológico. Pois então se pode tomar esse ser humano por um astrônomo. Quando o sol se levanta e ele acorda, pedala até seu laboratório, tendo que desviar de carros, controlar a força nas pernas para subidas e descidas, tomar objetos naturais ou arquitetônicos como referências, enfim, vivenciar um espaço composto por ações e objetos corporais e urbanos. Liga os computadores, observa o céu pelo telescópio e imerge num mundo onde interessam as explosões solares, a transformação de hidrogênio em hélio, a interferência do plasma solar no campo gravitacional da Terra, esse na manutenção de rotas de satélites naturais e artificiais, estudando como esses elementos relacionam-se entre si, como organizam o espaço astronômico. Apesar de imaginável, seria um exercício mirabolante pensar que e como o equilíbrio térmico do corpo humano dormindo pode ser considerado como elemento atuante no espaço astronômico. A apreensão, compreensão e análise dos espaços pressupõe que o astrônomo viva diferentes espaços, diferentes pois formados por objetos e ações organizados por uma certa lógica, determinados pelos filtros culturais. E mesmo sabendo da rotação da Terra, quando acaba seu dia de trabalho, pedala ao pôr-do-sol.

Relacionando a concisão polivalente do conceito de espaço de Santos com a definição dos filtros culturais de Hall, ambos sintéticos o suficiente para dar conta da amplitude de experiências espaciais que vivemos, podemos dizer que:

- Os fixos são elementos aos quais atribuímos ou reconhecemos características que neles se sedimentam (uma estrela, uma árvore, um personagem mítico, um espírito da floresta).
- Os fluxos são as informações que podem circular tendo esses fixos como balizas e catalisadores (a variação térmica [fluxo] em um quarto é sentida pois interage com um corpo [fixo] com sangue quente e que reconhece essa variação e busca equilíbrio térmico).
- Apreendemos uns e não outros porque nossos filtros biológicos e culturais são distintos entre grupos e pessoas.

Edward Hall e Marshall McLuhan escreveram seus livros na mesma época. Em referências mútuas, ressaltam que apreendemos o espaço pelos nossos cinco sentidos e por suas ampliações tecnológicas. Todos os sentidos se complementam. Hall dá-lhes caráter cultural, e não apenas biológico, com grande parte de seus estudos dedicada a entender como pessoas de diferentes culturas usam os sentidos de modos distintos, construindo assim variados filtros culturais. Os japoneses, por exemplo, teriam uma percepção espacial acústica para a qual simples paredes de papel satisfariam como isolamento, quando no norte da Europa esse isolamento requer espessa parede (Hall, 1969: 44-47); ou o espaço olfativo, valorizado pelos árabes, potencializando um "sentido químico" que foi minimizado na cultura ocidental.

Essas apreensões de outros elementos que os habitualmente aceitos levaram o geógrafo André Siegfried (1947) a propor que a geografia se dedicasse a quaisquer objetos e ações organizados no espaço; portanto, por que não uma geografia dos sons, das cores ou dos odores? Poder-se-ia estudar a distribuição espacial das religiões e seus odores, que variam não só no espaço mas também no tempo, havendo um odor característico do Segundo Império francês ainda encontrado, no início do século XX, em antigos cafés; o mesmo que Siegfried encontrou no México, sentido como índice da presença francesa no território. E o que não se poderia dizer dos caçadores d'água no interior do Brasil ou África, que com forquilhas de madeira apontadas para o solo sabem onde há uma mina; e mesmo as pessoas, principalmente no interior do país, que sabem, por uma brisa ou canto de pássaro, se vai chover? Todos esses exemplos demonstram que um mesmo espaço é apreendido de maneiras distintas, através dos filtros culturais. Os fluxos e os fixos estão potencialmente presentes nessas situações para todos, mas algumas pessoas ou grupos são aptos a captar e considerar dentro de seu sistema espacial uns ou outros desses elementos.

Recordando a constituição do espaço, tem-se que, num primeiro momento, numa pletora de elementos, alguns são selecionados e organizados segundo a lógica própria de seres humanos de cultura comum, que entendem que tais elementos têm afinidades para constituir um sistema que funcione em si; e que elementos de sistemas distintos estão em constante interferência recíproca. É o caso do espaço urbano ou astronômico. Num segundo momento, num mesmo sistema espacial (o espaço de habitação), filtros culturais interferem determinando distintos usos, apreensões, valores e representações.

Além disso, num espaço comum onde se encontram pessoas com mesma base cultural, elas têm percepções espaciais distintas pela acuidade com que usam os sentidos. Hall fala de um cego que consegue apreender um espaço mas limita a identificação dos fluxos e fixos a alguns metros, percebidos pelos odores, sons ou tato (tanto manual como pelas vibrações sentidas pelo corpo); já uma pessoa que enxerga, teria potencialmente um número muito maior de elementos considerados em seu espaço. É claro que, como dito, o uso de mais sentidos potencializa uma apreensão ampliada do espaço, mas a destreza que se tem em sentidos específicos pode trazer uma riqueza qualitativa em uma experiência sensória que não seria satisfeita se fosse usado outro sentido.

As diferenças espaciais proporcionadas pelo uso dos sentidos podem ser ilustradas pelo conto de Edgar Poe, "O Poço e o Pêndulo", e pelo filme *O Enigma de Kaspar Hauser* (1974), de Werner Herzog. No conto de Poe (1978: 262), a um prisioneiro, durante seu julgamento, faltam-lhe os sentidos e tem como última imagem as sete velas sobre a mesa dos juízes que, para ele, foram perdendo a nitidez até que "o universo transformou-se em noite, silêncio, imobilidade". Levado desacordado a um recinto escuro, ao acordar percebe primeiro o som, o movimento e o tato, para só então ter consciência de sua existência, "sem pensamento", quando, subitamente, esforça-se para compreender seu estado. Tinha medo de abrir os olhos, não pelo que poderia ver, mas temendo não haver nada para ver. Abre os olhos e a suspeita se confirma. Inicia o descobrimento de onde se encontra pelo tato, percebendo os variados contornos das pedras, que formam parede muito irregular, levando-o a se imaginar em um espaço grande, sem jamais chegar ao centro. Tomba inconsciente. Ao despertar, a pouca iluminação que agora se infiltra na sala desvenda-a bem menor que percebida pelo tato. Dimensionada de modo superlativo, a imensidão percebida deveu-se à irregularidade tátil das pedras.

Em *O Enigma de Kaspar Hauser*, tem-se um jovem que foi trancafiado, ainda criança, num cômodo de uma torre circular, úmido, penumbroso e sujo. O filme começa com sua retirada da torre e a descoberta de outros elementos que compõem o espaço externo e não faziam parte do seu. A cena que aqui importa é quando Kaspar olha o exterior da torre e diz que ela é bem menor por fora que por dentro, pois agora consegue com um olhar apreendê-la, enquanto que quando nela morava, virava em torno de si e nunca a via de uma única vez como agora.

Nos dois casos, cada personagem transforma a percepção do espaço onde se encontra pelos elementos que consegue filtrar e organizar no seu sistema espacial. Também em ambos os casos, a apreensão espacial dá-se primeiramente pelo tato; o reconhecimento do mundo faz-se da maneira mais imediata possível, colocando o corpo em contato com elementos materiais. Essa apreensão material do mundo desvendou uma dúvida que acompanhava Edward Hall (1969: 84), que buscava entender por que os gregos não possuíam uma obra pictórica da importância que tinha a sua escultura, quando por historiadores de arte entendeu que a escultura se produz dos "músculos e juntas de um corpo para os músculos e juntas de outro". Isso não significa um axioma na apreensão do mundo e muito menos como primeiro passo da expressão artística, apenas elucida que às formas com que o ser humano apreende o mundo corresponde como o representa, como constrói os signos com os quais lida para a construção de seu universo, sua cultura.

Se o uso da visão transforma os filtros e multiplica os elementos que podem constituir o espaço, tátil ou olfativo, o telescópio potencializa essa apreensão. A história da humanidade é marcada pelas transformações nas ferramentas usadas para se apreender, conhecer e controlar o mundo. Nossa história pode ser contada pela história das tecnologias, das extensões do homem proposta por McLuhan que, se não dá conta da complexidade da tecnologia, demonstra a indissociabilidade dos sentidos e das ferramentas, que os ampliam, substituem-nos ou desvendam dimensões e qualidades do mundo inacessíveis ao corpo e a mente humanos.

O telescópio pode ser considerado uma ampliação da visão humana que desvendou fixos e fluxos astronômicos inacessíveis a olhos nus, transformando o que se apreende e se conhece do espaço sideral. Gustave Flaubert disse que quanto mais o telescópio fosse desenvolvido, mais estrelas surgiriam. Concordando que nossa existência no mundo pressupõe ser apto a experienciá-lo, seria simples dizer que todas as estrelas já estavam lá antes que se pudesse observá-las – é o caso de se aceitar o espaço infinito como teoria indiscutível, englobando tudo: mesmo o que ainda não se conhece. No intuito de enfatizar a importância da experienciação do espaço, tome-se Yi-Fu Tuan (1983: 222), que se propõe o desafio de romper com certo pensamento analítico para o qual "conhecer" significa "conhecer sobre", quando se reconhece a perda de muitos estímulos vivenciados por não conseguir encaixá-los em conceitos das ciências físicas. Assim, extensões tecnológicas dos nossos sentidos, como o telescópio, vêm sendo desenvolvidas em boa parte pela certeza ou suspeita matemática da existência de elementos não experienciados – mas que devem existir. Tê-los conhecido antes de se provar sua existência implica apenas dizer que o ser humano usa outro instrumento tecnológico, o mais importante que possui, para conhecer o mundo: a linguagem. É através dela que diversos elementos constituintes do mundo, do espaço, passam por um filtro construído também em grande medida pela própria linguagem, e são considerados reais, sendo que os instrumentos tecnológicos servem para propiciar sua experiência. Desse modo, a crítica ao espaço absoluto expresso em linguagem científica feita principalmente por Lefebvre e Marejko, precisa ser atenuada, concordando-se que o espaço não existe apenas porque a linguagem o descreve, nem tudo que a linguagem científica espacial pode descrever deve ser necessariamente aceito como espaço em detrimento do que dela escapa. Seria improdutivo, contudo, tal contrariedade com a exploração de mundos através da linguagem, pois ela apenas expressa uma das formas de apreensão e compreensão do mundo, e fecunda a experiência sensória ou tecnológica do espaço.

Por outro lado, as ferramentas que estendem nossos sentidos também permitem a inclusão de objetos e ações antes estranhos ao nosso mundo e nosso sistema espacial. Pense nos carros. Criados em substituição às carroças, tiveram como primeiro uso o transporte de mercadorias entre os vilarejos e as fazendas no interior dos Estados Unidos. Foram aos poucos sendo utilizados pelos habitantes dessas cidades e transformaram-se em veículo urbano; mas seu poder foi tal que a equação inverteu-se, e, do carro se adaptar às antigas cidades, essas foram sendo redesenhadas, destruídas e construídas em função da circulação automotora. Brasília é um exemplo dessa cidade para carros. E também ele, e a velocidade que lhe é própria, alterou como apreendemos o espaço, ajustando os filtros que passaram a desconsiderar objetos e ações antes caraterísticos do que se chamava espaço, contando com a inclusão de outros. Numa experiência trivial, quando se caminha por uma estrada ou se a percorre a cem quilômetros horários, apreende-se vários elementos que são reciprocamente exclusivos; e se lida de modo distinto com os que sejam comuns, mesmo que o destino da viagem seja o mesmo.

O conceito de espaço foi aqui construído tomando como fundamento teórico básico sua configuração como a relação entre fluxos e fixos, salientando que esses elementos são apreendidos de modos distintos de acordo com os filtros culturais e que sua constituição e organização dinâmica pressupõe certa lógica. Tem-se, portanto, que o espaço pode ser conceituado de maneira sintética, mas sua polivalência se dá desde sua apreensão, diferenciando-se vários sistemas espaciais segundo as características de grupos culturais, indivíduos e/ou num mesmo grupo ou indivíduo, a partir de quais dos sistemas pretende-se apreender e compreender. Em seguida, discutiu-se que essas apreensões têm um primeiro momento que está diretamente ligado aos nossos sentidos: antes de compreender sua amplitude qualitativa, nomear ou apossar-se de certo espaço, entramos em contato com ele de modo imediato, com os sentidos e ferramentas tecnológicas.

Quando Timeu descreve a origem do mundo, com a criação dos astros, da alma, dos elementos e do tempo, ressalta que o princípio de tudo foi a colocação do intelecto na alma, a alma no corpo, e daí houve a formação do Cosmos, sendo, portanto, este provido de alma e intelecto (Platão, s/d: 80-81). Timeu, ao falar do que haveria antes do ato da criação, usa o termo *Khôra*, que seria receptáculo amorfo nutriz do mundo, amorfo pois "se este receptáculo devesse ser semelhante a qualquer das figuras que nele penetram, e se por acaso lhe ocorressem figuras opostas, ou de natureza heterogênea, assumiria mal o aspecto, pois ofuscaria por seu próprio aspecto. Eis por que convém que o que deve receber em si todos os gêneros, seja por si mesmo isento de formas" (Platão, s/d: 115). Jacques Derrida (1995: 19-21) escreve que são as interpretações de *Khôra* que lhe dão forma, deixando "o sedimento de sua contribuição", sem esgotar suas interpretações ou formas; e nesse seu breve ensaio sobre *Khôra*, Derrida ressalta a impossibilidade de nomeá-la, de definir sua *physis* e *dynamis*, e mesmo questiona a possibilidade de discuti-las, salientando que *Khôra* "não tem marcas de um ente [...] inteligível ou sensível. Há *Khôra*, mas *a Khôra* não existe" (22). Esse receptáculo de possíveis é anterior à criação de qualquer elemento, e mesmo do espaço; mas só pode ser apreendida quando se formaliza. Todavia, *Khôra* tem potência de determinar os elementos criados; além de uma possível *necessidade* de existir. Edward Casey (1993: 359) escreve que *Khôra* é um estágio pré-cósmico, e que o *ser* ocorre quando tomo *lugar* através de *Khôra*, que funcionaria, apesar de amorfa, como uma "matriz participativa e topológica em que o Demiurgo pode superpor as formas geométricas das quais são construídos os objetos sólidos numa arquitetura cósmica". É conveniente ressaltar que *Khôra* pode ser considerada amorfa, mas nunca foi descrita como infinita.

Pensando nos outros dois elementos que formarão o conceito de matrizes espaciais neste trabalho, lugar e território, pode-se dizer que o espaço é análogo a *Khôra*, já que dele provêm: são sedimentos de significação formados por elementos do espaço e, distintos e separáveis entre si, estarão sempre no espaço. Todavia, quando destacamos os elementos conceituais do espaço, sua apreensão pelos filtros culturais e sua percepção como anterior a qualquer outro dos termos espaciais, pelos sentidos ou suas extensões tecnológicas, pode-se dizer que há uma possibilidade de sua construção. Essa construção deve prescindir de qualquer significado estrito (ou se tornaria lugar) e de qualquer hierarquia entre os elementos (ou se tornaria território). Mas pode determinar quais fixos e fluxos serão considerados num campo de possíveis, e também criar formas de representação ou instrumentos tecnológicos para se perscrutar espaços sobre os quais têm-se dúvidas sobre como se organizam, ou apenas se suspeita da existência. O espaço não é, portanto, algo puro ou absoluto, mas sim construído.

Uma breve volta à astronomia, mesmo sem aprofundamentos científicos, pode ser esclarecedora. John Brockman (1989: 21) inicia seu livro de divulgação científica com a necessária desmistificação de que a ciência seria a portadora de verdades absolutas, dizendo que cada época cria seu próprio universo. Na Grécia antiga, Eudoxo imaginou o firmamento composto de 27 esferas invisíveis, organizadas ao redor da Terra; teoria abandonada por Copérnico, que destruiu as esferas e colocou a Terra no centro; séculos depois Newton determinou que há leis que governam o movimento dos planetas e Einstein demonstrou que o espaço não é um "nada" onde a Terra se move, mas ele tem suas leis que influenciam na própria existência e dinâmica da Terra; e em 1979 Alan Guth propôs que, nos instantes iniciais da criação do universo, aos 10^{-3} segundos, o que houve foi sua inflação, dando provas matemáticas da teoria do *Big Bang*, do universo em expansão, governado por quatro forças fundamentais: "gravidade, eletromagnetismo, a força nuclear fraca, responsável pela radioatividade, e a força nuclear forte, responsável pela ligação dos prótons e dos nêutrons no interior dos núcleos de átomos" (Brockman, 1989: 27). Mesmo aceitando o *Big Bang*, Carl Sagan (1989: 56) lembra que os cientistas acham que talvez isso valha para certo universo, que pode ser um entre um número infinito, sendo que alguns estão em expansão permanente, outros crescem até um ponto de colapso, outros ainda talvez estejam em equilíbrio, com expansões e contrações cíclicas – como o que habitamos, sendo que seus 15 bilhões de anos talvez sejam contados a partir da sua presente "encarnação", desde esse *Big Bang*.

Tanto para Copérnico quanto Einstein, o universo, o espaço, era apreendido a partir de conceitos que se tinham dele, das representações gráficas ou matemáticas que dele se podia fazer – se condissessem com o que era aceito como espaço. Portanto, têm-se já dois pontos para a construção do espaço. Primeiro, os filtros culturais de Hall, que selecionam os fixos e fluxos de Santos, não são atávicos aos seres humanos de cada cultura, mas são transformados constantemente por essa mesma cultura. Eudoxo e Gunth falaram dos mesmos fluxos e fixos, e ambos tinham a mesma base cultural ocidental; mas como os aceitaram, como os apreenderam, como os encaixaram no espaço astronômico o fizeram de modos tão diversos que se poderia se perguntar: Copérnico e Gunth falaram do mesmo espaço? Não, se forem considerados os elementos apreendidos por cada um deles, a forma como os organizaram, constituindo um espaço distinto de outros espaços vividos pelo homem; sim, se for considerado que essa distinção aceita por eles ainda determina que esse espaço astronômico pode ser entendido em boa medida sem que se considere outros elementos próprios às cidades, também diferentes, que cada um deles habitou. Isso significa que o passo essencial na construção do espaço é a apreensão de objetos e ações que são agrupados num determinado sistema, e isso diferencia-os de quaisquer outros elementos com os quais se convive concomitantemente. Esses agrupamentos não implicam na sua hierarquização, mas tão-somente sua reunião por similaridades funcionais dentro de um sistema aceito. E isso, como foi visto, não é instintivo, mas já requer uma elaboração intelectual, sem que se chegue de imediato à sua significação ou hierarquização. É o caso descrito do astrônomo que pedala ao laboratório e que, no seu cotidiano, seleciona diferentes elementos que compõem espaços urbanos e astrofísicos que não se coadunam – mesmo que ele, o astrônomo, viva os dois.

Entende-se, portanto, a construção do espaço descolada do modo de dominação de um sistema em busca de ganho (terra ou dinheiro) sobre os elementos sob sua égide que caracteriza a *produção* do espaço de Lefebvre. Para esse autor, o espaço é entendido como produto pois traz em si um modo de dominação de um grupo cultural sobre outro, sendo que todos os valores a serem aceitos são inerentes aos elementos. Defende-se que tal procedimento é ulterior à *construção* do espaço, como aqui é definida.

Ponto essencial na construção do espaço são suas possibilidades de representação, sua linguagem. Aceitando que a linguagem é um dos mais importantes processos de intelecção, poder-se-ia defini-la, a representação, como a substituição de um objeto por um signo de modo que, com o trato deste consiga-se compreender e investigar sobre o primeiro. Em ciências exatas, John Casti (1998: 23) salienta que essas representações tendem aos modelos, que são "representações da realidade das quais se removeram algumas características do mundo real", mas através dos quais pode-se experimentar essa realidade, explicá-la ou prevê-la. O objetivo dessas representações é atingir os três níveis. O modelo darwiniano da evolução e seleção natural explica como houve a sobrevivência de certas espécies e a dizimação de outras, embora não se consiga através dele prever, ao se alterar tais condições, como as espécies se comportarão. Já o modelo newtoniano do movimento dos planetas possibilita que astrólogos ou navegadores, sabendo a posição do sol em dado instante, predigam onde se encontram e possam daí tirar os dados de que necessitam do espaço astronômico.

Como se viu na passagem do espaço astronômico de Eudoxo a Einstein, as grandes transformações desse espaço foram acompanhadas de alterações profundas na sua representação – e, em boa medida, as representações, fomentadas por conceitos emergentes, precederam a experimentação desse espaço, possível espaço. É o caso dos buracos negros, "estrelas gravitacionalmente contraídas", tão densas que sugariam qualquer elemento que passasse por suas proximidades, incluindo a luz. Foram descritos matematicamente em 1915 por Karl Schwarzchild em seu leito de morte, imaginando um corpo com atração gravitacional tão poderosa que se contrairia "até para além da própria trama do espaço" (Brockman, 1989: 48); a partir de então o mundo da astrofísica buscou provar sua existência, que ocorreu apenas em 1973. Essencial na compreensão do espaço astronômico, sua representação antecede sua experienciação. Isso significa que a representação é essencial para a existência do espaço e pode ser trabalhada de tal modo a possibilitar a construção de espaços não percebidos de modo direto pelos sentidos.

O paradoxo do espaço é que ele é o conceito fundamental para todos os outros a ele relativos (como lugar e território), ao mesmo tempo em que é o apreendido de modo mais imediato, pelos nossos sentidos – e instrumentos tecnológicos. Aqui reside o terceiro fundamento na construção do espaço. A Via Láctea, chamada de "nosso universo" na astronomia, é composta de gás, poeira cósmica e cerca de 400 bilhões de sóis, responsáveis pela dinâmica gravitacional de um número muito maior de asteróides, satélites e planetas – um dos quais a Terra, onde o ser humano é uma das 50 bilhões de espécies que o habitaram (Sagan, 1998: 56). Essa espécie consegue conceber tal universo e descrever parte de sua organização, auxiliada por instrumentos que lança em órbita para, atualmente, examinar mais de 70 desses mundos astrofísicos, com tendência dessas tecnologias fazerem descobertas de elementos ainda inimagináveis no espaço astronômico. É através desses instrumentos que teorias são experimentadas, por vezes com eles estendendo os sentidos humanos – como as naves de entrada em Marte, ou as tripuladas na Lua; ou como tecnologias de apreensão e representação de sinais de elementos não "palpáveis". Por fim, os astrônomos, como Sagan (1998: 69) escreve, acham "provável que, nas próximas décadas, tenhamos informações sobre pelo menos centenas de outros sistemas planetários perto de nós na imensa galáxia da Via Láctea" – num espaço astronômico teoricamente construído com milhões de outras galáxias, muitas das quais podem ter comportamentos em nada semelhantes à nossa.

O espaço tem uma das estruturas conceituais mais fundamentais para se pensar o mundo, ao mesmo tempo em que é o primeiro com que tomados contato, e de modo mais imediato – de modo material ou intelectual. Constituído pela relação entre fixos e fluxos, que são apreendidos por filtros culturais, sua existência passa pela atribuição de signos a certos elementos, mas sem ser um processo de significação que busca sedimentar significados a objetos e ações (processo definidor dos lugares e territórios). A construção do espaço tem três pontos básicos: sua percepção pelos sentidos e suas extensões; sua compreensão como sistema qualitativo exclusivo (diferenciado-o de outros, mesmo sabendo haver relações entre sistemas); e a organização desse sistema através da linguagem, que permite descrevê-lo, prever elementos ainda não experienciados pelos sentidos, e propor instrumentos tecnológicos que filtrem fixos e fluxos ainda desconhecidos mas que, por poderem ser filtrados, possivelmente devem guardar semelhanças com tal espaço. Portanto, através dos sentidos, linguagem e tecnologia, pode-se perceber, organizar, perscrutar e construir espaços, já experienciados ou não.

Cabe, por fim, voltar à preocupação que guia a obra de Milton Santos, dizendo que cada disciplina, cada campo de conhecimento, antes de fazer análises sobre eventos que possivelmente lhe são pertinentes, deveria debruçar-se sobre a definição do seu objeto fundamental, assim como os conceitos e instrumentos intelectuais que lhe são pertinentes. No início deste capítulo foram ressaltados certos espaços, como os oníricos e os astronômicos, para corroborar a validade do conceito espacial sintético de Santos para diferentes categorias de objetos e ações ordenados segundo determinadas lógicas – e para lembrar que tais espaços compõem o mundo humano tanto quanto as cidades ou florestas. Munidos de instrumentos conceituais pertinentes, pode-se operar no próprio filtro para determinar quais elementos serão considerados. No caso deste trabalho, o espaço a ser considerado é aquele cujos fixos e fluxos compõem o ambiente vivido por seres humanos de forma coletiva, e cuja vivência coletiva transforma as lógicas responsáveis pela apreensão e compreensão.

Construção do Lugar

O lugar é uma porção do espaço significada, ou seja, a cujos fixos e fluxos são atribuídos signos e valores que refletem a cultura de uma pessoa ou grupo. Essa significação é menos uma forma de se apossar desses elementos, e mais de impregná-los culturalmente para que sirvam à identificação da pessoa ou do grupo no espaço, para que encontrem a si mesmos refletidos em determinados objetos e ações e possam, assim, guiar-se, encontrar-se e constituir sua medida cultural no espaço.

Enciclopédias e dicionários apresentam dificuldades ainda maiores na definição do lugar que do espaço, e, freqüentemente, definem-no como a menor parte do espaço, ou como uma posição de um corpo no espaço, seja considerando o limite imediato do corpo, na visão aristotélica (Abbagnano, 1971), seja como determinante também de suas medidas e feições na proposta cartesiana (Russ, 1991), pressupondo as relações entre diferentes corpos no espaço e de si com o espaço total. Tais definições, assim como foi o caso do espaço, não dão conta de sua vivência. O lugar marca uma posição no espaço, é certo, mas sobretudo uma posição cultural, na qual o espírito e o corpo se encontram, onde o ser se realiza.

Nas palavras de Martin Heidegger (1958: 179), é nos lugares que o *Quadriparti*, "a terra, o céu, os divinos e os mortais" adquire unidade. O filósofo Edward Casey (1993: 3) contrapõe a segurança da existência própria ao lugar à perda de referências quando se está numa indistinta "sopa de espaço". Cita T. S. Eliot e a ligação entre anomia, ausência de normas ou valores sociais, e atopia, ausência de lugar. Oposição semelhante para ressaltar a importância do lugar frente a um espaço abstrato fez Jan Marejko (1994: 32), referindo-se aos espaços modernos como a busca de uma utopia (estar em todos os lugares) pela construção de uma atopia (estar em lugar nenhum). Neste trabalho, propõe-se que o ser se forma (e forma) entre o espaço, lugar e território, a partir das especificidades com que certos fixos e fluxos são apreendidos e organizados.

Lucrécia Ferrara (1993: 107-108) escreve que o espaço está marcado pelo percepto, enquanto o lugar, pelo juízo perceptivo. O primeiro se apresenta por seu "impacto polissensorial", sem explicitar o modo pelo qual se constrói; enquanto o segundo evidencia a consciência da operação perceptiva, em que "a qualidade do objeto passa a ser o elemento que o distingue entre outros da mesma espécie, e pelo qual assume um valor". No estudo da forma como pessoas ou grupos apreendem o espaço, pode-se utilizar a construção dos lugares como uma ferramenta conceitual, uma vez que o espaço, vivenciado pelo percepto, traz todos os estímulos qualitativos de elementos que, por não terem passado por significação, ainda se apresentam com certa homogeneidade de valores. E qualquer representação, imagética, sonora ou verbal do espaço, implica numa seleção de determinados objetos e ações organizados peculiarmente, portanto, a constituição de um lugar.

Essa operação de transformação do espaço em lugar é utilizada como estratégia de leitura urbana por Kevin Lynch (1990), que para entender como o espaço de três cidades norte-americanas era apreendido e representado por seus habitantes, estudou como eles selecionavam e organizavam determinados objetos e ações, como fragmentavam o espaço urbano. Nesse estudo pioneiro sobre a formação da imagem das cidades, Lynch vê como por vezes um mesmo espaço urbano é significado e organizado hierarquicamente por diferentes pessoas, de tal forma que esse que poderia ser inadvertidamente considerado um único espaço, é vivenciado pelos seus habitantes pela multiplicidade de significados que desperta, pelo uso que se faz dele, ou pelos valores culturais que dirigem sua apreensão e organização. Lucrécia Ferrara (1993: 153) ressaltou que é "necessário ultrapassar aquela totalidade homogênea do espaço para descobrir seus lugares nos quais a informação se concretiza".

A leitura do espaço pela sua fragmentação em diversos lugares propícios a ações e significações específicas a cada grupo ou pessoas vem sendo o mote das intervenções de arte urbana em diversas cidades no mundo, como o projeto Arte-Cidade, idealizado e organizado por Nelson Brissac Peixoto em São Paulo.

Tal estratégia de entendimento do espaço faz, direta ou indiretamente, uma crítica aos planos urbanos típicos do modernismo em arquitetura, que tratavam de organizar o espaço de modo definido e hierarquizado, de tal maneira que a forma como de fato esse espaço ia ser apreendido, ia ser fragmentado pelos seus habitantes seguindo suas necessidades e diferenças culturais, era pouco levado em consideração – se era. Henri Lefebvre (1981: 261 e seguintes) vê na liberdade formal do espaço arquitetônico moderno a matriz homogênea do espaço capitalista, pronta a engendrar nas suas "máquinas de habitar" todo homem no sistema de produção industrial, um espaço totalitário, desprovido de lugares. Crítica que subjaz em outros trabalhos de leitura urbana, e mostra que a lida com o espaço passa necessariamente pela apreensão do lugar, da consideração de que certos significados marcantes atribuídos a fragmentos espaciais são reflexos das pessoas que o utilizam, sendo que sua desconsideração subtrai das matrizes espaciais talvez sua região mais rica, a região onde se processa sua significação, sua apropriação social, onde diferenças culturais se manifestam e entram em contato. É compreender que "a cidade não é um dado, mas um processo contextual" (Ferrara, 1986: 120), em que a organização de fixos e fluxos é dinamizada pelo seu uso, pelos significados a eles atribuídos, e pela forma como são organizados cotidianamente como signos especulares das pessoas ou grupos que os têm como constituintes de seu mundo.

Se há um elemento chave na definição de que o lugar é a porção de espaço significada, esse elemento é o uso. Lucrécia Ferrara escreve que, por vezes imprevisível, é o uso o articulador dos elementos espaciais selecionados pelas pessoas ou grupos, e o responsável pela singularização de objetos e ações, através dos quais pode-se buscar um entendimento do espaço. É também o uso que está no centro da obra de Jean Baudrillard (1968) sobre *O Sistema dos Objetos*, que, se guardam a lógica tecnológica e ideológica de sua concepção e fabricação, são fundamentalmente constituídos pelos usos sociais que deles se faz. Tal é a dinâmica e mutabilidade do uso, portanto, sua riqueza. Contudo, a dificuldade de fixá-lo em conceitos precisos, faz com que seja até citado, mas efetivamente desconsiderado intelectualmente por diversos autores que, em seus trabalhos sobre definição dos lugares, apresentam duas deficiências constantes: tentar definir o lugar pela sua contraposição ao espaço; e definir lugar por possíveis limites geográficos, ou por presumíveis dimensões.

Nas suas constantes confusões e contradições, Yi-Fu Tuan (1983) reconhece a importância da experimentação (uso) do espaço como possível através dos lugares; mas, depois de dizer taxativamente que espaço é igual a lugar (58), insiste em tentar a definição do lugar por contraposições ao espaço, afirmando que este é vago, é a liberdade desejada pelo ser humano, enquanto o lugar é a sua segurança e estabilidade (6), representando seu mundo significado organizado, sendo um conceito estático (198). Ora, à primeira afirmação, de que espaço é igual a lugar, o próprio autor passa todo o livro dizendo que são distintos, o que não anula a compreensão de que, realmente, o lugar é construído pela escolha, significação e organização de objetos e ações que constituem o espaço; mas não podem ser igualados, já que a percepção de certos elementos não implica o seu reconhecimento como especulares de uma base cultural. À segunda, de que o lugar é segurança e estabilidade, isso parece anular a dinâmica que é própria ao uso. Este transforma-se de cultura para cultura, de pessoa para pessoa, dependendo de fatores externos aos elementos do espaço, como finalidades ou características psicológicas. Portanto, é próprio do uso a admissibilidade de sua inconstância, e, já que o lugar é marcado pelo uso, tal fermentação de modos de significação é própria ao lugar. O que pode ser dito, como aqui já o foi, é que o lugar é a porção de espaço identitário, construído para que quem o significou encontre-se nele e, desse modo, encontre segurança identitária, sem que isso abula sua dinâmica interna.

Walter Benjamin, na sua montagem da imagem da cidade pelas suas lembranças infantis, descreve e dá significados a galerias, ruas e monumentos da metrópole. Isso possibilita a leitura e compreensão do espaço urbano através de algumas de suas partes, escolhidas e descritas de modo a refletir tal usuário, que vive as cidades pela sua fragmentação subjetiva, pelos seus lugares. Se ainda se pensar nas cidades, podemos ver diversos monumentos urbanos construídos para a concretização de valores culturais das comunidades que vivem em determinada porção do espaço, para que eles reforcem a identificação dessas pessoas e sirvam como orientadores na vivência de certo meio – são, em grande medida, a transformação em fixos de uma base vivencial e histórica que passa a balizar os fluxos de certas pessoas. Mas os mesmos monumentos são apreendidos por diferentes grupos, não tendo para eles o mesmo valor de uso, sendo seus significados originais desconsiderados - basta ver marcos das cidades que possuíam (ou possuem) significado importante para certos grupos se encontrarem e se identificarem no espaço urbano, sendo destruídos ou pichados por outros grupos. Destarte, o percepto, responsável pela apreensão dos elementos do espaço, passa sempre pelo crivo do juízo perceptivo, que os diferencia e organiza em lugares distintos.

A tentativa de definição do lugar a partir de presumíveis e atávicas características dimensionais ou geográficas é outra armadilha constante que não auxilia sua compreensão. É comum um mesmo objeto servir assim para definições opostas, como quando Tuan (1983: 191) afirma que a cidade é um lugar por excelência, e Ana Fani Carlos (1996: 20-22) diz que, definitivamente, a cidade não pode ser considerada um lugar – a menos que seja uma pequena cidade... Ora, para Tuan haveria a equação cidade é igual lugar, e para Carlos, que cidade é diferente de lugar; o que não ajuda na definição nem de um nem de outro. Ana Carlos concorda que o lugar é o espaço "apropriável para a vida" (20), mas continua a afirmação dizendo que essa apropriação deve ser feita através do corpo e que, portanto, nas cidades, podem ser considerados lugares apenas seus fragmentos apropriados pelo corpo, pelos passos dos moradores, sendo então lugares os bairros ou as praças. Pois bem, a preocupação de Carlos em estudar o "lugar do/no mundo", título de um de seus livros, aponta um dos desafios do mundo no século XX, que ela toma a partir da constituição de mundo globalizado, e que também vem sendo considerado por Manuel Castells em relação ao desenvolvimento das sociedades em redes tecnológicas globais, e Edward Casey, com a recuperação filosófica do lugar após décadas desconsiderado em prol da pretendida magnitude do espaço. Todos esses enfoques serão debatidos atentamente neste trabalho, mas o que se quer agora é salientar que insistir no lugar como limitado pela apropriação através do corpo físico e/ou dimensioná-lo a partir de categorias geográficas é anular toda tentativa de definição e discussão da fertilidade proporcionada pela sua compreensão. Como dito na *Construção do Espaço*, tais limitações conceituais são freqüentes em dicionários, mas inadequadas em uma reflexão sobre o tema.

Tome-se o bairro, que deveria ser um exemplo essencial de lugar. Afinal, o que é um bairro? Isso passa incólume no texto de Carlos, por considerá-lo uma porção de espaço apreendido pelos passos dos seus habitantes que lá encontram seus valores. Ora, isso pode valer para Beacon Hills, em Boston, bairro querido de diversos autores norte-americanos, começando por Kevin Lynch, visto que ele tem características tão dissemelhantes do seu entorno, com limites precisos, apoiado por programas de consciência de sua importância, organizados pelos seus próprios moradores, que se tornou o exemplo de bairro bem-sucedido, que traz na pedra sua identidade. Tais limites precisos e preciosos foram tão acalentados por urbanistas e geógrafos que se tornaram pressupostos para a caracterização de bairros em várias partes do mundo, e mesmo como partido para projeto, de cidades novas, como as realizadas segundo os pressupostos do novo urbanismo. O filme *Show de Truman*, de Peter Weir, passa-se numa típica cidade do novo urbanismo[1], com todas as características físicas caras à identificação de um bairro, nem por isso deixa de

---

1. O Novo Urbanismo foi formulado nos Estados Unidos a partir dos anos de 1970. Considerando o que seria a "escala humana" (vizinhanças, bairros etc.), propõe a criação de novas cidades, desenvolvendo-as principalmente nos subúrbios dos centros urbanos consolidados. Ver, em especial, Peter Katz (ed.), *The New urbanismo: Toward an Architecture of Comunity*, New York, McGraw-Hill, 1994.

ser completamente artificial e não construída pelo uso. Se é ideal a consideração de um bairro como Beacon Hills como estandarte da unidade de lugar, porção do espaço significado, como apontar seus similares em grandes cidades, como São Paulo? Não os há. Portanto, dir-se-ia que, se a metrópole não pode ser considerada um lugar, mas sim os bairros, e já que em sua maioria eles não podem ser identificados em São Paulo, portanto, não há lugares nesta cidade? Evidentemente há algo que não funciona nessa teoria. E o que não funciona é justamente o entendimento do lugar como uma unidade dimensionada ou denominada do espaço, e não como sua porção mais rica e dinâmica, responsável mesmo pela sua vida, trazida pelo uso que se faz de seus objetos e ações.

Outro ponto a ser descartado se se quer avançar na discussão sobre o lugar é delimitá-lo pela sua apreensão com o corpo, pelo espaço apropriável imediatamente pelos nossos sentidos. É um frutífero paradoxo do espaço que ele seja ao mesmo tempo o mais abstrato dos conceitos espaciais (envolvendo também o lugar e o território), e seja o que é apreendido de modo mais imediato pelos nossos sentidos. O lugar, não. O lugar é essencialmente cultural. Se ele é aceito como uma porção do espaço significada, seria restringente e contraditório tentar ligá-lo a uma apreensão circunscrita ao corpo, aos sentidos. Seria anular sua riqueza dinâmica, que se dá pelas diferentes apropriações de objetos e ações e pelos variados e mutáveis usos que pessoas e grupos com fundos culturais ou finalidades imediatas fazem dele. O lugar se constrói pelo processo de significação, organização e hierarquização dos elementos espaciais através do substrato cultural.

Analisando como os filtros culturais influenciam nossa apreensão e compreensão do espaço, Edward Hall (1969: 163) diz como a noção de limite, tão presente na cultura ocidental, não é essencial na concepção espacial da cultura árabe – o que também influenciará sua construção do território. Veja-se o exemplo de Meca. Localizada geograficamente na Arábia Saudita, sua importância para este estudo sobre o lugar não seria encontrada se limitássemos seu entendimento pela sua análise posicional. Lá nasceu Maomé em 570 d.C., o profeta que indicou o caminho de um deus único, Alá, ao povo que

Caaba, Meca

diziam viver nas trevas do paganismo. Em Meca só entram os discípulos de Maomé, e na Grande Mesquita, apenas os puros. A principal construção de Meca, a Caaba, que significa uma "construção quadrada", tem 15 metros de altura e 12 metros de lado, sendo que cada vértice aponta para um dos pontos cardeais. A grande pedra negra que existe na Caaba precede o islamismo e era adorada pelos povos pagãos, que a beijavam e a acariciavam para receberem seu poder. Foi purificada por Maomé, em nome de Alá, que guardou tal cerimônia e veneração. Mais de um milhão de pessoas vão a Meca anualmente, seguindo a peregrinação obrigatória ao povo islâmico, se os crentes tiverem condições de fazê-la. Centenas de milhões de pessoas em todos os lugares do mundo viram-se para Meca cinco vezes ao dia para fazer suas orações. Como considerar que um muçulmano em São Paulo ou em Tóquio tem seu bairro como seu lugar e não Meca? Com toda certeza, todos os objetos e as ações que para um muçulmano representam Meca são tão ou mais constituintes de seu lugar que aqueles que tem em seu quarto – muitos dos quais só existem em função de uma ligação não contígua no espaço e no tempo que têm com Meca. Isso corrobora o que aqui se afirma, que a apreensão de objetos e ações e sua significação e organização em lugares não têm como pressuposto qualquer consideração corpórea. O lugar tem sua riqueza na fermentação multiforme do processo de significação, que é de ordem cultural e não material.

Quando se experiencia um lugar, não se faz isso pela sua materialidade, e sim em um momento seguinte, de atribuição de significados a elementos e sua ordenação, de modo a se configurar uma porção do espaço que contenha a base cultural e as expectativas de quem o considera como seu lugar. É nele que a memória do passado e a expectativa do futuro encontram-se no presente. Milton Santos (1997: 107) afirma que é no lugar que se faz a história, é nele que se atribuem valores a objetos e ações, sendo que esses têm seu significado atrelado à sua existência em um lugar, a ponto de que, se retirados dos seus lugares, produtos ou populações são abstrações. Veremos, quando focalizarmos o território, que tal assertiva pode também valer para essa categoria espacial. Não obstante, é no lugar, na porção de espaço onde fixos e fluxos adquirem significado, que todos os elementos que passaram pelos filtros culturais tendem a firmar sua existência na lógica que anima o espaço. Isso é válido também individualmente. Recordando Edward Hall, o filtro conforma um espaço que, ao existir, dá forma ao filtro, e, portanto, diz muito da base cultural de quem (pessoa ou grupo) constitui tal tamis. O espaço depende de nosso filtro cultural, e a vivência nesse espaço é constitutiva de nosso eu psicológico. Tal formulação é ressaltada quando se fala do lugar.

Carl Jung (1975: 196) dedica um capítulo de sua autobiografia à construção da Torre; quando percebe que as palavras não mais lhe bastavam, e "necessitava representar meus pensamentos mais íntimos e meu saber na pedra". Da escolha do sítio, em St. Meinard, próximo a Zurique, à construção final, os passos que descreve para a sua construção refletem o processo de individuação, de descobrimento, questionamento e formação do Eu psicológico, tema sobre o qual Jung tanto escreveu. Iniciou com a edificação de uma cabana primitiva, com uma lareira, paredes de pedra onde a família se reuniria buscando refúgio e abrigo, não só físico mas psicológico. Depois de certo tempo ela não mais exprimia o que desejava, e acrescentou-lhe um anexo, em forma de torre. Quatro anos se passaram e a sensação de incompletude permanecia. O anexo foi substituído por uma verdadeira torre, onde já havia um aposento que Jung reservara para si, trancado a chave. Acréscimos de cômodos, de terrenos circunvizinhos, a derrubada de algumas partes e reconstruções foram constantes, acrescidas de inscrições de nomes de antepassados e poemas nas pedras, pois "tanto nossa alma como nosso corpo são compostos de elementos que já existiam na linhagem dos antepassados" (Jung, 1975: 210).

A apropriação de porções do espaço, a construção de lugares, revela-nos aos outros e, sobretudo, a nós mesmos. Uma conversa entre irmãos buscando descrever a casa da infância pode iluminar os cantos escondidos que adquirem dimensões não pautadas na medição métrica, povoadas de monstros e fadas, medos e alegrias. Os objetos e as ações filtrados são por vezes díspares e, quando convergem, têm significados distintos, conformam lugares que parecem não se encaixar à mesma casa visitada anos mais tarde. Tal observação, que pode ser feita em qualquer família, foi ressaltada por Gaston Bachelard (1989: 55) ao dizer que "o quarto e a casa são diagramas de psicologia que guiam os escritores e os poetas na análise da intimidade". Isso vale para todos nós, pois elas são tomadas como lugares por excelência, porções do espaço onde se tem a liberdade de atribuir significados a objetos e ações sem que instâncias opressoras determinem hierarquias de valores[2] (a não ser, para as crianças, os pais); ao mesmo tempo em que, paralela à liberdade significadora, tem-se a necessidade de organização de elementos espaciais que nos identifiquem com e no espaço. Na bela frase de Georges Spyridaki, citada por Bachelard (1989: 66), "Minha casa é diáfana, mas não é de vidro. Teria antes a constituição do vapor. Suas paredes condensam-se e se expandem segundo o meu desejo".

---

2. Também a casa, ou mesmo o quarto, lugares íntimos, integram territórios: os filhos sabem que seu quarto está submetido ao controle da casa, exercido pelos pais. Mas aqui o que se quer é destacá-los pela apropriação subjetiva de porções do espaço.

A construção dos lugares é rica pois não diz respeito às pedras, mas às suas escolhas, sua organização, sua finalidade e sobre o amálgama etéreo que as une. Assim como a casa pode ser vista como síntese do processo de construção de um lugar e sua similaridade com a construção psicológica de seu construtor, a apropriação de espaços urbanos, potencialmente constituídos por um número maior de elementos, e, principalmente, vivido coletivamente, faz-se pela vivência de seus lugares, que são construídos pelo uso. Sendo um processo de significação compartilhado, alguns significados podem aderir à matéria – por indução, como na criação de monumentos, ou pela sedimentação de valores sociais em determinados lugares. É o caso do castelo de Kronberg, na Dinamarca, que se transforma ao pensarmos que aquele é o castelo em que viveu Hamlet, onde ele questionou seu destino e o destino dos homens. Hamlet, uma personagem! Essa é a essência da construção de monumentos, o que é válido apenas se há compartilhamento das bases culturais para a percepção desses significados. Pode-se tomar uma gôndola e ir ao Lido, buscando-se unicamente encontrar o belo Tadzio, que enfeitiçou Thomas Mann em *Morte em Veneza*. Vê-se o Hôtel de Bains, as cabinas listradas usadas como vestiário, o mar calmo, e vê-se Tadzio correndo entre seus colegas. Mas se vê também outros turistas que o atropelam sem se aperceberem que o fazem, para quem aí não haverá jamais uma morte apaixonada e silenciosa.

Portanto, o lugar não é tão seguro ou tão estático em si; ao contrário, é um fervilhar de signos mutantes que se atribui a objetos e ações que passaram pelos filtros culturais, construídos com reminiscências e projeções, onde importam estímulos internos de quem os percebe. Mas podem ser motivados por signos familiares disponibilizados para induzir sua construção. É o papel, por exemplo, dos guias turísticos. Durante alguns meses passeia-se em uma mesma cidade. Durante os primeiros dias se o faz desacompanhado de um guia, parecendo seguir o conselho de Benjamin, andando pela cidade como quem se perde numa floresta, atento a cada passo, a objetos e sons singulares que vão compondo um lugar que serviria de referência em futuros passeios. Pouco tempo depois, toma-se um guia turístico simples, buscando ruas e prédios aos quais não se atentara, e vendo em outros, já constituintes da imagem que se tinha da cidade, significados que não chamaram a atenção. Alguns lugares são acrescidos ao mapa mental e afetivo da cidade, outros tiveram seu significado transformado. Em longos finais de semana frios e inativos, empunha-se outros guias (culinários, enófilos, arquitetônicos, históricos) e volta-se a percorrer as mesmas ruas, as mesmas praças – outros lugares, outras cidades. Por vezes, cansado de tantos guias, sai-se por ruas para eles inexistentes, que supostamente não deviam ter qualquer importância – mas que, em alguns casos, escondem lugares caros para a compreensão pessoal, afetiva da cidade. É também curioso nesses passeios ver turistas que lá teriam breve estada passando desapercebidos por alguns lugares que eram, pelos guias, tão importantes, e atentos a leitura dos manuais para descobrir por que deveriam considerar uma parada prolongada sobre e sob a neve defronte a certos edifícios ou estátuas.

Conclui-se definindo o lugar como uma porção de espaço, sem limites ou dimensões precisas, com elementos significados que são especulares, ou seja, significados para que os usuários (indivíduos ou grupos) se encontrem a si mesmos e identifiquem o outro. A construção dos lugares é a operação significadora que se faz ao se apreender, reconhecer e ordenar os fixos e fluxos, é a ação instável e fértil responsável pela conscientização de que se está no espaço.

Construção do Território

O território, assim como o lugar, é uma porção do espaço significada, a cujos elementos são atribuídos signos e valores que refletem a cultura de uma pessoa ou grupo. Entretanto, na constituição de um território, essa significação é uma forma de marcar esses elementos com certos valores culturais, de modo que qualquer outro objeto, ação ou indivíduo que se encontre nessa porção de espaço deva se guiar, ou mais, deva se submeter a essa medida cultural imposta ao espaço. Assim, quaisquer outros elementos que se coloquem sob sua região de influência deverão respeitar sua significação e organização.

Edward Hall (1969: 6-8) busca uma primeira definição de territorialidade vinda das pesquisas ornitológicas de H. E. Howard, que por sua vez apoiava-se em pesquisas já feitas no século XVII. A noção de territorialidade está ligada à idéia de domínio, à área de influência de uma determinada espécie num espaço e de um de seus elementos sobre seus pares. Qualquer outro animal de uma mesma espécie que entre nessa área de influência, saber-se-á numa região dominada por outro elemento; e qualquer animal de outra espécie será subjugado à dominação do que controla tal porção territorial. Entretanto, é preciso ter claro que o território é baseado no espaço, ou seja, em certos fixos e fluxos apreendidos por filtros culturais e/ou biológicos. Ainda pensando nos termos de Hall, em um território leonino alguns elementos são filtrados para construi-lo, outros não. Sobre os que constituem esse território, existe a dominação do leão; mas há diversos outros elementos (incluindo espécies animais) que estão presentes nessa porção de espaço e que não se submetem ao território leonino, simplesmente por não fazerem parte dos elementos por ele filtrados para a sua constituição. Exemplificando, tem-se que uma gazela que entre nessa porção de espaço dominado pelo leão estará em seu território e a ele será submetida – no caso, poderá ser devorada. Mas um formigueiro que se instale nessa mesma porção de espaço não estará submetido ao território leonino.

Assim, o território é constituído desde que haja um sistema de valores compartilhado pelos elementos que ocupam tal porção do espaço, para que, então, esse sistema determine a dinâmica de todos os outros objetos e ações. Manuel Correia de Andrade (1994: 214) parte dessa determinação biológica para entender como a territorialidade se expressa em ciências sociais, ressaltando que na formação de um território é importante que as pessoas que dele façam parte tenham consciência de sua participação, convivendo com a idéia de um poder definido que controla essa porção do espaço.

Outra característica vinda da biologia é que a dominação em um território é mais acentuada no centro, rarefazendo-se na periferia. Entretanto, para se utilizar essa característica como fundamental à conceituação de território, não se pode entender o centro como se todos pontos de uma possível circunferência dele fizessem parte. Tomemos a religião Católica Apostólica Romana. Todos os católicos do mundo estão sob o território cuja influência emana do Vaticano. Mas, como foi dito, ao território se submetem apenas os elementos que compartilham os mesmos valores agregados a objetos e ações; ou seja, apesar de Kosovo estar muito mais próximo geograficamente do Vaticano do que o Brasil, os muçulmanos kosovares não estão sob o território católico centralizado em Roma, enquanto os católicos brasileiros, sim.

A forma de domínio ou gestão de uma área é fundamental para a constituição de um território; mas isso não implica contigüidade entre os elementos de uma porção do espaço. Todavia, para quem organiza e domina um território, essa contigüidade é desejável. Importantes religiões, em diversas fase da história, tiveram um programa territorial que deveria abranger todos os seres humanos vivendo em um espaço contíguo, que tendia a ser universal. A conversão, forçada em diversos momentos, é uma forma de fazer com que todos os elementos se submetam a certo território. A inquisição católica teve um programa de conversão violento, castigando os indivíduos pelas suas idéias contrárias ao seu poder, quando eles a promulgavam numa porção de espaço que ela considerava seu território. Pode-se lembrar do que foi anteriormente dito da Igreja, tentando impor também sua visão de espaço, à qual se afrontava o espaço infinito postulado por Giordano Bruno, o que insere a idéia de que uma concepção territorial pode estar atrelada a outra de espaço.

Detendo-se por ora no território, retomemos o conto "O Poço e o Pêndulo", de Edgar Alan Poe, lembrado quando se falou do espaço. Tem-se em seu início que o personagem está sendo julgado e é condenado à morte, quando perde a consciência e é posto em um recinto escuro. Ao acordar, nada vendo (e temendo ver), começa a descobrir o espaço através do tato, da audição e movimentos cautelosos. Ainda sem entender esse espaço, subitamente se lembra do julgamento por que passou, em Toledo. Enquanto cuidadosamente ainda tentava entender aquele espaço, "vieram à memória mil vagos rumores dos horrores de Toledo". Imediatamente, ao se lembrar desse nome, e também o leitor ao lê-lo, sabe que se encontra em uma prisão da Inquisição, e imediatamente que esse espaço é submetido ao território da Igreja Católica e às medidas que esta empregou para afirmar sua dominação sobre esse "seu" território, aí incluídos todas as pessoas, objetos e ações: os símbolos, as idéias, os rituais e os livros.

A forma mais institucionalizada de território está na idéia do Estado. Nas cidades-estados já havia claramente a necessária submissão de todos os seus habitantes às leis que dirigiam a vida de determinada porção espacial. Lewis Mumford identifica a cidade grega como revolucionária na história por ter se formado não pela ampliação da aldeia, mas pela mudança consciente de moradores do campo para a polis, em busca de oportunidades e segurança – uma segurança não obtida por muralhas, que como Mumford (1982: 148) relata, diferencia as cidades do Oriente Próximo e do Egeu, já que nessas a segurança vinha de sua "liberdade e franqueza de mente". Entretanto, o território dessas cidades se sustentava em uma contradição: de um lado, certa liberdade de ação, proteção de seus habitantes e diversidade de culturas; e de outro, agressividade, "um drástico sistema de compulsão e arregementação" (Mumford, 1982: 56). Essa ambivalência promoveu o surgimento de leis e ordens, responsáveis tanto pela segurança propiciada pela cidade, quanto pelos modos de repressão a atos contrários aos aceitos no território da polis.

Mesmo sem muros, os limites das cidades-estados eram definidos o suficiente para que os conflitos entre elas fossem constantes, pela obtenção de riquezas comerciais e, freqüentemente, pela ampliação geográfica do território. A influência de uma cidade-estado sobre uma porção do espaço determinava quais eram seus cidadãos, aqueles que se submetiam às suas leis e que, por isso, dela recebiam proteção. Além das guerras entre esses territórios, era pena capital a expulsão da cidade de habitantes que haviam desrespeitado as leis que a regiam. Quando Romeu Montecchio é identificado como o assassino do primo de Julieta Capuletto, em *Romeu e Julieta*, de William Shakespeare, sua pena é a expulsão de Verona. O exílio lhe pesa não apenas pela distância de Julieta, mas pela perda de sua cidadania, de sua identidade. Se não em Verona, aonde ir? Ela é seu território – não por ser ele, Romeu, o determinante de sua organização, mas por aceitá-la e ser nela aceito. Tem-se aí outra especificidade do território: qualquer elemento que esteja sob sua influência deverá a ele se submeter, mas não necessariamente dele fará parte. Michel Maffesoli identifica no mundo grego os sofistas como os primeiros cosmopolitas, pois viajavam de cidade em cidade, sem nacionalidade; entretanto, mesmo ciente da sua importância para o trânsito de idéias e conseqüente enriquecimento cultural por onde passavam, Platão os considerava "pássaros de passagem", aconselhando que devessem ser acolhidos, mas fora das cidades. Nelas se submeteriam ao território da polis, mas dela não fariam parte. Isso implica a construção de uma identidade, ou seja, que os indivíduos que vivem em determinado território não apenas se submetam, mas aceitem e se encontrem nos significados e na organização atribuídos a determinados objetos e ações. Romeu não tinha qualquer controle sobre Verona; não obstante, ela era seu território, onde se via a si e a outros que compartilhavam mesmas características culturais. Portanto, o estreitamento entre a noção de território e de Estado é moderno; mas há outra, complementar, que ressalta a ligação a um território pela identidade cultural, referindo-se mais a símbolos que a fronteiras (Bonnemaison e Cambrezy, 1996). Entretanto, tal identidade territorial pode ser fabricada, sutil ou drasticamente, pelos que pretendem o controle de um território.

Em um livro dedicado à crise do território moderno, Bertrand Badie (1995) faz um breve histórico de outras formas de apropriações territoriais do espaço. Destacando a cidade como fato crucial na ligação de um grupo social com um território, em que a apropriação de uma porção do espaço, e não apenas o habitar, seria fundamental para a consideração da cidadania – basta-se lembrar que a "democracia" grega dependia, entre outros fatores, que se fosse cidadão, senhor de um território. Badie (1995: 17-18, 20-28) conclui que tal apropriação territorial é encontrada tanto na Europa como na África, Oriente Médio ou Extremo Oriente; todavia, não corresponde a uma hegemonia de um Estado sobre um certo espaço, e sim a uma fragmentação extrema de uma área, tendendo ao particularismo. Em seguida, a noção territorial dos impérios dominou parte do mundo geográfico e histórico. Por ela almeja-se uma identidade que se quer universal, na qual as minorias são admitidas se não se contrapuserem ao centro. Essa era a visão do Santo Império Romano Germânico, assim como o império de Alexandre ou de Gengis Cã, com versões recentes nos impérios napoleônicos ou no terceiro Reich alemão, baseados numa visão de mundo que ultrapassa fronteiras – estas, próprias ao território moderno, sendo que nos impérios o poder estava na capacidade de controlar e subordinar as sociedades a um centro, não tendo como princípios uma terra, um sangue ou uma cultura.

O século XIX viu o fortalecimento de alguns e a construção de grande parte dos territórios que constituiriam o mundo futuro. A política central do Estado como gestor de determinado espaço foi ampliada com a formação dos Estados-nações. A nação, onde as pessoas atribuem significados a fixos e fluxos com os quais se identificam e através dos quais criam sua medida no mundo, é uma entidade muito próxima ao lugar – à Verona de Romeu. A idéia de nação é similar à de pátria, e Yi-Fu Tuan (1983: 171) escreve que talvez seja um conceito alheio a diferenças religiosas ou econômicas. É a porção do espaço partilhado que serve como "arquivo de lembranças afetivas", daí que quando algumas cidades eram arrasadas, isso era feito pois os destruidores buscavam se apropriar dos deuses de um povo, adquirindo sua civilização. Já sua transformação em entidade político-territorial é uma "crença [...] que vem contagiando cada vez mais os povos de todo o mundo" (Tuan, 1983: 195). Revendo o histórico proposto por Badie, pode-se pensar o território incluindo a idéia de Paul Claval (1993: 241) de que as escalas (acrescenta-se aqui formas e ideologias) de identificação a uma porção do espaço se alteram, mas o papel da territorialidade na estruturação de uma sociedade sempre se confirma.

A idéia do Estado-Nação tende a se basear no substrato cultural o mais próximo possível do povo hegemônico que habita uma porção do espaço, indicando também suas aspirações. Mas isso pode ser prontamente contestado com a formação da União Soviética ou da China comunista, mais fácil quando, muros derrubados, povos de seu interior clamam identidades abafadas. De fato, o Estado-Nação moderno significa a constituição de um território com limites precisos a cuja organização todos os elementos pertencentes devem se submeter, devendo ser reconhecidos e respeitados por todos os outros Estados.

Num atlas do mundo moderno, aos Estados-Nações são ligados a línguas, religiões, moedas e bandeiras. Raros são os casos em que todos os habitantes de um espaço delimitado já possuíam a mesma língua ou religião quando transformado em Estado-Nação. Na França, como em diversos outros países europeus, a língua nacional foi imposta em detrimento de diversas outras, que foram abolidas ou transformadas em dialetos. O mesmo aconteceu com a religião. Em muitos casos, outras línguas e religiões eram permitidas mas não consideradas oficiais, ou seja, não eram características de identidade daquele território nacional. A moeda é outro poderoso símbolo nacional – e mesmo em países como o Brasil cuja vida de uma moeda varia de décadas a meses, as substitutas nunca foram as mesmas das correntes em outros países, guardando uma pertinência simbólica com o território nacional. As bandeiras são o símbolo por excelência, com cores, desenhos e dizeres representando valores determinados que devem ser aceitos como característicos daquele território – não tendo necessariamente correspondência com a experiência vivida no espaço delimitado por tal território.

Esse processo de construção de identidade passa pela eleição e veiculação de certos elementos que se tornam símbolos desse território. Em seu livro dedicado ao território, Renato Ortiz (1999: 38) lembra que no período romântico a Alemanha era apenas uma aspiração; e exemplifica com os muralistas mexicanos e os modernistas brasileiros os movimentos de tentativa de representação cultural para possibilitar a formação da consciência da nação. Essas representações buscam a criação de "uma" cultura nacional que permita unificar todos os indivíduos e significações a objetos e ações de um território. Nessa busca da unidade cultural, é necessária a superação (ou supressão) de diferenças locais, cujo espaço é vivenciado intimamente e de modo direto. Assim, é preciso que o Estado-Nação crie mecanismos que possibilitem (ou persuadam) aos habitantes da porção de espaço sob sua égide se sentirem nele identificados – como escreveu Tuan (1983: 195), fazer com que o Estado-nação "pareça um lugar concreto – não apenas uma idéia política – pelo qual o povo possa sentir uma profunda afeição". O exemplo citado por diversos autores é a construção da França moderna, posterior à sua Revolução, quando, em 1792, a Assembléia Legislativa decretou que deveria ser erguido um altar à pátria em todas as cidades, incluindo a Declaração dos Direitos Humanos, e a frase "o cidadão nasce, vive e morre pela pátria".

Essa atribuição de significados a objetos e ações de uma porção do espaço, ao ponto em que sejam fortes o suficiente para regerem quaisquer outros elementos que estejam aí presentes, é própria do território. Tal aderência de um significado a um elemento é, por sua vez, essencial à constituição de símbolos. Isso os faz, símbolos e territórios, reciprocamente característicos. Tanto as cidades-estados quanto as religiões utilizaram símbolos para determinar sua regência sobre "seu" território. Analisando o nacionalismo totalitário de Adolf Hitler, Mauro Satanyano (1994: 323) escreve como signos étnicos ancestrais, como a suástica, foram usados para a construção simbólica de um território. Similar a vários signos antigos encontrados nos povos bascos ou nórdicos, a suástica, como a cruz de laburu, tem seus braços fechando-se, como se voltassem ao seu centro e formassem uma circularidade, concentrando todos os elementos num ponto de proteção, ao mesmo tempo determinando a ordem concêntrica de todos os elementos próximos.

Mas os territórios do Estado-Nação têm uma característica fundamental que os singulariza: os seus limites externos são precisos. Voltando ao atlas, vê-se que além de bandeiras, línguas e moedas, os estados nacionais têm linhas limítrofes precisas. Limites que não necessariamente coincidem com diferenças geofísicas. Mesmo sabendo que seu desenho responde às relações entre geografia e história, é necessário se ter claro que a delimitação precisa do território é, em si, parte da história moderna. Não é possível traçar com exatidão os limites territoriais dos índios que povoaram o que hoje é chamado de Brasil, bem como não é possível fazê-lo com os povos que habitaram a América do Norte ou a África. Claro que todos eles possuíam seu território, em que seus valores eram vigentes e os quais defendiam de invasores. O que se quer aqui dizer é que a delimitação precisa do território do Estado-nação é um instrumento de gestão de um determinado espaço, característico de sua construção, tanto quanto os outros símbolos, como língua ou moeda.

Talvez por estarem muito mais colados ao espaço físico do que as línguas ou hinos, os limites geográficos tendem a parecer inerentes ao território – sobretudo ao Estado-Nação. Yi-Fu Tuan (1983: 137), nas inúmeras contradições de seu pensamento, considera em certo momento que os mapas são essencialmente aistóricos, pois deles não se pressupõe qualquer "reordenação do tempo e do espaço", como se eles representassem porções do espaço definidas em si e por si, alheias a possíveis discussões conceituais. No mesmo livro, escrevendo sobre as nações, diz que a cartografia pode ser usada com fins políticos, e o é nas escolas, por exemplo (197). Claramente a sua segunda assertiva capta melhor a carga simbólica e histórica que desenha os mapas. A última década do século XX, para se tomar exemplo recente, viu o mapa da Europa ser alterado diversas vezes – havendo, inclusive, um aumento na venda anual de atlas atualizados. Não se pode dizer que os rios e montanhas se mexeram. Mas também não se pode dizer que o que mudou foi "apenas" a sua organização geopolítica.

As mudanças cartográficas européias representaram alterações políticas, bem como culturais, econômicas, lingüísticas, religiosas. Os mapas são uma representação do território e como toda representação é dinâmica, é construída – seja para induzir a transformação de uma porção do espaço, seja por refletir essas transformações. Bertrand Badie (1995: 20-21) comenta o caso do povo curdo que, vivendo sob os impérios Persa ou Otomano, que pressupunham uma territorialidade universalizadora, mas não aniquiladora das outras culturas subjacentes, manteve-se em seu espaço identitário.

Seus conflitos contra um Estado iniciaram-se com a demarcação territorial moderna, principalmente com a delimitação de um Estado-Nação turco que, além de buscar o aniquilamento do território curdo, ainda o dividiu entre outros Estados nacionais. A cartografia é uma representação ideológica do estado do mundo e suas alterações atestam essa dinâmica.

Poder-se-ia dizer que se depreende da formação do Estado-Nação uma política de aniquilamento ou abafamento do vigor do lugar, do espaço identitário que é vivido cotidianamente e, em grande parte das vezes, proximamente, em prol da construção de um território cujos símbolos de identidade são também ordenadores da vida dos que estiverem nessa porção de espaço e cuja experiência é prioritariamente vivida no campo das idéias. Resumidamente, tem-se que o lugar está mais próximo da experiência, enquanto o território é fundamentalmente simbólico – e isso, como foi visto, exacerba-se com o território do Estado-Nação.

No processo de apreensão e compreensão de determinado ambiente, Lucrécia Ferrara (1993: 19) identifica três operações básicas: percepção, leitura e interpretação. Podemos dizer que o território é construído ao se privilegiar a interpretação. A percepção é o processo pelo qual se aprende fixos e fluxos que constituem o espaço perceptivo; a leitura é a organização e hierarquização desses elementos de modo que o indivíduo encontre-se (sua medida cultural) em relação a eles; a interpretação é quando esses elementos são organizados de tal modo, compatível com a base cultural daquele indivíduo, que ele reconheça signos que o induzam a se colocar sob certa hierarquia dos elementos. Quando num ponto geográfico que não se conhece, apreendemos fixos e fluxos: vemos casas, ouvimos vozes, sentimos o frio, a chuva e o vento que faz girar um cata-vento; percebidos esses elementos, eles são "lidos" e, a partir dessa leitura, agimos. Por exemplo, procuramos proteção da chuva e do frio num alpendre; lá notamos que as pessoas falam determinada língua, professam um certo credo e uma bandeira tremula no alto da casa. Todos esses elementos não são próprios e/ou exclusivos daquele lugar, mas antes, de um território que contém aquele lugar. Assim, certos elementos dirigem a interpretação para que seja identificado o território que constituem.

Milton Santos (1994: 16) considera o território como o espaço habitado, o espaço humano, devendo-se ter em conta que o espaço para ele é constituído por sistemas de ações e sistemas de objetos, estes sendo projeções técnicas do homem, constituindo parte de sua cultura. Jean Baudrillard (1968) discute o sistema dos objetos com a intenção de mostrar como o uso cotidiano e por vezes não previsto de utensílios industriais fabricados em série poderia subverter as utilizações programadas pelos projetistas, mas concorda desde o início de seu trabalho que há já no projeto desses objetos uma carga ideológica latente. Daí que o desenvolvimento técnico potencializa a amplitude territorial alheia à contigüidade geográfica. Pensando nos territórios modernos dos Estados-nações, diversos autores (de Marshall McLuhan a Renato Ortiz) escreveram sobre o papel do alfabeto e da imprensa como exemplo da ampliação de área de influência de determinada cultura. A produção numerosa de livros a partir de uma mesma matriz revolucionou a transmissão do saber escrito, antes reservado aos copistas. Essa disseminação da palavra impressa levou ao privilégio de um número restrito de idiomas escritos que corroborassem a serventia de uma técnica de produção em larga escala. Em contrapartida, a imprensa poderia divulgar a palavra da Igreja católica mais amplamente que a linguagem oral (em latim) com a qual tinha contato a população, do mesmo modo que possibilitava a oficialização instrumental de um idioma nacional. Enquanto a comunicação era essencialmente fonoauditiva, por mais que um rei ou príncipe instituísse uma língua oficial de seu território, o controle seria pífio. Com a imprensa e sua difusão em larga escala, uma língua poderia ser privilegiada para ter tal uso tecnológico e poderia ser imposta como a oficial, divulgando inclusive as leis que regeriam esse território.

Tem-se, portanto, que se há no território uma carga identitária de quem nele vive, ele é também, e sobretudo no mundo moderno, uma forma de gestão de uma porção do espaço e dos objetos e das pessoas que aí se encontram, tendendo a ter limites precisos a serem respeitados interna e externamente;

e na sua construção entram fatores simbólicos, culturais, bélicos e tecnológicos. O mundo (grego ou medieval) possui matrizes territoriais determinantes de sua organização. Quando elas estão em crise, há causas e conseqüências simbólicas, culturais, políticas que ou alteram sua constituição, ou transformam radicalmente o que se entende por território. A contemporaneidade é marcada por eventos que indicam radicais transformações no território, sendo assim um dos aspectos da crise das matrizes espaciais que será aqui discutida.

3. CONCEITOS EM CRISE

Edward Soja (1989) retoma constantemente em sua obra a noção de espacialidade para ressaltar que o espaço deve ser sempre entendido considerando-se tanto sua materialidade como as formas de sua produção e organização social. Contra sua redução a um puro processo cognitivo, uma construção mental que se tornaria uma "subjetividade ideal ilusória" (125), precedendo toda substância ou aparência do mundo real, sua precaução pode ser vista como a necessidade de se incluir o humano na concepção do espaço – e não um humano exclusivamente cerebral, mas integrado ao meio material onde vive, seja ele natural ou produzido. Por isso, criticou-se aqui o que foi chamado de espaço postulado; sem contudo se aceitar de modo irrestrito a idéia da produção do espaço no sentido de Lefebvre (referência básica no trabalho de Soja), pois isso tem o perigo de apenas se trocar uma premissa ontológica do espaço abstrato por uma forma de controle sócio-político-econômico como anterior a qualquer entendimento do mundo, o que, no mínimo, reduz as possibilidades de investigação.

A existência e intervenção humana para o entendimento do espaço podem ser resumidas no termo ecúmeno, justamente o espaço ocupado pelo homem. Nesse sentido, Milton Santos (1994: 16) ressalta que o desenvolvimento técnico potencializa a ampliação do espaço ocupado pelo homem, e sua influência sobre ele (fazendo-o seu território), que é alheia à contigüidade geográfica. Essa idéia é reforçada comparando as concepções de objetos técnicos de Daniel Halévy e Marshall McLuhan. McLuhan os definiu como sendo fundamentalmente extensões do corpo do homem: o machado seria a extensão do nosso braço e computador, a do cérebro. Todavia, Halévy (1948: 107) escreve que os objetos técnicos responsáveis pelas revoluções humanas, tal como a roda, a primeira "máquina", ao contrário de estenderem o corpo humano, separam-se dele, "diferenciam-se de toda natureza viva, preparando assim o homem para um destino fantástico".

Processos de Desterritorialização

No princípio, havia um sistema técnico para cada lugar, e mesmo que tivessem tendência a se tornar universais, sua propagação era desigual no espaço e no tempo. Ao migrarem, as técnicas alteravam os hábitos de cada novo lugar, influenciando as formas de produção, de controle territorial, de valorização de objetos, signos e ações, enfim, na apreensão, compreensão e construção do mundo de cada sociedade; ao mesmo tempo, as técnicas eram em si mesmas transformadas de acordo as características de cada lugar. Dessa maneira, o estudo de objetos técnicos pôde servir como elemento de análise de espaços e tempos vividos e construídos pelos homens. Essas migrações são inerentes ao desenvolvimento técnico, bem como sua interferência nos lugares em que se instala e suas metamorfoses internas devidas a essa circulação. Isso pode ser visto como processos de desterritorialização e reterritorialização, entendidos seja a partir das ações e dos objetos técnicos, seja a partir dos lugares de onde partem e onde se instalam.

Suponhamos o arado, que transformou o modo de cultivo da terra na Europa, sendo presenteado inopinadamente aos esquimós do norte do Canadá: seria um objeto desterritorializado, pois ele tinha um valor ligado ao contexto onde foi criado ou, pelo menos, tinha emprego social consciente. Tomando-se o mesmo objeto técnico, tem-se que antes de sua entrada em regiões de plantio da Europa, o solo era cultivado com ferramentas rudimentares, influenciando na quantidade produzida e no número de pessoas que podiam se alimentar; ou seja, a introdução de um objeto técnico pode influenciar a própria organização de uma sociedade, determinando em grande medida o tamanho e a gestão de vilarejos e mercados. Com o arado, aos poucos todos esses fatores foram alterados, sendo a técnica elemento importante (por vezes crucial) na desterritorialização desses lugares, transformando radicalmente a organização e o controle sobre uma porção do espaço. Mas o processo de reterritorialização se segue, e vê-se que o arado, ao adquirir uso e valor num determinado lugar onde era desconhecido, reterritorializa-se como objeto e reterritorializa uma porção do espaço.

Apesar de por vezes o termo desterritorialização aparecer nos panfletos teóricos sobre o fim do espaço, sua idéia diz respeito à suspensão entre os lugares de origem de objetos e ações e os de sua efetivação, acrescida das alterações por que passam esses três termos: lugares, objetos e ações. Por vezes esse processo altera profundamente o espaço humano, o que se pode ver comparando o espaço vivido pelos habitantes do Brasil pré-cabralino e o espaço circunterrestre que vem crescentemente sendo vivido através das telecomunicações via satélites. Esse conceito de desterritorialização vale igualmente para sistemas econômicos, culturais ou políticos, como, por exemplo, na chegada dos europeus à América e a recíproca transformação da concepção de espaço. Renato Ortiz (1999) analisa esse processo como marcante e crescente a partir da modernidade, de modo que se pode pensar que tal consciência permite que seja empregado para a desestabilização e a imposição de ordens simbólicas, econômicas e políticas.

Detendo-se por ora nos objetos técnicos, o período de sua suspensão de seu lugar de origem e sua a reinserção alhures, que permitia a caracterização desses espaços, passaria por uma revolução epistemológica com o capitalismo moderno e a produção industrializada em série. Esse sistema tecnológico e econômico propõe, para sua otimização, a universalização do tempo e do espaço, o que, como escreveu em forma de denúncia Guy Debord (1992: § 165) no final dos anos de 1960, dissolvia a autonomia e as qualidades particulares dos lugares. Isso era uma tendência até a metade do século XX, tendo-se em conta que as idéias e os objetos eram *destinados* a serem universais, ou seja, mesmo universalizados mantinham uma origem "retraçável". Hoje, quando as tecnologias são originalmente globais, isso parece deixar de ser válido. Seu desenvolvimento e performance tomam como princípio um mundo globalizado, sendo cada vez menos possível analisar ou datar lugares em relação ao seu sistema técnico. Retendo do texto de Debord (§ 47; § 68) sua explicação sobre como a espetacular ilusão de necessidade embutida nas mercadorias falsifica fatores ideológicos envolvidos em sua produção, distribuição e consumo, percebe-se que o processo de abstração do espaço de um sistema econômico global tende igualmente a eliminar qualquer heterogeneidade espacial. É um espaço que se quer transformado em um sistema – lembrando que todo sistema, para funcionar, deve eliminar os ruídos, que, no caso do espaço abstrato do mercado tecnológico global são as diferenças e contradições culturais humanas.

A "aldeia global" de Marshall McLuhan já deixava clara a influência dos meios de comunicação na construção de territórios. Um de seus exemplos é o uso da imprensa na formação e delimitação dos Estados nacionais, através da disseminação de valores ideológicos e sobretudo pela uniformização de uma língua. Nessa estrutura comunicacional, as diferenças entre espaços e tempos na migração de objetos, ações e signos mantinham-se. Em seguida, McLuhan aponta que com os meios eletro-eletrônicos de comunicação, como satélites, televisão e computadores, haveria a possível constituição de uma consciência global. Extremando essa idéia, ter-se-ia um espaço global que unificaria todos os lugares. Ora, isso significaria ou uma desterritorialização ou uma reterritorialização global. Pela primeira opção, por não terem valores específicos, os lugares perderiam qualquer valor, sendo homogêneos pela anulação de suas características particulares; pela segunda, percebe-se que o processo de reterritorialização seria, na verdade, iniciado a partir das propriedades de um lugar específico que, assim, propiciaria uma unificação global como estratégia de hegemonia.

Antes de continuar essa discussão, convém tomar as palavras de Milton Santos (1997: 268) sobre o tempo e o espaço universais, advertindo que, assim como não há tempo global, mas sim um relógio global, também não há espaço global, mas alguns espaços globalizados. Ou seja, a organização do tempo, dos calendários lunares aos fusos horários mundializados, é um sistema intelectual humano utilizado para a maestria do seu mundo, o que ocorre de modo similar com o espaço. Robert Kurz (1997) considera que o processo de globalização deve-se em grande parte à saturação dos mercados internos dos países desenvolvidos, que precisavam ampliar seu território de ação; similar é a observação de Hans Peter Martin (1997), ao dizer que não há uma inevitabilidade ensimesmada na globalização que pode ser analisada como uma estratégica de ampliação das áreas sob influência desses mercados.

Retomando que a idéia de matrizes espaciais parte da inter-relação dos conceitos de espaço, território e lugar, tem-se que a desterritorialização pode ser sintetizada como o processo que ocorre na organização de uma porção do espaço, pela inserção ou transformação de técnicas, idéias ou objetos, alterando o regime de influências de fixos e fluxos. Esse processo é um dos responsáveis pelas crises e redefinições das matrizes espaciais, podendo afetar diretamente os objetos e as ações do espaço, bem como a hierarquia de valores que determinam a identidade de um lugar ou o regime de influências de um território. É certo que esse processo marca a construção das matrizes espaciais ao longo da história, como visto pela migração de técnicas, que tinham sua genealogia enraizada em um lugar específico. As tecnologias modernas[1] reforçaram o seu objetivo universal, o que condiz com todo o

---

1. As tecnologias modernas são entendidas como a organização sistêmica de técnicas, regimes de trabalho, veiculação e consumo de objetos produzidos. As diferenças conceituais entre técnica e tecnologia foram discutidas

pensamento moderno a partir do século XIX. Destarte, as tecnologias da sociedade contemporânea podem significar um corte epistemológico no entendimento das matrizes espaciais, já que a tendência de universalização tecnológica moderna dá lugar à criação de tecnologias que desde seu princípio funcionam em escala global e em tempo real.

O que a "idade universal das técnicas" (Santos, 1997: 47) poderia significar para a pluralidade identitária dos lugares que, mesmo quando profundamente alterados por objetos e idéias alheios, adaptava-os? Para alguns autores os fatores globais disseminam "não-lugares" pelo mundo, que não teriam qualquer carga cultural distintiva, sendo facilmente identificados e rotulados, como cadeias internacionais de sanduíches ou aeroportos. Mas até que ponto essas idéias podem ser válidas sem caírem no saudosismo de uma diferenciação de lugares não contaminados (ou pelo menos contaminados aos poucos) por uma lógica hegemônica? E as pessoas que vivem cotidianamente esses lugares, será que elas não os carregam de valores culturais (que não são os mesmos da igreja do vilarejo ou do monumento à República), eles também globais? E o que se passa com o espaço, definido por sistemas de ações e de objetos, quando os objetos tecnológicos tornam-se acentuadamente processadores e veículo para informações, na sociedade dirigida aos processos informacionais e não mais aos produtos? Tomando a definição de sociedade informacional de Manuel Castells, para quem não é o fato de lidar com informações "mais" que anteriormente que diferencia a sociedade contemporânea, e sim por elas serem a sua essência primordial, até que ponto a informação anula um dos termos da fórmula intelectual do espaço como ações e objetos? Comparando uma alteração terminológica na obra de Milton Santos, passando de "meio técnico-científico" (1989) para "meio técnico-científico-informacional" (1997), pode-se perguntar até que ponto se sustenta a equação siste-

---

em Fábio Duarte, *Arquitetura e Tecnologias de Informação: da Revolução Industrial à Revolução Digital*, São Paulo/Campinas, Annablume/Fapesp/Unicamp, 1999.

mas de ações e sistemas de objetos sem se acrescer um sistema informacional como termo independente.

Espaço/Tecnológico/Crítico

Algumas dessas questões estão presentes no trabalho de Paul Virilio, que escreveu estudos fundamentais sobre como as tecnologias contemporâneas alteram os espaços físicos – e que podem ser pensados para toda matriz espacial. Em sua obra, os meios de transporte marcados pela aceleração são vetores de transformação espacial, chegando a abolir as distâncias geográficas em prol da velocidade absoluta. A velocidade como privilégio de caçadores e guerreiros, havendo, para Virilio (1994), a possibilidade de se ler a história das sociedades pelas hierarquias de velocidades que as marcaram. Por isso se apaixona pelos bólidos, que buscam atingir a maior velocidade em menor tempo. Correm no deserto, por si uma metáfora do apagamento espacial, exponenciado pelos veículos tecnológicos. No entanto, o auge da aceleração absoluta levaria à inércia e à criação do veículo audiovisual estático: a televisão, o vídeo, os computadores (Virilio, 1990). Os veículos tecnológicos atingiram o limite do tempo extensivo, reduzindo as distâncias no tempo que permitiam a apreensão dos elementos do espaço. Para Virilio (1993: 22), os veículos audiovisuais trariam o tempo intensivo, o tempo real, em contraposição ao tempo presente da vivência espacial.

Os veículos absolutamente velozes (*vite*) da apreensão do espaço, como radares, sonares e satélites, levaram ao vazio (*vide*), quando a materialidade não é sequer tolerada como referência espacial (Virilio, 1984: 122). Os veículos audiovisuais têm como apresentação mais comum: a tela, seja de televisão, de computadores ou de cristal líquido para visão em aparelhos de realidade virtual; tela que é a interface entre o mundo concreto, onde ainda está o observador, e o mundo informacional, que tanto se infiltra no espaço físico quanto constitui-se como independente, com elementos que lhe são próprios e exclusivos. Pensando nas cidades, onde o impacto dos veículos tecnológicos se fez sentir profundamente, Virilio

(1993: 21) as vê como "paisagens fantasmáticas", assombradas por signos informacionais alheios ao seu espaço e tempo vivido concretamente, deixando de ser um espaço de referência "antropo-geográfico" (Virilio, 1990: 146). As metrópoles transformar-se-iam sob o signo da "estética do desaparecimento", própria aos veículos de tubos catódicos.

Milton Santos (1996) faz a ressalva de que a leitura de Virilio deve partir da consciência de que ele escreve sobre o espaço da guerra. É verdade que todas as metáforas de Virilio são bélicas, suas imagens as de campos de batalha (os *bunkers* da Segunda Guerra e os bombardeios aéreos da Guerra do Golfo foram seus temas), e sua ênfase em que todo desenvolvimento tecnológico tem origem em pesquisas militares. Mas esse aparato tecnológico vem sendo sempre adaptado ao uso civil e transforma as matrizes espaciais, a partir das quais pode-se também discutir o espaço geopolítico ou urbano. Santos (1996: 40-41) considera válido pensar o trabalho de Virilio tomado como metáforas espaciais, e não como conceitos instrumentais de outras análises. Entretanto, consideramos que suas idéias têm a força tática de apontar os sintomas contundentes da crise das matrizes espaciais na cena contemporânea.

Enquanto Virilio criticava o apagamento do espaço como conseqüência da aceleração dos meios tecnológicos, atingindo a quase abolição com as tecnologias informacionais digitais, Peter Weibel (1994) escrevia e organizava exposições e debates sobre as transformações espaciais a partir da incorporação tecnológica digital e da criação de mundos virtuais, que vêm paulatinamente se constituindo em um espaço que não guarda quase nenhum traço material do mundo concreto. Manuel Castells (1991), um dos mais ricos teóricos da sociedade informacional, insiste que a oposição entre o espaço de fluxos e os lugares (aqueles abstratos em termos sociais, culturais e históricos, estes a sua condensação) não significa de modo algum a anulação ou desconsideração do espaço concreto. Tem-se, inegavelmente, quando se pensa na sociedade informacional, uma crise das matrizes espaciais, em que as tecnologias digitais em rede têm papel importante, seja para apontar a crise, seja para trazer alterações vivenciais do espaço, o que merecerá reflexão atenta.

Não-lugares no seu Devido Espaço

O antropólogo Marc Augé (1994: 128-135) diagnostica a sociedade contemporânea como um mundo de excessos: exacerbação do ego, superabundância de fatos e excesso de espaço. Um mundo unificado mesmo que plural, direcionando ora para uma crise de identidade, ora para uma crise da alteridade, o que se poderia ver pela emergência de nacionalismos e fundamentalismos. Vê a necessidade de uma "antropologia de urgência", a "desglobalização" da antropologia, para se atentar à elaboração individual das representações do mundo.

Seu trabalho parte do conceito de lugar antropológico, que define como geométrico, formado pela interseção de linhas/itinerários e fronteiras entre povos, e ordenado segundo marcações temporais celestes, mitológicas ou horárias, no mundo moderno (Augé, 1994: 43-44). Esse lugar identitário (73) ainda se definiria pela fala e senhas de convivência. O mundo contemporâneo do excesso de espaço, onde a escala dos passos humanos é ínfima frente à exploração do universo por satélites (34-36), estaria sendo marcado pela construção de lugares unicamente destinados à circulação acelerada de pessoas e bens. O espaço desse "mundo de excessos" estaria repleto de não-lugares, assim definidos por serem desprovidos de expressões de identidade com o contexto histórico em que se encontram.

Augé liga os não-lugares a uma crise geral de representação do mundo, que cobriria não só os objetos arquitetônicos isolados, mas também a compreensão das cidades. Para ele, alguns lugares, como hotéis de cadeias internacionais, "existem apenas pelas palavras que evocam, não-lugares nesse sentido ou, antes, lugares imaginários, utopias banais, clichês" (Augé, 1994: 88). Ao seu lado haveria os "não-lugares reais da supermodernidade", como as auto-estradas, supermercados, aeroportos, que também se definiriam apenas pelos textos propostos, que podem ser resumidos em "modos de usar (pegar fila à da direita), proibitiva (proibido fumar) ou informativa (você está entrando no Beaujolais)" (Augé, 1994: 89). Continua dizendo que quando se viaja por auto-estradas, não é mais necessário se visitar as cidades, mas apenas passar por painéis iconográficos nos quais há um comentário sobre o local. Para outros intelectuais que utilizaram o conceito nos moldes de Augé, são considerados não-lugares desde os meios de transporte de massa aos grandes centros comerciais, dos anônimos hotéis internacionais aos campos de trânsito prolongado destinados aos refugiados, numa proliferação do que Georges Benko (1997: 23-24) chamou de uma "geografia de lugar nenhum".

A contraposição entre lugar e não-lugar poderia ser resumida como se naquele houvesse sentido, mas não liberdade, enquanto nesse houvesse completa liberdade individual mas ausência de sentido, e portanto, de identidade. Ana Fani Carlos (1996) denuncia a produção de não-lugares na sociedade contemporânea como uma perda dos valores outrora essenciais para a riqueza plural dos lugares, perguntando-se se é ainda possível pensá-los pelas suas singularidades. Usando como exemplo a criação de pólos de turismo, escreve como essa indústria instala-se sem reconhecer os valores locais, artificializando-os e homogeneizando-os com seus pares em quaisquer pontos do mundo. Os turistas passam por Bombaim, Frankfurt ou Salvador hospedando-se nos mesmos hotéis, deitando-se nos mesmos colchões, tomando o mesmo café da manhã. A indústria do turismo global esmera-se em produzir a não-identidade, daí o não-lugar, onde o sujeito desfrutaria sua própria alienação.

Ora, se o conceito de não-lugar aparece como sintoma da crise das matrizes espaciais contemporâneas, merece ao menos ser visto em outras formas mais contundentes. Nos anos de 1970, Jean Duvignaud descreveu toda a cidade industrial como um não-lugar. Se as cidades são organismos diversificados, não completamente hierarquizados como teriam sido os territórios dos patriarcados ou da sociedade feudal, Veneza e Amsterdã não mereceriam ser classificadas como tal, pois não havia pluralidade de forças em seu interior, todo sob a égide de um poder central. Assim, conseqüentemente, a sociedade industrializada deixaria de ser um nó de influências para ser toda ela dominada por um centro produtivo e político, aniquilando a diversidade e, portanto, as cidades. Para Duvignaud (1977: 54-55), "nenhuma cidade resiste à destruição de seus muros", e pergunta-se: "Onde estão nossas cidades hoje? Dissolvidas, abolidas. Simples nomes nos mapas. Cemitérios do passado". Novamente um passado repleto de lugares frente a um presente de não-lugares.

Tal radicalidade na análise do impacto do desenvolvimento tecnológico nas matrizes espaciais, fazendo com que se defina toda cidade industrializada como não-lugar, serve aqui apenas para apontar que esse conceito, como é empregado atualmente, não deve ser levado a sério senão metaforicamente.

Destacamos que espaço, território e lugar não devem ser analisados *per se*, mas tendo consciência que os filtros culturais interferem na sua apreensão, compreensão e construção. O lugar é essencial na dinâmica constitutiva das matrizes espaciais, não importando se numa sociedade tribal ou noutra globalizada. Milton Santos (1997: 115) afirma que ele é "o depositário final, obrigatório, do evento", e que fora dos lugares, inovações, produtos, dinheiro, "por mais concretos que pareçam, são abstrações" (107); Edward Casey (1997: 302) ressalta que, em boa medida, o modo como os eventos "estão estruturados" está vinculado a "onde estão situados"; e Manuel Castells (1996: 375) escreve que os lugares ainda são fundamentais para a concretização da sociedade informacional.

O lugar é a mais instável das porções espaciais, pois vivido intensamente por cada pessoa em processos de ressignificação constantes; assim, é preciso levar em conta a complexidade da cultura contemporânea para discuti-lo, sem saudosismo de um lugar perdido, resistindo até o possível a neologismos que servem apenas para rotular uma crise, e não como ferramentas de reflexão. Esse é um problema que se observa no conceito de não-lugar de Marc Augé. Se ele é eficaz ao apontar uma transformação ainda não codificada nas matrizes espaciais do mundo contemporâneo, não possibilita a passagem da constatação do fato para a constituição de um instrumento de leitura dessas novas espacialidades. Isso se evidencia quando se rotula como não-lugares ambientes tão distintos quanto favelas e hotéis internacionais, campos de refugiados e aeroportos.

Detendo-se nesses lugares marcados pela sociedade informacional global, Nelly de Camargo (1995: 24) lembra que os processos de comunicação são responsáveis pela identificação e reconhecimento de valores, legitimação de conhecimentos e poderes de determinada ordem social; desse modo, alguns lugares, estreitamente ligados às redes informacionais globais, podem ser considerados como prenhes de significados próprios à sociedade contemporânea. Ao contrário de caracterizados como não-lugares, os aeroportos, hotéis internacionais e cadeias de lanchonetes fazem parte de um sistema espacial em escala global. Tomando a malha ferroviária e a transformação urbana no século XIX, Scott Lash e John Urry (1994: 253-253) dizem que não seria o *flâneur* o homem das cidades modernas, mas o passageiro dos trens, e seu símbolo, os cheques de viagem propostos por Thomas Cook, que permitiram que o sistema econômico internacional na Europa fluísse sem complicações bancárias de câmbio; e como atualização dessa idéia, Theotônio Santos (1994: 76) lembra que de nada adiantariam os aviões supersônicos, os aeroportos, as agências turísticas e hotéis internacionais, se não se pudesse reservar passagens "a nível planetário".

4. MATRIZES ESPACIAIS

Para início deste capítulo, é necessária a retomada do conceito de matriz apresentado na introdução. O historiador Paul Veyne (1986) utiliza a idéia de matrizes a partir de certos conceitos impregnados na cultura de uma época que são ordenadores da realidade. A história sendo assim analisada pela formalização de problemas e idéias provenientes de vários sistemas conceituais ligados entre si em matrizes, pelas quais a história seria tanto responsável quanto por elas seria regida. Entende-se matrizes, então, como formadas por conjuntos de conceitos organizados que refletem e auxiliam a manutenção de certos sistemas sociais (econômicos, políticos, culturais, tecnológicos) que regem a apreensão, a organização e a compreensão de informações dispersas em objetos e ações que se dão no espaço. Quando se observa um mapa-múndi dos séculos XV ou XVI, tem-se que a América era vista pelos europeus como uma terra povoada de animais exóticos, seres mitológicos; e mesmo para se chegar até ela tinham que atravessar um oceano com ventos soprados por deuses enfurecidos.

Charta Cosmographica, *Apia. Vento (Detalhe).*

Sérgio Buarque de Holanda (2000) demonstrou como o imaginário mitológico, e sobretudo o cristão, impregnou os primeiros contatos dos europeus com o Novo Mundo, com a certeza de terem encontrado o Éden bíblico. Mesmo na objetiva carta de Pero Vaz de Caminha ao rei de Portugal, há a tentativa de concordância entre o que ele presenciou e o que era esperado pelos interesses portugueses que se encontrasse no continente onde chegaram. Havia, portanto, uma matriz que acompanhava os navegadores durante suas explorações. Não apenas uma forma de representação, mas também de apreensão e compreensão que, afinal, dariam a base para uma representação. Mesmo que esta seja responsável, se presente hegemonicamente numa sociedade, pela determinação de como se apreende e compreende um espaço, como foi visto através da perspectiva ou por noções científicas do mundo.

Para Walter Buckley (1971: 68), os sistemas são complexos de componentes que se relacionam, direta ou indiretamente, compondo uma rede causal, de modo mais ou menos estável por um período otimizado. Portanto, enquanto nos sistemas cada elemento tem uma posição e uma função específicas para que o conjunto funcione como o previsto, numa matriz todos os elementos entram em contato entre si, não há funcionamento visado, as equações entre as partes podem ser alteradas a partir dos mesmos elementos e qualquer outro pode ser inserido sabendo-se de antemão que entrará em contato com os outros. Os sistemas são mais e menos que a soma das partes, pois cada uma apresenta apenas as características necessárias para o funcionamento global. Cada peça industrializada, por exemplo, pode ser entendida como a síntese de um sistema tecnológico (portanto científico e econômico). Mas isso se não forem considerados os usos imprevisíveis desses objetos, que alteram sua função e, assim, seu significado no sistema tecnológico. Pode-se pensar que objetos e ações constituem e organizam-se em variados sistemas interrelacionados. Os sistemas econômicos, políticos, astronômicos, psicológicos ou geológicos formam e são formados pelo espaço – mas o espaço, em si, não é um sistema. Propõe-se então que os três fundamentos definidos a partir da complexidade de apreensão, compreensão e construção do espaço se organizam como matrizes espaciais, que constituem e são constituídas por vários sistemas, como o tecnológico, o sociológico, o religioso, o cultural.

Charta Cosmographica, *Apia. Ilha.*

Referindo-se às revoluções científicas, para Thomas Kuhn (1983) as matrizes estão próximas à formação de paradigmas, de um conjunto deles, que não regem apenas uma ciência normal, mas constituem um complexo perceptivo e intelectual que abrange a postura dos seres humanos frente ao mundo. Se forem tomados os trabalhos de Edward Hall (1969), as matrizes encontram-se com os filtros culturais, que depuram, mesmo inconscientemente, os estímulos do mundo, determinando quais serão excluídos, quais absorvidos, como se organizarão e determinarão o contato com o mundo; pois a matriz é precisamente o tamis cultural que entra em contato com os elementos, no caso, espaciais. Vale por fim retomar a idéia de matriz a partir da formação do mundo no *Timeu*, de Platão, que parte do termo *Khôra* como sendo a sua matriz, o "receptáculo amorfo" constituído pelos elementos que aí adquirem existência, ao mesmo tempo em que esses só passam a existir quando passam por *Khôra*.

Espaço/Território/Lugar

Construídos os três termos conceituais (espaço, território e lugar), propõe-se que eles não se excluem reciprocamente, nem tampouco são graus de uma escala espacial. A análise dos termos como excludentes levaria à classificação de um ambiente como preponderantemente um espaço ou um território ou um lugar; e ela seria gradativa ao se buscar o que há de espaço, de território e de lugar em cada fenômeno. Tais modos de análise não satisfazem a complexidade da apreensão espacial cotidiana e muito menos uma crítica aprofundada dos fenômenos espaciais que baseiam e contribuem para a constituição do mundo. Por isso neste trabalho tem-se como nó conceitual a idéia de matrizes espaciais. Agora é o momento de se propor a sua construção, tendo como fundamentos o espaço, o território e o lugar. O modo como será apresentado, separando cada relação entre os termos, é tão-somente para que se possa notar como a divisão conceitual entre espaço, território e lugar tem propriedade pelos seus valores internos, já que, quando colocados com termos dissemelhantes, suas características se relacionam mas não se igualam. Ou seja, se for tomado o lugar como uma grandeza inferior do espaço e fossem colocados, conceitualmente, um ao lado do outro, nada resultaria que uma homogeneização entrópica – no fundo, tudo redundaria em espaços maiores ou menores. Entretanto, pela presente proposta de que espaço, lugar e território trabalham com os mesmos elementos e convivem plenamente, mesmo possuindo singularidades conceituais internas, quando emparelhados lugar e território, as inter-relações não terão resultados quantitativos (o lugar é um bairro; não, o bairro é o território etc.), mas qualitativos, iluminando as potencialidades de ambos os termos e de suas zonas conceituais limítrofes que formam as matrizes. Todavia, apesar da apresentação que se segue valer por ressaltar as especificidades dos instrumentos conceituais aqui propostos, ver-se-á na análise futura dos eventos que não se tentará encaixá-los nas matrizes, pois, seja lembrado, as matrizes não são estruturas modelares, e sim conjuntos de paradigmas que nutrem e são nutridos pelo mundo. Isso significa que na discussão dos eventos as matrizes serão tomadas em seu conjunto.

Discutiu-se que as diferentes noções de espaço, lugar e território são vividas concomitantemente. Agora será visto o modo como cada um dos termos entra em relação com outros da mesma categoria que possuem características diversas, de maneira cordial ou conflituosa; assim como será apontado como cada um dos termos se relaciona com os outros dois. Ou seja, seguindo uma estrutura circular, ter-se-á: espaço/espaço, espaço/território; território/território, território/lugar; lugar/lugar; lugar/espaço. Em cada encontro serão destacados os convívios e conflitos freqüentes entre os diferentes entendimentos de cada termo.

Além de relações que podem ser descritas como "normais" (Kuhn, 1983), há fatores externos às organizações matriciais que em determinados momentos podem alterar cada um dos termos e ao alterá-los, interferir em outros; bem como há fatores que modificam todo o sistema de valores que presidem as matrizes. Se há uma dinâmica normal de convívio e conflitos entre os termos, há igualmente momentos em que transformações econômicas, tecnológicas, culturais e políticas colocam em xeque o seu equilíbrio dinâmico. São os momentos de crise, que serão retomados futuramente.

Espaço/Espaço

A primeira constatação é a de que o mundo é formado por diferentes conceitos e materialidades de espaços. Isso pode ser atestado historicamente, como quando períodos abrigam distintas formas de entendimento de espaço que convivem sem serem contraditórios. Pense-se, por exemplo, no espaço urbano e no espaço astronômico. Cada qual comporta diferentes sistemas de objetos e sistemas de ações. Embora constituindo um mesmo mundo, pode-se tanto apreender esses espaços isoladamente como em conjunto. Os astrônomos estudam o espaço astronômico levando em consideração tão- somente os objetos e as ações que lhe são próprios, mesmo que façam esse estudo e troquem informações com seus pares nos laboratórios universitários instalados no espaço urbano. Assim, uma pessoa pode viver ao mesmo tempo diferentes espaços não conflitantes. Há outro lado de convívio de diferentes espaços, ainda pensando nos espaços urbanos e astronômicos, quando se sabe que parte dos ritmos próprios da vida urbana cotidiana é regida pelos sistemas que são próprios ao espaço astronômico (como o movimento da Terra e dos astros). Portanto, dizer *matriz espacial* não significa que uma delas determine todas as relações espaciais do mundo; mas sim que ele é formado por diferentes matrizes, que podem ser separadas pela apreensão e conectadas de acordo com certas situações – como é o caso dos marinheiros, quando navegando, que constituem-nas com as correntes marinhas, os ventos e as estrelas.

Distintas matrizes espaciais vividas ubiquamente tendem a gerar conflitos entre as diferentes concepções. A época marcada pelas grandes navegações européias trouxe pelo menos duas transformações importantes para as matrizes espaciais. Nesse período a cultura européia era profundamente continental, com seu espaço marítimo sendo basicamente o mediterrâneo. Essas duas formas de espaço, continental e mediterrâneo, implicavam específicas gestões políticas do terreno, sistemas econômicos resultando em valorização de certos produtos e suas formas de circulação, migrações populacionais e conhecimento da natureza – conhecimento que, no caso do espaço mediterrâneo, influenciava nas construções navais para responder a específicos ventos ou correntes marítimas. As navegações oceânicas transformaram essa matriz ao incluir na sua compreensão outros sistemas de objetos e ações, inexistentes no mundo continental ou mediterrâneo. Estudando o preâmbulo para a viagem de Pedro Álvares Cabral ao Brasil, Eduardo Bueno (1998) narra alguns desenvolvimentos navais e científicos (da criação de instrumentos de leitura do céu à disseminação dos primeiros textos impressos em larga escala) que permitiram as longas viagens por águas desconhecidas e que estavam estreitamente ligados com as próprias transformações que afetariam as matrizes espaciais hegemônicas na Europa.

Paralelamente, quando os europeus chegaram à América encontraram grupos humanos com variadas culturas e, por conseguinte, outras matrizes espaciais. O entendimento do que era espaço para os europeus do século XV e XVI não incluía diversos elementos formadores das matrizes espaciais dos americanos. Isso era evidente pela incorporação de espíritos de antepassados ou forças da floresta que constituíam o espaço de diversos grupos americanos e que entrava em choque com o entendimento de espaço dos europeus. Quando duas matrizes espaciais entram em conflito, uma tende a eliminar a outra, sendo que o grupo social dominante tende a impor a sua matriz como uma das formas de controle de todas as ações e objetos sob seu auspício. Na América do Sul, interesses de sistemas econômicos e políticos, auxiliados por missões religiosas, destruíram culturas inteiras, incluindo suas matrizes espaciais.

Espaço/Território

A própria definição de território, como ações e objetos organizados sob influência identificada pelo conjunto tendendo a possuir limites claros, mostra que a relação mais simples entre espaço e território é considerar o território como uma parte de um espaço onde uma organização impera sem que, contudo, interfira na matriz espacial. Voltando à definição biológica de território, vê-se que diferentes espécies partilham um espaço mas têm territorialidades diferentes. Tomando um mesmo trecho numa savana, tem-se que leões, hienas e zebras apropriam-se de mesmos elementos do espaço, que está, no caso, dominado pelo leão. Os formigueiros que se instalem na mesma área, apropriar-se-iam de alguns elementos comuns (solo e vegetação) desse espaço, nem por isso podendo-se considerá-los no território leonino. Passando essa idéia para o universo cultural humano, tem-se, por exemplo, que o termo geopolítica internacional resume a convivência de espaço e território. A organização entre as partes fazendo-se a partir da delimitação territorial da unidade mínima considerada como o Estado-Nação, os sistemas econômicos, ideológicos e tecnológicos influenciam na marcação e dominação territorial apenas se forem consideradas essa unidade territorial. Nesse espaço geopolítico, a União Soviética era o território considerado pelas unidades externas, que estavam sob sua influência ou a ele se contrapunham; mas o Cazaquistão não fazia parte desse sistema de forças, pois era uma porção do espaço integrada (ao menos para os elementos exteriores) ao território soviético. Assim sendo, enquanto houve a União Soviética como entidade territorial, o povo cazaquistanês e russo podiam lidar com os mesmos elementos espaciais e considerar-se, bom grado, mal grado, num mesmo território se pensarmos na geopolítica internacional.

Um conflito entre o que se entende por espaço e território dá-se quando o que é considerado espaço só é aceito a partir do momento em que se submete a uma determinada idéia de território. Mantendo-se na geopolítica internacional, vê-se que a base territorial nacional é tão marcante que todo o espaço foi estruturado sobre ela. Assim, teoricamente qualquer ação ou objeto no mundo geopolítico moderno só é aceito quando passa pelo filtro dessa idéia de território.

Dois exemplos de concepções de espaço e território. Os povos americanos pré-colombianos possuíam matrizes espaciais que foram submersas na noção de território nacional, sofrendo sua influência direta, a ponto de serem abolidas e, as que restam, abafadas pela rígida estrutura territorial que pesa sobre seu mundo fragilizado. Em outra escala, o espaço astronômico é formado por sistemas de ações e objetos tão diversos dos que constituem o mundo terreno que pode ser apreendido e estudado independentemente; entretanto, sua exploração tecnológica contemporânea se dá sob a égide de uma noção de território que lhe é fundamentalmente alheia. Se para os princípios do direito internacional Vicente Marotta Rangel (s/d: 112) lembra que a exploração desse espaço deveria pertencer a toda a humanidade, ela vem adquirindo um traço geopolítico (territorial) acentuado desde a década de 1960.

É nesse ponto sintomático o verbete espaço no dicionário de geopolítica organizado por Yves Lacoste (1993). Ele não é explorado conceitualmente, mas já partindo do espaço circunterrestre, destacando sua inclusão no espaço geopolítico sobretudo pela corrida espacial entre as agências norte-americana e soviética durante a Guerra Fria, a ponto de haver quase que uma "geopolítica estelar". Ela significou explorações científicas, demonstrações de forças de conquistas, mas sobretudo a exploração de um campo propício à transmissão de informações via satélites que, no início dos anos de 1990, demonstrou sua força na geopolítica internacional ao ser determinante na guerra dos Estados Unidos contra o Iraque. Uma consideração semelhante aparece na enciclopédia *Universalis* (1995), na qual o espaço astronômico não é verbete científico, e sim tratado como terreno de ações no equilíbrio geopolítico mundial. Esses são exemplos em escalas distintas de como uma idéia de território torna-se tão forte que altera o que se entende por espaço.

Território/Território

Em cada matriz espacial diferentes territórios convivem, com seus limites e suas áreas de influência aceitos mutuamente. Mantendo-se no gerenciamento das forças políticas em escala mundial, pode-se pensar nos Estados-Nações que, sob a ordem espacial geopolítica, têm todas as suas relações sobre essa base territorial.

Caso as matrizes espaciais sejam completamente distintas, diferentes territórios convivem por vezes sobre um mesmo terreno. Quando os europeus tomaram as Américas, os povos que aí viviam tinham matrizes espaciais diferentes das européias (e mesmo entre si), e tribos e povos possuíam regiões onde eram senhores, seus territórios, que eram por vezes geograficamente imprecisos (pela forma de precisão métrica européia), mas existentes através de zonas de influência ou delimitações míticas. Enquanto o continente do que seria a América abrigava diversos territórios, os portugueses e os espanhóis, décadas antes de aportarem em terras americanas, traçaram os seus limites territoriais no continente, a partir de sua matriz espacial comum, institucionalizando suas zonas de domínio sobre um terreno do qual sequer sabiam as dimensões ou a forma – e, em certa medida, sequer conheciam a existência. Assim, por séculos, algumas porções da terra foram consideradas territórios distintos por diferentes culturas sem que houvesse conflito entre tais concepções, nem lutas pela hegemonia de um território sobre o outro.

Um exemplo de convívio territorial ainda mais claro pode ser visto ao se retomar o exemplo do povo curdo, que viveu numa porção de espaço relativamente constante por séculos, espaço onde se sabiam em seu território, onde se representaram na própria ocupação do terreno, língua e laços familiares. Sabiam-se, entretanto, sob o império otomano; mas a concepção territorial deste, com tendência universalizadora (Badie, 1997) não se indispondo a misturar no rol de determinantes de poder um possível caráter nacional, em nada feria o apego territorial do povo curdo. Quando o império otomano foi desmantelado no início do século XX, o território curdo foi dividido entre Iraque, Irã, União Soviética e Turquia, cujo primeiro comandante lhes prometera um território autônomo se o apoiassem, o que os curdos fizeram. Turquia constituída como Estado-Nação, promessa esquecida, teve início a "questão curda". Isso significa que os curdos não tiram um território da cartola, mas que eles sempre o tiveram enquanto a matriz territorial era outra; quando esta foi alterada e aceita como ordenadora espacial das forças geopolíticas do mundo, iniciou-se a luta por um território que esse povo não imaginava necessariamente, há dois séculos, ter de ser constituído como um Estado-Nação. Edgar Morin (1969) considera as guerras de nacionalidade como o tema obscuro do século XX (que em muito aumentou, trinta anos passados da publicação de seu livro). Mas para entendê-las é importante compreender que várias delas não têm na sua base uma disputa entre entidades territoriais, e sim entre matrizes territoriais distintas, que determinaram que certos territórios antes baseados em sangue ou terra seriam ou não convertidos em unidades territoriais aceitas no cenário geopolítico mundial – e, muitas vezes, nem sangue nem terra nem qualquer outra forma anterior de territorialidade foi considerada.

Portanto, é do interior dos territórios geopolíticos modernos, baseados nos Estados-Nações, que se tem seu inverso. Durante o século XX, apenas as guerras entre nações foram consideradas no cenário geopolítico – diversos conflitos desse período não entraram em fóruns mundiais por serem vistos como assuntos internos, já que a unidade básica era a nacional. Esses conflitos eram considerados como se unidades internas às nações ameaçassem o poder central, caracterizando-as como guerras "interiores", quase nunca sendo objeto de interferência internacional. Já quando a mesma matriz territorial é aceita, os conflitos entre territórios são basicamente pela hegemonia de um sobre outro, o que foi o caso na Segunda Guerra Mundial.

Há conflito também quando idéias de território têm diferentes matrizes espaciais mas entram em contato num mesmo terreno, como se viu na história da ocupação americana pelos europeus. As diferentes matrizes espaciais conviviam num mesmo terreno quando eram reciprocamente desconhecidas; quando em contato, há a imposição da mais forte. É também o caso da cultura ocidental (originalmente européia) e a cultura islâmica. Os primeiros, na modernidade, têm como base o território do Estado-Nação, e todas as outras relações espaciais a ele se reportam; já os islâmicos partem da idéia de *ummah*, unidade universal baseada em princípios religiosos, que guia toda a sua cultura, inclusive a espacial. É um conflito de territórios que vem emergindo ciclicamente na história, mudando de escala. Seja lembrado o império otomano, como foi derrotado pelos territórios ocidentais, e a emergência dos territórios da civilização islâmica atualmente, substituindo um conflito ideológico que marcou a Guerra Fria, como aponta Samuel Huntington (1997), por um conflito entre civilizações. Pensando a questão do território curdo sob o império otomano, ou as possíveis guerras civilizacionais envolvendo ocidentais e islâmicos, tem-se que faz parte das diferenças engendradas nos conflitos distintas matrizes espaciais – que, por algumas vezes, são mesmo o seu motivo fundamental.

Há finalmente um conflito entre territórios de caráter histórico. Ele não opõe duas concepções territoriais resultando na eliminação de uma com a imposição de outra, mas acontece pela própria transformação das matrizes espaciais internas a um determinado mundo, a partir de mudanças em sistemas tecnológicos, econômicos, culturais ou políticos – freqüentemente envolvendo vários deles. É portanto um conflito territorial intestino, quando não há o ataque de um regime territorial a outro. Uma implosão acarreta sua transformação. A emergência da idéia de territórios como Estados-Nações, provocando conflitos na Europa estruturada territorialmente em cidades-estados, feudos, principados e impérios, é exemplo claro desse tipo de conflito entre territórios, o anterior servindo ainda de base para o seguinte, mas sendo finalmente por ele substituído.

Território/Lugar

No interior de uma área delimitada sob influências partilhadas, há a existência de porções de espaço carregadas afetiva e simbolicamente que são os lugares. As igrejas, inseridas numa cidade ou país, territórios que as abrigam, são carregadas de significados apenas para determinados grupos que fazem delas seus lugares. Todavia, os próprios lugares possuem territórios internos. A escola pode ser identificada como lugar de alunos, professores, e não de industriais ou bancários. Entretanto, na escola, mesmo discentes e docentes sentindo-se em seu lugar, há territórios codificados sob influência de uns perante outros. As suas casas são identificadas como seu lugar por toda a família; mas há territórios claramente aceitos pelos seus membros, que são determinados tanto no espaço quanto no tempo. À mesa de jantar, a ocupação reiterada de mesmas posições pelos pais e pelas crianças pode determinar a constituição precisa de um território; significado que não está inscrito no espaço, e sim no modo como e quando é ocupado. A mesma posição atribuída ao pai no jantar é usada pelos filhos para fazerem os deveres escolares. Apesar dessa marcação territorial conhecida por todos da família, à chegada de um estranho o que primeiro se tem é que ele não faz parte daquele lugar. Isso se torna ainda mais claro nas igrejas católicas, por exemplo. Nas cidades, elas são lugares identitários de fiéis; dentro delas, a distribuição de objetos como altares, nichos, crucifixos e confessionários, e também das ações, marcadas pelos ritos da missa, pela postura do padre perante os fiéis, determina para todos que aceitam esses sinais que estão em um território construído. Um não fiel também pode ver a igreja na cidade como um lugar, mas principalmente como o lugar do outro; e, mesmo que reconheça marcações territoriais internas à igreja, não necessariamente a elas se submete. Esse mesmo católico possivelmente não identificaria os lugares identitários dos fiéis da umbanda e, nos centros, tampouco conseguiria decifrar por completo sua constituição territorial.

Quando se discutiu a Construção do Lugar, viu-se que este pode variar consideravelmente de escala, indo da cadeira que uma tia prefere para assistir à sua novela predileta até regiões tidas como identitárias para determinados grupos culturais. Por vezes alguns lugares atingem certa magnitude, não sempre em extensão geográfica ou número de pessoas, mas de significado em uma matriz espacial, que entram em choque com o território sob os quais existiam. Esse é um paradoxo do lugar, já que as representações de uma identidade cultural podem se manifestar até o do ponto de beligerância com outras representações da mesma porção do espaço. Assim, o limite entre aceitar-se o lugar e pleitear-se o território é nebuloso e tênue. Nessas ocasiões, a potencialidade de um lugar descola-se do território sob o qual existia e constitui outro próprio; em outras vezes, seus valores se alastram pelo território que outrora o abrigava, mantendo os limites geográficos mas alterando sua feição, agora marcada pelos valores deste lugar hegemônico – que os eleva a valores territoriais e tende a abafar outras representações dessa mesma porção do espaço. Até que uma seguinte continue o ciclo entre as formas de apropriação do lugar que se fortalecem e transformam certa área em seu território.

Lugar/Lugar

Uma casa é sentida como lugar de determinada pessoa, mas não a porção semelhante próxima, que é a casa do vizinho. Pensamento similar é notado numa cidade e seus templos. Em Salvador, fiéis do catolicismo e da umbanda têm seus lugares na cidade reconhecidos mutuamente. Numa mesma porção de espaço certos lugares são identificados por uns em determinadas ocasiões, quando ocupados com interesses específicos, para quem os mesmos lugares, em outros momentos, são estranhos ou aceitos como de outrem. A poltrona de estofado azul no canto da sala é do gato até que haja um jogo de futebol, quando é identificada pela família (incluindo o gato) como o lugar do pai.

Tão corriqueiro quanto a convivência é o conflito entre lugares, também vivido diariamente. Numa pequena escala, pode-se considerar a briga de crianças pela escolha de um quarto ou, quando o dividem, o que nele colocar e como decorá-lo com seus pertences, como a construção de suas identidades pela ocupação subjetiva de uma porção do espaço. Os conflitos entre os lugares podem ser mais amplos e bélicos, como entre povos que brigam por lugares tidos como sagrados por ambos. Jerusalém o é por palestinos, judeus e cristãos. Mas enquanto estes têm o centro de seu território religioso em Roma, a posse de Jerusalém como seu lugar e centro de sua cultura é ponto de honra e conflito entre palestinos e judeus.

Espaço/Lugar

Fecha-se o ciclo com o lugar perante o espaço, partindo da idéia básica das matrizes espaciais, que é entender o lugar como fragmento do espaço caracterizado por carga afetiva e simbólica. Talvez não haja conflito entre espaço e lugar ao ponto desse último superlativar-se perante o primeiro, como é o caso quando consideramos o território. Em compensação, determinados lugares podem servir de índices para a compreensão da matriz espacial onde se insere, e isso pode constituir uma metodologia de investigação pela qual, a partir da análise dos elementos e de sua organização em certo lugar, busca-se compreender a constituição da matriz espacial. Com maestria Gaston Bachelard (1989) partiu de análises de lugares cotidianos, os recantos domésticos, para estudar uma fenomenologia do espaço em sua amplitude e profundidade.

Existentes num mesmo espaço, alguns lugares podem absorver elementos de outras matrizes espaciais sem, com isso, colocarem em questão a matriz espacial onde primordialmente se inserem. É o caso de lugares religiosos ou místicos, como os centros de umbanda na Bahia, onde as pessoas que os freqüentam vivem quotidianamente no espaço urbano de Salvador, mas no centro, lugar para eles sagrado, são considerados outros objetos e ações alheios ao espaço circundante; ou o templo de Stonehenge, na Grã-Bretanha, integrado à matriz espacial contemporânea pelas suas ruínas arqueológicas, e que, no entanto, para estudiosos e místicos ainda abriga elementos incompatíveis com a estruturação espacial aceita pelo mundo moderno.

Essa explanação das relações possíveis entre os termos das matrizes espaciais não determina subcategorias, nem exaure as formas possíveis de contato entre espaço, território e lugar. O que se pretendeu foi esclarecer que um termo não é a extensão ou redução de outro, nem tampouco podem ser vistos como categorias de análise totalmente estranhas. Eles constituem uma matriz na qual um termo convive e interfere no outro sem que haja uma homogeneização ou apenas alteração de escala entre eles. Espaço, território e lugar formam, pela dinâmica das relações que têm entre si a partir de suas características que lhes são próprias (e não apêndices econômicos ou arquitetônicos), as matrizes espaciais que podem determinar ou serem sintomáticas de uma apreensão, compreensão e intervenção no mundo.

5. CENA CONTEMPORÂNEA

O projeto moderno foi constituído como um projeto a partir do século XVIII, como lembra David Harvey (1990), com raízes em séculos anteriores, em termos religiosos, filosóficos e científicos. Seu intuito era notadamente desenvolver uma ciência objetiva, livre de pressões e misticismos religiosos; bem como desenvolver uma lei e uma moral que fossem universais. Harvey considera que tal projeto foi marcado por um otimismo apenas rompido com a detonação da bomba atômica em 1945. Mas esse "otimismo" de uma moral universal não descartou o massacre e desrespeito a povos na América, Oceania, Ásia e África; ou seja, tal projeto era, na verdade, europeu Ocidental, e a pretensão universal de suas leis e preceitos serviu finalmente como justificativa para a imposição de seu controle irrestrito alhures. Por outra perspectiva, Ortega y Gasset (1970: 143-144) vê como a conjunção de regimes políticos (democracia liberal) e sistemas técnicos (combinação do capitalismo com ciência experimental), marcante do mundo moderno, é constituinte e mantenedora das massas populacionais "criadas" no século XIX, que vivem num mundo produzido por tal projeto, sem terem consciência de sua gênese ou seu funcionamento, e que não são exclusivas de um regime econômico ou ideológico, podendo ser vistas no bolchevismo, fascismo etc. Mais uma vez, é implícito nesse projeto da modernidade a destruição, a ocultação e a adaptação de outras redes culturais que não a hegemônica, redes que não respondam a seus preceitos morais, políticos, econômicos ou culturais.

Espaços da Modernidade e sua Crise

A fase mais recente do projeto moderno data da passagem do século XIX para o XX, tanto pelos seus aspectos políticos e tecnológicos como culturais e econômicos. O que parece ser um dos motores dessa passagem, provavelmente o principal, é o processo de industrialização e as conseqüentes transformações na produção e distribuição de bens, nas formas de trabalho, na consciência coletiva dos trabalhadores (também inconsciência coletiva dos consumidores, se tomados os termos de Ortega y Gasset), na divulgação de informação e na maneira como se constrói e se vive nas cidades.

Em relação direta com o espaço, é do mesmo período a sua redefinição por diversas disciplinas. Em arquitetura e urbanismo, viu-se que Françoise Choay trilhou a história do termo espaço para vê-lo detidamente discutido pelos arquitetos apenas no período de formação do modernismo, com destaque para a escola alemã Bauhaus, a mesma fonte apontada por Henri Lefebvre. A Bauhaus tratou o espaço (o que vinha sendo visto em urbanismo havia já algumas décadas) como construído pela inter-relação de sistemas econômicos, produtivos e culturais, não apenas os abrigando, mas sendo formado por eles e sendo ao mesmo tempo fator de suas dinâmicas. A Bauhaus tinha pares em outros países europeus com contextos sociais (mas não políticos) similares, sobretudo pela urbanização fabril e a necessidade de reconstrução de cidades após a Primeira Guerra Mundial; e também pares norte-americanos, que também conheciam um desenvolvimento industrial crescente. Mas as diferenças de concepção do espaço moderno nos dois continentes era flagrante, pois os europeus propunham a constituição de um espaço arquitetônico e urbano que tinha como um dos elementos a ser considerado as matrizes espaciais seculares que se sobrepunham (como as agrícolas, feudais, medievais e fabris), o que não havia nos Estados Unidos, único país americano com nível de industrialização comparável. Com o início da Segunda Guerra, vários arquitetos europeus migraram para a América, em especial para os Estados Unidos, e um dos preceitos da proposta espacial moderna ganhou força: a universalidade.

Na Bauhaus, esse termo partia de uma realidade local, com a intenção de se criar espacialidades de qualidade para todos os trabalhadores nas novas indústrias, e também para se reconstruir os bairros destruídos pela Primeira Guerra. Com a Segunda Guerra Mundial, a Europa conheceu necessidade ainda maior de reconstrução urbana rápida, e as soluções da arquitetura moderna, aliadas desde o início às tecnologias de produção em série, encontraram terreno para sua disseminação. Nesse contexto, o espaço moderno tornou-se hegemônico. E se de um lado ele partiu de um processo coletivo e laborioso entre transformações tecnológicas e sociais, também formou um estilo alheio a qualquer especificidade do espaço geográfico com o qual deveria lidar. Le Corbusier é o exemplo mais eloqüente, distribuindo projetos urbanos para o Brasil, o Uruguai e a Argentina, sem que tenham sido encomendados, feitos enquanto sobrevoava as cidades, na sua maioria reduzidos a croquis. Em linhas gerais, previam ou o arrasamento de tudo ou a desconsideração completa com a geografia. Considerado leviano por Witold Rybczynski (1996: 143) ou criticado reiteradamente por Peter Hall, suas idéias urbanas podem ser vistas como exemplo do espaço postulado, o modelo que pretende se impor a qualquer custo. Sua passagem pelo regime de Vichy durante a ocupação da França pela Alemanha nazista, destacada por Hall (1996: 211), além da antológica proposta de reconstrução urbana de Paris, que previa a quase completa destruição de sua área central (excetuando alguns monumentos e praças de que gostava), ilustram como tal espaço postulado adapta-se facilmente a qualquer poder totalitário que atue sobre uma sociedade, mesmo que, em oposição, considere-se poderoso o suficiente para desprezar montanhas quando se quer traçar uma linha reta.

Paris não foi arrasada por Le Corbusier, a França não capitulou, mas as idéias de Le Corbusier ressoaram em diversos lugares do mundo, num espaço postulado também perfeitamente adaptado à industrialização crescente, na maior parte das vezes em projetos que sequer mantinham a força dos princípios modernos. Se Edward Casey considera que o espaço prevaleceu perante os lugares no projeto moderno, o que parece ser correto é que o espaço esteve sob construção frutífera no início do modernismo, sendo imediatamente reduzido por alguns de seus idealizadores e seguidores a um espaço postulado, que não comportava os valores específicos dos lugares e que também desprezava a contínua desconstrução e reconstrução do que se entendia por espaço, de acordo com realidades culturais específicas.

Em geografia, a definição do espaço é fundamental. Marie-Claire Robic (1999), atendo-se principalmente à geografia francesa, narra como tal disciplina foi constituída globalmente no final do século XIX, sendo que anteriormente a Terra era vista por diferentes espectros geodésicos, geológicos e antropológicos, resultando na organização de dados colhidos no terreno que não englobavam a complexidade das relações entre seus elementos. Em consonância, David Harvey (1990: 249-253) afirma que a geografia e os mapas serviram basicamente ao controle do mercado durante o Renascimento, além de serem uma forma de imposição de um poder sobre determinado espaço. Em 1895, Vidal de La Blache finalizou seu atlas, que sintetizava sua abordagem do estudo do espaço terrestre ao mesmo tempo em que propulsionava a geografia como um campo de estudo específico. Vê-se em suas pranchas os dados de toponímia, hidrografia, relevo, divisão política externa e interna, desenhados de modo que um fator pudesse ser influente na determinação do outro. Completavam-nas quadros mostrando a organização no terreno das plantações e da flora primitiva, além de um mapa-múndi ligando o país estudado com seus principais parceiros comerciais. No prefácio do atlas destacam-se alguns pontos cruciais do entendimento do espaço geográfico: a geografia seria uma síntese entre o que se pode observar com um trabalho intelectual que contextualize o observado; é necessária uma associação entre as representações do espaço e diversos saberes envolvidos para significá-los em conjunto; e, principalmente, é seu fundamento a idéia de conectividade, um encadeamento entre os fenômenos presentes. Essa totalidade do espaço englobando leis gerais responde eficazmente ao entendimento de um mundo global, onde a circulação de bens, signos e pessoas intensificava-se no início do século XX.

Entretanto, Edward Soja (1989: 31-35) analisa que o nascimento da geografia moderna seria logo abafado por um historicismo "desespacializado". Coincidente com a segunda modernização capitalista, esse historicismo trata o espaço como realidade fixa, tendendo à homogeneidade pela atuação de fatores sociais e econômicos. De um lado, tal homogeneidade universal facilitaria a circulação de valores, e, de outro, seria destino natural de todas as sociedades, segundo uma visão evolucionista, pois as tidas como subdesenvolvidas atingiriam o mesmo nível de desenvolvimento das ricas ao longo da história, não importando necessariamente o território que constituem e onde se localizam. A partir da preponderância do tempo (historicismo) na cultura moderna, a geografia se fecharia em si mesma a partir dos anos de 1920, abstendo-se de qualquer papel importante (como o tivera) na discussão e formação das sociedades por algumas décadas.

A passagem do século XIX para o XX marca também o nascimento do termo geopolítica, ligando fatores ideológicos, culturais, econômicos e geográficos como forma de compreensão do espaço político internacional. Sua formulação teórica e metodológica deu-se na Alemanha, sendo fundamental na consolidação política do país, unificado no século XIX. Após a Primeira Guerra Mundial, a Alemanha, tendo seu território em parte decomposto pelo Tratado de Versalhes, utilizou-se do aparato teórico da geopolítica para o fortalecimento ideológico do que culminaria no nazismo – o que, em parte, foi responsável pela refutação da disciplina no meio acadêmico exterior. Após o fim da Segunda Guerra Mundial, o equilíbrio entre as potências norte-americana e soviética fez com que houvesse uma bipolaridade inerente a qualquer análise geopolítica, uma das causas atribuídas por Paul Claval (1994) para o esfriamento do seu debate até os anos de 1970. O que se teria com a bipolaridade, portanto, seria uma matriz espacial hegemônica dominando as relações internacionais, não permitindo qualquer discussão interna sem que nela se encaixasse. O reaquecimento da geopolítica na década de 1970 deve-se principalmente à crise petrolífera, que colocou novos atores fortes no contexto mundial, e foi ressaltado pela corrida circunterrestre, quando as duas potências, após terem enviado missões habitadas, intensificaram seus esforços no desenvolvimento de projetos de utilização desse espaço para fins bélicos e telecomunicacionais. Com a dissolução do bloco geopolítico comunista no final dos anos de 1980 e início dos anos de 1990, a estruturação espacial internacional ideológica bipolar não estava mais em equilíbrio. Novos atores, antes imersos na concepção territorial moderna, e principalmente outros já presentes, mas nem sempre considerados com atenção, estavam em cena com concepções culturais suficientemente fortes para que a matriz espacial moderna não pudesse permanecer estável.

É também nos anos de 1970 que algumas teorias urbanas e arquitetônicas ganham força de contestação frente ao espaço homogêneo moderno, fundamentalmente pela defesa da revalorização da cultura arquitetônica dos lugares específicos, como nas propostas de Aldo Rossi; ou a necessária consideração dos costumes cotidianos das pessoas na construção das cidades, que estiveram ausentes nos grandes projetos urbanos modernos, como nos textos de Jane Jacobs. Em geografia, David Harvey vê o ressurgimento da discussão do espaço como importante na constituição e compreensão do mundo também nos anos de 1970, data de importantes textos de Milton Santos e Henri Lefebvre; mesmo período que Marie-Claire Robic (1999), baseada no pensamento de Thomas Kuhn de ciclos científicos intercalados e transformados por profundas crises disciplinares, propõe como o segundo momento crítico da geografia, e que ainda está em curso no início do século XXI. É também entre as décadas de 1960 e 1970 que Marshall McLuhan propõe a idéia de aldeia global, um espaço comunicacional formado pelas tecnologias de comunicação que estavam sendo desenvolvidas pelo governo norte-americano como estratégia militar e industrial.

A emergência de teorias basais sobre o espaço na passagem do século XIX para o XX constituiu matrizes espaciais, que, no início do século XXI, têm sua crise apontada pelas mesmas disciplinas. Há um século, tais teorias alimentavam-se e alimentavam transformações políticas, tecnológicas, econômicas e culturais; hoje, a reinserção de discussões profundas sobre o espaço também faz parte de um processo de transformações envolvendo toda a sociedade, que Jorge Wilheim (1994) chama de o "trauma da passagem". Entre as décadas de 1970 e 1990, pensadores de diferentes disciplinas debruçaram-se sobre as mudanças culturais, políticas, econômicas e tecnológicas, buscando entendê-las – por vezes denunciando-as, por outras incentivando-as. De qualquer modo, mesmo os que defenderam uma continuidade com o processo de modernidade aceitam que ele deve ser repensado em alguns de seus aspectos.

Antes da análise dos eventos que possibilitam o entendimento da crise das matrizes espaciais, convém montar a cena contemporânea, onde atores, objetos e idéias agem em zonas sombrias ou iluminadas, mas permitem a discussão do espaço, lugar e território inserida num contexto crítico que se transforma transversalmente, alterando as formas de compreensão e ação no mundo.

Continuidade ou Ruptura na Pós-modernidade

Em 1979 Jean-François Lyotard escreveu o texto que se tornaria referência da crise epistemológica que marcou a compreensão da sociedade no século XX e que foi sujeito de debates que se estenderam do urbanismo às ciências biológicas, da sociologia às artes plásticas. Tal extensão está menos ligada à inovação conceitual trazida pelo autor do que à sua capacidade de sintetizar manifestações contrárias ao pensamento hegemônico em diversas áreas de conhecimento; enfim, críticas à matriz moderna. É ainda sintomático que seu texto proveio de uma solicitação do governo da província de Quebec, no Canadá, interessado na reformulação do ensino, que pensava ser importante frente às transformações humanísticas, científicas e tecnológicas que se apresentavam no mundo.

De modo sintético, Lyotard apresenta a *Condição Pós-Moderna* como uma crítica ao metadiscurso da modernidade, que seria essencialmente a formação de um consenso entre partes interessadas para a legitimação de um certo procedimento de apreensão, compreensão e construção do mundo. Tal metadiscurso está ligado à emergência e aceiqtação de um paradigma dominante, sobre o qual se constrói uma matriz hegemônica para se produzir e pensar a realidade. Lyotard propõe que esse metadiscurso hegemônico estaria em crise e deveria ser combatido, defendendo que os consensos contemporâneos fossem formados a partir de realidades locais, e não pela pressuposição de verdades universais.

O trabalho de Lyotard tem o valor inegável de colocar esse tema no centro de um rico debate internacional e interdisciplinar, quer se aceite ou não seus argumentos, por maiores que sejam as deficiências de sua formulação teórica. Nesse sentido, Douglas Kellner (1988) escreve que Lyotard aponta uma crise, sem oferecer um corpo teórico para que se possa pensá-la; e mesmo que essa atitude seja consciente, por corroborar a sua crítica às grandes narrativas, a opção de analisar a realidade como jogos de signos e eventos independentes não ajuda em nada sua compreensão aprofundada. Infelizmente Lyotard iria, em trabalhos futuros, acompanhado de outros dois pensadores franceses (Jean Baudrillard e Paul Virilio), usar a crise que apontou como um estandarte e não como instrumento de reflexão. Marc Augé (1994: 35), para quem, se a pluralidade é essencial para sua proposta de "desglobalização da antropologia", ao se concentrar na análise em eventos localizados, há o risco de se discutir ciência, cultura ou tecnologia sem a implicação moral que, de bom ou mal grado, acompanhou a constituição da matriz da modernidade, parecendo prevalecer na visão analítica pós-moderna apenas sua eficiência performática pontual.

Não obstante, alguns autores puderam organizar o pensamento da crise da modernidade sem produzir apenas uma contranarrativa. Michael Featherstone (1995: 43-44) identificou quatro pontos recorrentes no pensamento pós-moderno que se produziu nas décadas que se seguiram ao trabalho de Lyotard. Primeiro, a concordância em se distanciar de ambições universalistas e se valorizar o entendimento da sociedade pelos seus fragmentos; segundo, a dissolução das hierarquias simbólicas que dirigiram eficazmente o pensamento nas mais diversas disciplinas durante a modernidade; terceiro, a estetização do cotidiano e a cultura do consumo simulado que, iniciado com a arte Pop nos anos de 1960, exacerbou-se no final do século XX com a publicidade e os meios de comunicação de massa; finalmente, uma metodologia de produção e análise que uniu a fragmentação com o jogo superficial de seus signos. Considerar a alternância de matrizes e, nelas, de pólos de atração, permite que se analise modernidade, pós-modernidade e globalização como constituintes de um mesmo sistema teórico. Assim, a crise do universalismo das grandes narrativas modernas não seria uma condição da ou para a contemporaneidade, mas um processo que se desenrola a partir daquela matriz.

Otília Arantes (1998) argumenta que o pós-modernismo não significa uma ruptura com o modernismo, mas sim que este cumpriu o que prometia; no entanto, ao se realizar, transformou-se em seu contrário, pois se possuía no seu início uma crítica às transformações econômicas, sociais e culturais que acompanhavam o capitalismo tecnológico, foi prontamente adaptado a esse sistema. Scott Lash e John Urry (1994) analisaram essas mudanças pela contraposição entre o valor de troca e valor de uso dos objetos, o primeiro sendo fundamentalmente marcado pela sua função pressuposta e pelas cadeias de produção material, e o segundo pela circulação de seus valores extramateriais, os signos sociais atribuídos aos objetos além deles mesmos. A transformação básica seria de uma sociedade da materialidade em uma sociedade baseada em valores culturais. No entanto, Jameson (1995) busca deixar claro que em grande parte das vezes tal emergência de características culturais foi apropriada pelo sistema capitalista e integrada a um discurso da diversidade, que mantém a mesma lógica de mercado universal, e não se materializou como crítica frontal a tal sistema. Quando a Coca-Cola inclui pessoas de diversas etnias num comercial, tem-se um discurso politicamente correto da diversidade imerso no mesmo refrigerante. É o que marca há décadas a propaganda da Benetton e seu *slogan* "United Colors", também com pessoas de várias etnias, que não vestem as roupas de seus lugares de origem, mas os mesmos jeans e malhas. Ecos da veiculação midiática do que Baudrillard (1987: 36-37) chamou de sujeitos fractais, presentes numa sociedade que valoriza múltiplas aparências mas que, todavia, conserva uns parecidos com os outros, apelando para um discurso do individualismo e liberdade que embala o mesmo hambúrguer.

Comparando-se os parágrafos acima tem-se duas visões de um mesmo fenômeno: de um lado, as últimas décadas do século XX estariam dando voz e imagem a particularidades desprezadas pelo pensamento universalista e exclusivo da modernidade; de outro, esse próprio sistema estaria se adaptando para incluir tais diferenças na sua lógica de expansão mundial, sendo diverso na aparência sem deixar de ser hegemônico na essência. Quando se trata do espaço, essas duas vertentes se reapresentam: há o ressurgimento de lugares específicos, marcantes na arquitetura e urbanismo dos anos de 1980 aos de 1990, frente ao espaço universal característico do modernismo; mas também a criação de um espaço em escala global para livre circulação de bens e signos que anula especificidades dos lugares. Esse espaço homogêneo para livre circulação de bens em escala mundial é um dos fundamentos do mercado e do exercício do poder político, como escreveu Michael Watts (1996), em que as diferenças entre lugares tendem a ser apagadas – lembrando a teoria da produção do espaço de Henri Lefebvre. Em escala global, isso possibilita o surgimento do que Saskia Sassen (1996) chamou de culturas corporativas, que no fundo atuam como instrumentos de colapso das diferenças locais.

A atenção voltada ao espaço fragmentado está na origem do regionalismo crítico em arquitetura, o que se poderia ver como uma tentativa de se valorizar o lugar perante o espaço hegemônico proposto pela arquitetura moderna. Contudo, o próprio regionalismo foi rapidamente incorporado na escala global que adquiria a circulação de signos, constituindo o que Jameson (1995) chamou do efeito Epcot, que se autopromove pela suposta valorização do que se chama "regional" de qualquer parte do mundo em outra parte qualquer – mas que não acontece exatamente assim, o que seria uma troca de informações até certo ponto frutífera. Na verdade, no efeito Epcot tem-se uma gama de signos fragmentários escolhidos por uma comunidade de especialistas em escala global que se encaixam perfeitamente na lógica de "diversidade" almejada pelo mercado hegemônico. Visitando-se as bibliotecas de universidades de arquitetura ou artes plásticas na América Latina, Europa Ocidental, Estados Unidos ou Ásia dos anos de 1980 em diante, vê-se que os alunos recebem as mesmas revistas, que, por sua vez, publicam a mesma base iconográfica, o que resulta em projetos de conclusão de curso ou concursos similares. Ou seja, se os regionalistas tinham como princípio o destaque da produção técnica e cultural na concepção arquitetônica, parece que os arquitetos, professores e alunos não leram os textos que acompanhavam os projetos desses iniciadores e passaram diretamente a copiar o que viam.

Assim, se o modernismo pretendia um estilo universal, isso não fazia parte dos "pontos essenciais" do regionalismo (que, aliás, diversamente do modernismo, não os tem); isso torna ainda mais chocante o efeito Epcot, já que ele não é imposto, mas aceito por uma incapacidade crítica. Exemplo evidente disso é o Shopping São Paulo Market Place, com suas torres de castelo de brinquedo e bandeirolas de metal. Qualquer pessoa que tenha folheado pelo menos uma revista de arquitetura nos anos de 1980 e 1990 vê nesse projeto um divertimento formalista inconseqüente a partir de outros projetos, principalmente do arquiteto italiano Aldo Rossi, sem possuir qualquer vestígio de reflexão crítica similar às que fundamentaram as obras originais. A homogeneidade absoluta resultante de uma massificação desleixada de um simples formalismo modernista, que é um dos pontos criticados pelo regionalismo, transforma-se na versão pós-moderna deprojetos que são não mais que frivolidades arquitetônicas – ou, nas palavras de Jürgen Habermas (1987: 124), na mistura do culto à tradição com a "veneração da banalidade".

Bruno Latour (1991: 68-69) escreve sobre tais teorias do pós-modernismo como um sintoma e não uma solução para a crise do que chama da "constituição moderna", principalmente quando vê de um lado os saudosistas de algo teoricamente apagado pela modernidade, e de outro os catastrofistas, que apenas anexariam um "No future" ao que foi um dos *slogans* do modernismo, "No past". Pensando em Thomas Kuhn, há que se ver se os paradigmas da modernidade são suficientemente adaptáveis para absorverem tais transformações, como no caso da incorporação do discurso da diversidade embalando a mesma estratégia universal de divulgação de signos e produtos, ou se realmente um novo corpo conceitual está se formando para se colocar frente ao da modernidade.

Para Latour (1991: 20-21), a modernidade se formou pela seleção, purificação e organização de elementos que, a princípio, eram seres naturais e culturais híbridos. Desse modo, sempre houve subjacente à constituição da modernidade a trama de redes que alimentavam esse projeto hegemônico. No sentido de que tais redes de híbridos sempre existiram e são constituintes da modernidade é que Latour (1991: 61) propõe a tese de que jamais fomos modernos no seu estrito senso.

Mas não há como negar tal modernidade que controlou exatamente o procedimento de triagem. Se em ciências exatas a adoção de um paradigma tende à exclusão de seu anterior, isso não se dá em humanidades, que, afinal, fomentam as próprias estruturas de filtragem de experiências e conceitos das ciências. Assim, a hegemonia da matriz moderna deu-se menos por um conjunto de conceitos e mais pela sua proposta de totalização universalista. A valorização dos fragmentos e do específico propostos pelo pós-modernismo é uma tentativa de recuperação da rede que alimentou o projeto moderno, mas foi por ele ocultada. Finalmente, se a proposta de uma teoria radical contra o moderno seria uma auto-traição, pois assumiria uma atitude moderna, é Bruno Latour (1991: 70) quem propõe um procedimento intelectual alternativo, ao se entender o mundo "em potência" ou "em rede". Em potência, o mundo moderno apresentou um rompimento total e irreversível com o passado, como as revoluções francesa ou bolchevique em seus respectivos contextos; enquanto em rede, ele permite aceleração na circulação de conhecimentos, bens e elementos participantes de extrema importância, o que pode ser visto como parte de outras redes de pensamentos, objetos e ações que são filtrados distintamente, segundo o modo como essas redes são tramadas no espaço e na história.

Paradoxos da Globalização

A reavaliação do projeto da modernidade, sobretudo por seus aspectos culturais, dá-se num mundo em processo de globalização, de circulação crescente de bens, valores financeiros, signos e pessoas. Renato Ortiz (1994: 188) diferencia modernismo de modernização, entendendo o primeiro como uma transformação cultural, e a segunda como o processo de industrialização capitalista, para exemplificar que se pode passar por um sem se conhecer a outra. Seria o caso da América Latina, que viveu o modernismo em artes plásticas, literatura, teatro, sem ter completado sua modernização. Tal descompasso é ressaltado por outros autores (Benko, 1997), em descompassos que se dão em escalas regional, nacional e individual, podendo-se, por exemplo, ser moderno politicamente e não no modo de produção. A diferenciação usada por Ortiz (1994 e 1999) ganha relevo quando se tem que uma das chaves conceituais de seu trabalho sobre a contemporaneidade é a distinção entre globalização[1], eminentemente tecnológica e econômica, e mundialização, marcada pelo viés cultural – mesmo que, é claro, ambas sejam interdependentes, influenciando-se mutuamente.

Em termos econômicos, diversos autores (Tabb, 1997; Ianni, 1993) lembram que o sistema capitalista sempre foi pensado em termos globais, mesmo que tenha atingido uma escala mundial há cerca de um século e planetária há poucas décadas. Octavio Ianni (1995) retoma os textos de Fernand

---

1. Algumas das denominações que buscam se constituir como instrumentos de análise do processo de globalização foram discutidas por Fábio Duarte, *Global e Local no Mundo Contemporâneo*, São Paulo, Moderna, 1998.

Braudel e Immanuel Wallerstein sobre a constituição das economias-mundo para explicá-las como sendo os sistemas econômicos de toda e qualquer porção do planeta que formem um todo, de modo que o Mediterrâneo foi uma economia-mundo no século XVI. Manuel Castells (1996: 92-93), sintetizando discursos de vários pensadores, salienta que o fato da economia global funcionar em tempo real e escala planetária a diferencia de qualquer forma econômica precedente, mesmo que essas características devam ser vistas à luz de um longo processo histórico envolvendo o tempo e o espaço, incluindo a sincronia dos horários do mundo presente no tratado de Greenwich ou a revolta iraniana de 1979, quando o xá propôs a adoção do calendário ocidental, fato apontado por Castells (1997: 17-18) como um dos estopins da revolução; da mesma forma que o espaço terrestre ocupado pelo homem (ecúmeno) ampliou-se crescentemente, envolvendo atualmente a camada circunterrestre, onde coabitam interesses científicos e bélicos, regidos por uma geopolítica astronáutica.

Vimos que as transformações científicas, econômicas, culturais e técnicas implicaram uma alteração radical do espaço europeu no século XVI, que em grande medida significava uma massa continental e a economia-mundo mediterrânea de Braudel. A globalização, marcada pela "hipermobilidade" do capital, por sua acumulação flexível através das tecnologias de comunicação (Benko, 1996: 116), e notadamente por funcionar em tempo real e em escala planetária, perde qualquer valor de análise se vista apenas como uma ampliação geográfica. Ela implica uma transformação tecnológica que atravessa os domínios econômicos, políticos, culturais, enfim, toda a sociedade. Mas qual é essa transformação tecnológica? Resumidamente, a energia dá lugar à informação como motriz da sociedade – o que vinha sendo adaptado por autores como Walter Buckley (1971: 77-81, 230), que em sua teoria de sistemas escreveu que a passagem da energia à informação significaria um corte epistemológico profundo.

Apesar de Immanuel Wallerstein (1997: 94) ressaltar a impossibilidade de se falar numa cultura global, já que o termo cultura implica barreiras entre distintas formas de pensamento e suas expressões, ela é descrita por Hannerz (1990: 237) como sendo uma organização da diversidade; possuindo uma "ordem disjuntiva", na qual Arjun Appadurai (1990: 296-302) identificou cinco paisagens: étnica, midiática, ideológica, financeira e tecnológica; ou, finalmente, como propõe Anthony King (1997: ix-x), fazendo-se em movimentos centrífugos, mais comuns, quando as influências de um lugar se fazem sentir em outros, ou centrípetos, quando diversas culturas aglutinam-se em um lugar. Um lugar talvez como a Los Angeles de Edward Soja (1989), o entreposto mundial, contendo facetas de todos os hemisférios, ao mesmo tempo em que, provavelmente, a produtora das imagens mais conhecidas no mundo. Nesse aspecto, Renato Ortiz (1997; 1999) propõe que exista uma cultura internacional popular, a partir de um conjunto de signos e bens que, mais do que responder ao movimento centrífugo de King, identifica-se com a própria sociedade globalizada, sem guardar traços particulares de lugares, sendo a face cultural do correlato processo econômico e tecnológico.

Ainda assim, a grande maioria dos valores ditos globais não sai do interior da África. Stuart Hall (1997: 27-28), apesar de atento ao processo de articulação de particularidades, que é tração da cultura global, afirma que ela é fundamentalmente americana, pois são os Estados Unidos que dominam a tecnologia, o capital, a ciência e a mídia de modo conveniente para que haja circulação de signos ocidentais ou ocidentalizados, propícios ao sistema. Mas em relação à mídia, vale observar dados da Unesco citados por Castells (1996: 339). Em 1992, havia um bilhão de aparelhos de televisão no mundo, sendo que 35% deles estavam na Europa, 32% na Ásia, 20% na América do Norte, 8% na América Latina, 4% no Oriente Médio e 1% na África. Isso parece mostrar que o emissor e o receptor da "cultura global" são um mesmo ser. Se for feito um árduo exercício de otimismo e se imaginar que os 45% dos televisores distribuídos entre Ásia, América Latina, África e Oriente Médio transmitem produções particulares de suas regiões, ainda assim a Europa e América do Norte deteriam 55% dos receptores. Tal percentagem cresce quando se pensa na concentração ocidental dos emissores, e principalmente na forma e conteúdo dos programas veiculados.

Se os argumentos a respeito da cultura são discordantes – indo da denúncia de Edgar Morin (1969: 88-89) da existência de uma "nova romanidade" imposta e controlada pelos Estados Unidos, às propostas de Félix Guattari (1992a) de se usar as "máquinas comunicacionais" como novos instrumentos de anunciação individual e coletiva –, econômica e tecnologicamente o mundo globalizado baseia-se no desenvolvimento ocidental. E, antagonicamente ao discurso implícito na globalização, parece que Zigmunt Bauman (1998: 8) tem razão ao dizer que são os "globais" que dão as regras – e eles são uns poucos. Thomas Friedman (1999), num artigo republicano inflamado, identifica sem hesitação a globalização com os Estados Unidos, que a teria desenvolvido política e economicamente, e criado tecnologicamente, e que por conseguinte deve assumir a carga de sua gestão, mas também é quem melhor dela pode se aproveitar. Pela dissimetria de riquezas que acompanha o processo de globalização entre países ricos, como os próprios Estados Unidos, e pobres, como Brasil ou Índia, Friedman diz que isso se deve à inserção prematura desses países no processo, e que a crise é mais política que econômica, podendo ser vista como um alerta para quais são os governos que se comportam bem e quais são os "embusteiros". Finalmente, Friedman faz um quadro esclarecedor das transformações da cena contemporânea, ao colocar que enquanto na Guerra Fria os símbolos do mundo eram o muro, o tratado, o peso e o Estado-Nação, na globalização eles são a rede, a negociação, a velocidade e o equilíbrio entre poucos Estados fortes, o mercado e indivíduos superpotentes.

A posição de Friedman não é única, e de certo modo dá voz a um pensamento estruturado em termos politicamente corretos que apenas camuflam preconceitos crescentes em fantasias de diversidade, denunciados cinicamente por Robert Hughes (1993). Assinala igualmente um senso comum popular que crê piamente na globalização como invenção americana para bem os servir. Lembrando o homem-massa de Ortega y Gasset (1970), para quem a civilização é algo espontâneo, não tendo consciência de sua formação, pode-se pensar no programa de expansão asiática da rede de cafés Starbuck's. O jornalista Miro Cernetig (1999) relata que além do treinamento para se tirar um bom café, os baristas estão aprendendo o inglês para falarem palavras como *cappuccino* ou *frapuccino*...

Sobre a contradição em termos que seria a centralização da globalização, Alain Lipietz (1992), analisando aspectos ecológicos, econômicos e políticos, denuncia o que vê como um IV Reich, este econômico, o que possibilita entender porque os Estados Unidos, após apoiarem o Iraque contra o Irã, voltaram-se contra aquele país em 1991, quando, mais que o Kuwait, uma zona petrolífera importante para o equilíbrio dos preços internacionais de seu bruto estava em jogo. Raciocínio similar guia perniciosamente discussões sobre ecologia global patrocinada pelos países ricos. Detendo-se na conferência do Rio de Janeiro, em 1992, Alain Lipietz (1992: 108-120) apresenta a impossibilidade ambiental dos países do hemisfério sul atingirem o consumo energético daqueles do norte, mesmo que as taxas de consumo destes se estabilizassem. Assim, o projeto de manutenção ambiental seria uma estratégia global, apelando para valores inegavelmente importantes, que possibilitaria a manutenção do alto nível de vida dos países industrializados em detrimento dos países não-industrializados.

Aaron Sachs (1997) levantou dados de emissão de gases poluentes para o Instituto World Watch e observou que 70% do CO_2 lançado na atmosfera provêm dos países industrializados, e que, comparando os Estados Unidos e a Índia, tem-se que os primeiros emitem vinte vezes *per capita* mais desse gás que o segundo. Um descompasso que se reafirma a cada reunião de cúpula internacional, quando os Estados Unidos recusam-se a assinar termos de controle de emissão de gases poluentes, propondo inclusive a troca de créditos de poluição de países não industrializados pelo abatimento da dívida. A longo termo, isso significaria uma realimentação incessante do endividamento dos países não industrializados, pois ora ou outra sua cota vendável de autopoluição se esgotaria, tendo-se abstido de uma industrialização nos moldes dos países ricos (a única que se conhece), o que os tornaria eternamente dependentes tecnológica e economicamente (com as presumíveis conseqüências políticas e culturais). Enfim, o que mais espanta é que a solução da troca de dívida por poluição se dá em duas escalas, em total proveito dos compradores (ou seja, dos industrializados e ricos); nessa operação, tratam-se Estado-Nação com Estado-Nação, enquanto os efeitos da poluição são cada mais perceptíveis em escala global, cruzando fronteiras nacionais sem qualquer "respeito" geopolítico. Conclui-se assim que, além de em longo prazo os países vendedores de poluição terem estagnado seu desenvolvimento industrial, eles sofrerão igualmente as conseqüências dos elementos poluentes, sem terem então tecnologia ou dinheiro para se proteger.

Há um abismo econômico entre os que detêm os instrumentos tecnológicos e, conseqüentemente, econômicos, que faz parte do sistema capitalista que se intensifica e torna-se global. Michel Chossudovsky (1998) escreveu uma das análises mais contundentes sobre os instrumentos econômicos e políticos determinados pelas maiores potências governamentais do mundo, sua aliança com as empresas produtivas e de investimento, e o empobrecimento crescente e destruição da autonomia política de Estados para que se sujeitem às determinações dos timoneiros do processo de globalização. Nesse estudo, a década de 1980 é marcada pelo empobrecimento sem precedentes de países subdesenvolvidos ou em desenvolvimento, com o contrabalanço de um enriquecimento também incomum de poucos Estados, empresas e indivíduos. A partir da análise das políticas de empréstimos financeiros geridos pelo Fundo Monetário Internacional e pelo Banco Mundial a diferentes países como Índia, Peru, Brasil, Rússia e ex-Iugoslávia, Chossudovsky explicita e denuncia como países e instituições credores implantaram um programa de intervenção política, com funcionários desses grupos controlando direta ou indiretamente a vida de vários países, por vezes ocupando nominalmente cadeiras nos governos. Sob o mesmo programa, os projetos de crédito são feitos para a manutenção e a acumulação das dívidas, estrangulando os Estados nacionais e destruindo as economias reais, tendo assim um novo intervencionismo baseado nas diretrizes ditadas pelos agentes principais do mercado.

Sobre tal descompasso econômico conscientemente engendrado pelos controladores do sistema capitalista globalizado, Chossudovsky (1998: 25-26) lembra que 15% da população mundial detêm 80% da riqueza monetária, e ilustra tais diferenças comparando os gastos dos norte-americanos apenas com refrigerantes Pepsi e Coca-Cola, que atingem 30 bilhões de dólares por ano, o que é quase o dobro do Produto Interno Bruto de Bangladesh. Chossudovsky (77-79) nota ainda que um dos fatores singulares desse processo de enriquecimento é que não há paralelismo entre o aumento de riqueza e consumo, com um aumento da produção. Se há um aumento de produção em alguns lugares, não é onde há o aumento da riqueza, o que é explicado pela crescente liberdade de distribuição da produção em escala mundial adquirida pelas empresas, que buscam mão-de-obra a mais barata possível, não importando onde possa encontrá-la. Assim, uma camisa que tem custo de produção de menos de um dólar em um país asiático pobre, é vendida em Paris por cem dólares.

Ora, isso significa que os Estados e as instituições ricas emprestam dinheiro para países pobres se industrializarem, e então essas mesmas empresas deslocam sua produção para esses países, pois os custos são baixos; com pouco retorno financeiro à sua produção, esses países não têm como desenvolver a economia local, enquanto os produtos são enviados (não exportados, pois dentro da mesma empresa) aos países ricos, atingindo lucros de mais de 800%, dinheiro que será utilizado para empréstimos aos países pobres, que produzirão a baixíssimo custo para as mesmas instituições credoras, etc. etc. Sim, há um ciclo vicioso, mas minuciosamente estudado, que faz com que os países pobres importem e financiem sua própria dívida (Chossudovsky, 1998: 221-222).

Ressalta-se que a economia global é cada vez mais independente de respaldo em produtos materiais, e que conta com o incremento na velocidade e volume de circulação de divisas e valores similares no mundo. Numa série de artigos sobre as crises econômicas dos anos de 1990, Nicholas Kristof (1999b) observa que a circulação de divisas era livre no início do século XX, tendo sido interrompida com a Grande Depressão originada com o *crash* da Bolsa de Nova York em 1929, com a vigência de barreiras entre as nações tomadas como precaução ao alastramento de uma crise futura. No final do mesmo século, uma desvinculação crescente entre o valor econômico e seu produto, e a implantação de redes informacionais digitais em escala global funcionando em tempo real, fez com que, se a circulação de bens é sujeita a controles severos dos Estados, ela ocorre mais livremente quanto aos signos informacionais financeiros. Isso significa que a transação cotidiana de divisas em escala mundial aumentou oito vezes desde 1986, com fundos mútuos, fundos de pensão e investidores institucionais controlando vinte trilhões de dólares desse mercado, dez vezes mais que em 1980 (Kristof, 1999a). Esse fluxo de divisas atinge 1,5 trilhão de dólares por dia, o que ultrapassa em quase 300 bilhões toda a reserva de câmbio de todos os bancos centrais do mundo, o que, alerta Chossudovsky (1998: 218-219), faz com que os especuladores tenham mais poder financeiro que os próprios órgãos emissores das moedas em circulação.

Essa economia mundialmente integrada, mas espacialmente dispersa (Sassen, 1996b: 61), só é possível por esse espaço ser constituído por um conjunto de redes hierarquizadas, fluxos polarizados e zonas de influência (Garnier, 1988: 76-77). Uma topologia de redes integradas que suplanta as barreiras alfandegárias outrora impostas pelos governos nacionais à circulação de divisas, propiciando ganhos crescentes para quem polariza os fluxos ou controla zonas de influência. A globalização, para Georges Benko (1996: 42), é o espaço do capitalismo "pós-moderno", marcado pela "hipermobilidade" do capital, sendo assim uma das responsáveis pela efetivação do que Nicholas Kristof (1999c) chamou de "efeito contágio", em que uma crise no Brasil ressonará imediatamente na Argentina ou na Rússia – mesmo que não necessariamente em Tóquio, um pólo de fluxos.

Três fatores essenciais dessa economia globalizada são fundamentos da sociedade contemporânea: sua base em informação, não em produto; sua constituição consciente em rede; e um acréscimo qualitativo e quantitativo de fluxos, seja de objetos, signos ou pessoas. É a partir desses pontos que se pode pensar o mundo contemporâneo como uma sociedade informacional.

Sociedade Informacional, suas Redes e seus Fluxos

Chega-se a outros dois termos do processo de globalização, que ao pensarmos a crise das matrizes espaciais serão cruciais: a sociedade informacional é marcada pela sua constituição em rede e pelos seus fluxos físicos e informacionais. Se a aldeia global de McLuhan tinha claramente no seu suporte tecnológico os emissores identificáveis, isso não mais acontece na sociedade em rede, que se torna, assim, um instrumento de desintegração ou reintegração mais potente, alheia ao controle de um observador onisciente.

As redes informacionais tecnológicas digitais foram desenvolvidas com maior ênfase nos Estados Unidos, a partir dos anos de 1970, como estratégia de descentralização de comando e ação militar, tendo recebido massivo investimento do governo, ligando setores industriais, militares e universitários. Gabriel Dupuy (1985: 6) ressalta que as redes não devem ser vistas como conseqüência de uma inovação tecnológica, e sim pelos novos princípios de organização de possibilidades técnicas no espaço; assim, é claro que o telefone tem um suporte físico (cabos, satélites), mas sua força está na conjunção de tecnologia, economia e morfologia que constroem um espaço de comunicação.

Lembrando que o fundamento da sociedade contemporânea é a informação, como outrora fora a energia, Manuel Castells (1996) diferencia a sociedade de informação de sociedade informacional, pois nesta a informação é o elemento fundamental, é o que tudo move. Essa sociedade informacional em rede é a mesma sociedade de fluxos, discutida por diversos autores (Hannerz, 1997; Marcuse e Van Kempen, 1997). Castells (1989: 349-350) argumenta que as pessoas habitam lugares enquanto o poder exerce o controle através dos fluxos constituindo a polaridade: espaço de fluxos e lugares. O primeiro pode ser abstrato em termos sociais, culturais e históricos, enquanto os segundos são formados justamente pela condensação desses fatores (Castells, 1991: 14; Garnier, 1998: 35). Os fluxos trafegam por e formam as redes, de tal sorte que, espacialmente, a posição dos lugares na rede lhes atribui valores para sua inserção e manutenção proveitosa no sistema. Assim, o espaço de fluxos não é descolado dos lugares, mas sua lógica, sim (Castells, 1996: 412-416). Em termos espaciais, diversos autores, especialmente Renato Ortiz (1994: 151; 1999: 26), identificam como uma das características da sociedade global a desterritorialização de produtos e signos, que são marcados pela dinâmica de seus fluxos ou pelas redes por onde trafegam, e não pela sua localidade de origem.

Nesse processo, Octavio Ianni (1993: 98-104) analisa que há a perda de determinações essenciais, contrabalanceada pela descoberta de outras insuspeitadas, com o risco de se fetichizar objetos, pessoas e idéias. É o caso dos meios audiovisuais (sobretudo a televisão), que influenciam na vida social de lugares alheios à realidade de sua criação e produção, a ponto de haver, como apontou Joshua Meyrowitz (1985), alterações nas características culturais de um lugar, incluindo referências identitárias, frente ao fluxo informacional desterritorializado.

Por fim, a idéia de fábrica global (Ianni, 1995: 49-53) deve ser lida com a atenção de que os sentidos e intensidades dos fluxos de bens, signos e pessoas são desiguais, havendo uma liberdade significativamente maior aos dois primeiros, incentivados principalmente por empresas, escapando mais facilmente de controles de governos nacionais, caso inverso com as pessoas. Castells é quem ressalta que, se há fluxos globais de bens e signos, não se pode dizer o mesmo do mercado de trabalho, pois são poucas as pessoas que circulam livremente pelo mundo ligadas à economia global; há, contudo, o trabalho global, ou seja, formas que as empresas globais encontram de distribuir a sua produção para conseguirem mão-de-obra mais barata para um determinado serviço, sem que os governos que sediam tais empresas preocupem-se com os custos sociais envolvidos – como as reservas "quase ilimitadas" de trabalhadores pobres que há na Ásia (Chossudovsky, 1998: 67-68). Portanto, as redes e os fluxos formam-se em geometrias assimétricas e variáveis, e isso implica uma topologia que influencia a dinâmica geral do mundo, com fortes rebatimentos nas matrizes espaciais.

Diversos pontos levantados na cena contemporânea, do pós-modernismo à globalização, da força das particularidades à sociedade de fluxos, indicam que as concepções de espaço, território e lugar estiveram reiteradamente em questão. Todavia, tal multiplicidade intrínseca às matrizes espaciais constituiu-se como investigação teórica e metodológica aprofundada em raríssimos textos, principalmente quando frente à dinâmica variável do mundo contemporâneo. É a partir dos conceitos espaciais aqui desenvolvidos, e tomando eventos e obras artísticas, arquitetônicas e urbanas da cena contemporânea, que agora analisamos aspectos do que se identificou como a crise das matrizes espaciais.

SEGUNDA PARTE

Arquitetura, Cidades e Redes, Geopolítica, Tecnocultura

1. ARQUITETURA

O espaço não é uma base fixa onde se constroem as cidades e seus edifícios, mas algo mutável, definindo e sendo definido pelos objetos, ações e sua organização e dinâmica. Siegfried Giedion (1978) desenvolveu uma extensa análise das cidades e seus projetos do Renascimento ao Modernismo, demonstrando como a própria concepção de espaço se transformou em relação às características culturais de cada época. Assim, o Renascimento, marcado pela ascensão do indivíduo como figura principal da civilização e a perspectiva como seu equivalente artístico, tem nos seus poucos planos de cidades a constante da forma estelar, com as ruas principais como raios que conduziam ao centro. Esse esquema desenvolvido por Florentin Filarete, entre 1451 e 1464, tornou-se o padrão de projetos de cidades do Renascimento. Se, como afirmou Giulio Carlo Argan (1992: 73), sempre há uma cidade ideal sob ou dentro das cidades reais, a cidade ideal desse período é a estrela da Sforzinda de Filarete.

Entretanto, Giedion diz que o Renascimento não deu atenção à cidade como o fez com a arquitetura, deixando de lado a complexidade das relações humanas, sociais e econômicas

F. Filarete, *Sforzinda*

que constituem a vida citadina. É interessante notar similitudes e diferenças de paradigmas entre as cidades da Idade Média e do Renascimento, para entender as duas concepções espaciais. Em comum, ambas têm preocupação central com a defesa. Porém, a cidade medieval é freqüentemente uma entidade soberana, e tem a muralha igualmente servindo como proteção e como símbolo de autonomia; já na cidade renascentista, o ideal de autogestão se degrada, mas a muralha ainda é o limite da cidade estelar. Giedion (1978: 67-68) escreve que a mudança de uma circulação interna um tanto confusa se comparada ao esquema estelar da cidade renascentista responde ao esquema da perspectiva desse período, que ainda necessitava de limites, de pontos finais de apoio.

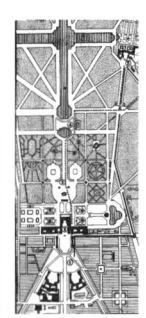

Jardins de Versalhes. Detalhe, vista ampla e planta.

A perspectiva liberta-se no barroco, com os seus raios partindo de um centro mas estendendo-se ao infinito. O plano da cidade estelar explode. O exemplo mais conhecido e completo desse período é Versalhes, palácio e jardins, construído na metade do século XVII. O universalismo barroco tem no homem um ser que integra artes, literatura e ciências; assim, a matemática do infinito é acompanhada de explorações similares nas artes e na arquitetura. Projetado por Jules Hardouin-Mansart, Louis Le Vau e André Le Nôtre, sob Luís XIV, o rei que odiava a confusão de Paris, Versalhes é um conjunto arquitetônico e paisagístico que não tem limites. Seus jardins, suas ruas, fileiras de esculturas e planos d'água estendem-se em linhas que não encontram barreiras até se perderem na floresta, no infinito.

Tais mudanças espaciais transformavam as pessoas que as viviam. A busca da idéia nuclear do homem em relação à arquitetura, passando pelo gótico, renascimento, maneirismo e barroco, é o tema do trabalho de Carlos Antonio Brandão (1991). Assim como num templo grego cada detalhe conduziria à totalidade do Mundo grego, Brandão explora em cada um dos períodos estudados qual seria a sua *arche*, seu caráter primordial, e a relação com o seu Mundo, formado e formador dos homens. Mesmo sem chegar ao modernismo, ele inicia e encerra seu livro com a inquietação sobre qual seria a *arche* da arquitetura contemporânea – indaga-se se seria possível encontrá-la, após o prevalecimento de dois axiomas modernos: o repertório tecnológico e a funcionalidade, suplantando qualquer possibilidade de se encontrar a morada de Deus num detalhe arquitetônico. Na verdade, aí se encontra a *arche* moderna, como vem sendo aqui pontuado. Chega-se no modernismo passando-se por um ecletismo confuso no final do século XIX, que em certa medida prognosticava uma transformação ainda não compreendida e não realizada da própria concepção do espaço.

Do mesmo modo que o Renascimento teve sua forma de representação espacial, a perspectiva, influenciando a forma de apreensão, compreensão e construção do espaço, a ponto de ser a sua representação verdadeira, a industrialização e a física moderna traziam mudanças capitais na formação de uma nova matriz espacial. Da criação e emprego de novos materiais (envolvendo cientistas e indústrias da física e química para o desenvolvimento do ferro e depois do aço), passando pela construção de edifícios específicos da sociedade industrial (como galerias, lojas de departamentos, bairros operários), até teses da física moderna de que o mundo não era apreendido de um ponto fixo, mas sim que o movimento do observador alterava a representação do objeto, a matriz espacial moderna formava-se e transformaria a construção desse espaço. Os arquitetos do início do século XX tiveram papel fundamental nessa reelaboração – e a cidade foi seu campo exploratório.

Quando escreve sobre o Renascimento, Giedion fala de planos ideais, poucos, pois a vida urbana não estava em evidência, nem para reis e senhores do período, nem para os arquitetos. Na arquitetura moderna ou pré-moderna, a influência de sua inserção num contexto urbano é latente, seja pelo seu papel atuante nesse mundo, seja pela sua ressignificação ao nele se inserir. As qualidades do espaço arquitetônico estão progressivamente em diálogo com um ambiente urbano que, mais que significar um aglomerado de edifícios organizados entre ruas, é materialização de uma matriz espacial que envolve paradigmas econômicos, sociais e culturais. A conjunção entre a concepção que se tem de espaço e a idéia que o homem faz de si mesmo são fundamentais na construção das matrizes espaciais. Assim, se para os períodos estudados por Brandão a arquitetura poderia ser o objeto de análise privilegiado, pode-se dizer que o primeiro passo para se entender a *arche* moderna é considerar que o espaço vivido pelo homem é, fundamentalmente, urbano. As cidades tornam-se um campo privilegiado para um estudo sobre as matrizes espaciais, dizendo respeito à concepção e à construção das porções de espaço vividas cotidianamente.

Poder-se-ia recolocar a questão de Brandão: qual a *arche* da arquitetura contemporânea? Há basicamente quatro caminhos que vêm sendo desenvolvidos por arquitetos e teóricos da arquitetura: o primeiro seria a tentativa de recuperação histórica do que o projeto moderno intencionalmente abandonou ou arrasou; o segundo é o de que ele já cumpriu seu papel, e o que se produz em arquitetura desde os anos de 1970 é um sintoma de seu fim; o terceiro seria dizer que, por condições alheias a ele, o projeto moderno ainda não teria cumprido seu papel e ainda deve fazê-lo, mesmo que com algumas alterações; o quarto é marcado pelos avanços tecnológicos contemporâneos e propostas de uma arquitetura completamente diferente da qual circulam, de um modo ou outro, as três primeiras.

A quarta via será explorada futuramente, quando se tratar da cultura tecnológica. A terceira, que vem sendo pontual mas constantemente criticada neste trabalho, infelizmente ainda está arraigada, como escreveu Otília Arantes (1998: 76), num conformismo modernista triunfalista. A segunda e a terceira são similares, ao aceitarem que as propostas arquitetônicas a partir dos anos de 1970, intensificadas e organizadas teórica e esteticamente entre 1980 e 1990, contrapõem-se aos princípios básicos do projeto moderno. Esse questionamento fez parte de uma crítica envolvendo várias áreas de conhecimento, mas é importante ressaltar que a arquitetura produzida nesse período foi apontada por geógrafos, filósofos, sociólogos e economistas como um dos principais sintomas das mudanças.

Matriz Espacial na Arquitetura Moderna

O projeto moderno tinha uma base econômica e tecnológica com tendência universal – principalmente se tomados a Europa em industrialização (Alemanha, Inglaterra, França) e os Estados Unidos. Mas sua elaboração cultural e estética foi matizada por um contexto europeu específico. O sistema industrial, para seu melhor funcionamento, implicou certa organização do espaço, para melhor circulação de produtos e arregimento de mão-de-obra. Logo, as condições de vida dos trabalhadores nas cidades industriais degradaram-se, fosse pelas moradias fabris que lhes eram destinadas, ou pela ocupação maciça de edifícios e cidades que haviam sido construídos para outro número de habitantes e outras necessidades. Num texto antológico, Friedrich Engels (1996) relata em primeira pessoa a precariedade de moradias e bairros de trabalhadores industriais na Inglaterra na metade do século XIX. Em seu estudo sobre a vida pública, Richard Sennet (1995: 181) escreve que, com a abertura dos grandes bulevares em Paris, a cargo do Barão Haussmann, no século XIX, trajetos que antes necessitavam mais de uma hora para serem percorridos eram doravante feitos em quinze minutos – o que, além de toda a estratégia de controle social e deslocamento das forças policiais tanto comentados, também impulsionou a circulação pública por determinados eixos, onde se instalaram os cafés e as lojas de departamentos, estas uma extensão comercial da lógica fabril.

Mas a arquitetura moderna não é unicamente ligada aos objetos da industrialização, pois, se o fosse, a razão estaria com Witold Rybczynski (1992: 226), que escreve com certa ironia que, enquanto os europeus estavam pensando na moradia mínima e sua pré-fabricação, as casas montáveis em estilo vernacular ou os *traillers* eram produzidos em massa nos Estados Unidos desde 1918. A formulação do projeto moderno envolvia um sistema tecnológico, um sistema econômico, suas conseqüências sociais e propostas estéticas ligadas a um fundo cultural amplo, e esses fatores, pensados e trabalhados em conjunto, são inaugurais das matrizes espaciais modernas. Arquitetos em diferentes países da Europa e na América tinham consciência de que a industrialização trazia novos objetos, ações e modos de sua organização; também que os pólos de influência numa determinada porção do espaço estavam sendo alterados econômica e politicamente, muito em função das transformações tecnológicas; e, finalmente, que os valores culturais das pessoas estavam mudando, e por conseguinte, a maneira como se identificam com o meio onde viviam. Ora, isso significa que o território, o lugar e o espaço se transformavam. O mundo moderno apresentava elementos suficientemente estranhos aos que se conhecia que causaram uma crise nas matrizes espaciais que regiam a Europa até a metade do século XIX. Os homens modernos que perceberam essa mudança, da crítica de Engels às propostas da Bauhaus, iniciaram a construção da matriz espacial no mundo que se formava.

Um dos arquitetos modernistas mais influentes foi Le Corbusier, consciente e promotor de todo o processo de formação dessa matriz espacial moderna. No segundo capítulo da Carta de Atenas, Le Corbusier (1957) diagnostica o "Estado atual das cidades" e avança propostas concernentes aos problemas de saneamento urbano, falta de iluminação natural, insuficiência de espaços verdes, vias de tráfego inadequadas aos automóveis – esses, um dos meios de transporte, com as estradas de ferro e aviões, que transformavam o papel das cidades na vida social nacional e mundial. Nas palavras de Le Corbusier, entrava-se na "era maquinista". Esse diagnóstico já estava presente nos planos dos pré-modernistas Haussmann ou Idelfonso Cerdà, e também na obra dos modernistas Frank Lloyd Wright, Walter Gropius ou Mies Van de Rohe, todos partindo de uma realidade concreta para buscarem suas soluções urbanas e arquitetônicas. Realidade, e justamente por isso, contraditória em si mesma. Le Corbusier (1996), por seu lado, disse preferir elaborar suas propostas como se estivesse em um laboratório, evitando quaisquer especificidades ou acidentes que existem na realidade, assumindo por fim um terreno ideal para conceber seu projeto; com isso, seria possível construir uma formulação teórica que definiria os princípios fundamentais do planejamento urbano moderno.

Até esse ponto, seu procedimento é de extrema valia, pois poderia levar a uma teoria urbana moderna geral, que poderia mesmo chegar a projetos que, mais que se destinarem à construção material, mostrariam a conjunção de um corpo teórico e uma formalização arquitetônica – como, aliás, foi o caso de diversos outros arquitetos antes e depois dele. Não era seu caso. Le Corbusier, nesse mesmo texto em que de início requeria um terreno ideal para elaborar sua teoria urbana, acaba por dizer que ele então seria válido para ser aplicado em qualquer cidade, seja Berlim ou Nova York. E ele mesmo se encarregou de iniciar o processo, distribuindo projetos para cidades da África à América do Sul, raramente respeitando a realidade social ou geográfica do lugar. Na verdade, pouquíssimos se trataram de projetos elaborados, restringindo-se a croquis, muitos deles rabiscados no avião, meio de transporte caro aos arquitetos modernos.

É verdade que, se o processo de industrialização era universal, teoricamente os problemas urbanos a serem sanados, e sua conseqüente resolução, também o seriam. Na preparação da Exposição Universal de 1925, Le Corbusier avançou o papel que o carro teria na transformação das cidades, o que era um ponto de acordo entre todos os arquitetos e urbanistas modernistas. Conseqüentemente, buscou como patrocinadores de um amplo estudo da cidade contemporânea e para a elaboração de seu projeto as indústrias automotivas Citroën, Peugeot e Voisin. Esta última o patrocinou. Daí o nome de seu plano Voisin para Paris (e não ligado a uma idéia de vizinhança, como lembra Peter Hall). O plano de Le Corbusier (1980) previa a completa destruição de uma grande parte da cidade, excetuando alguns monumentos, as igrejas ("não como finalidade do plano, mas pela sua composição arquitetural") e a Praça Vendôme, cujo desenho era um símbolo de ordem.

Le Corbusier estava convencido da necessidade de destruição dos centros das grandes cidades para reconstrui-los nos moldes modernos. Foi de fato o que aconteceu em diversas cidades do mundo, mesmo que sem a radicalidade por ele proposta. De uma forma ou outra, as cidades vão se destruindo e se reconstruindo de acordo com os valores culturais, econômicos e tecnológicos. Essas destruições e reconstruções respondem ao que aqui se tem chamado de matrizes espaciais, isto é, há uma inter-relação dos sistemas que ativam a sociedade e formam uma matriz que, boa parte das vezes em silêncio, transfigura as cidades.

Mas Le Corbusier pregava uma transformação radical e total, que não se desenvolvesse com a história das cidades – e, muito menos, que considerasse seus habitantes. Para ele, a cidade construída em seus "detalhes", ou por seus habitantes, onde cada pessoa ou pequeno grupo se exprimia por sua arquitetura, seria uma "grande ameaça", uma "fatalidade inelutável". Mas havia uma solução para encontrar sua coerência e dar uma "sensação de unidade" às cidades; para isso, Le Corbusier (1980: 64) dizia que o desenvolvimento urbano em seu conjunto harmonioso dependeria de um "comando único", pois de outro modo, dando liberdade individual na construção das moradias, viver-se-ia uma "incoerência", uma cidade "IMPREVISÍVEL". Peter Hall (1996: 204-214), autor de uma das mais ácidas críticas a Le Corbusier, escreve que, esperançoso que um "déspota esclarecido" ou um rei munido de todo poder (ele dedica a última imagem de seu Urbanismo a Luís XIV) patrocinasse suas propostas urbanas, ligou-se ao regime Vichy da França anexada durante a Segunda Guerra Mundial, para quem projetou o Centro Nacional para Festivais Coletivos, com ocupação possível de 100 mil pessoas, onde ouviriam o líder. Semelhanças com qualquer projeto sob mesmos moldes para governos totalitários não são coincidências.

Seu plano Voisin não foi construído – o que deixou em pé diversos bairros de Paris, como Marais, Temple e Archives –, mas suas idéias migraram para outros continentes. Aqui a diferença entre modernidade e modernismo desenvolvida por Renato Ortiz (1994) é providencial, pois, se os Estados Unidos, passando por um veloz processo de industrialização e fortalecimento econômico e político, viviam a modernidade e desenvolviam a seu modo a cultura moderna, no Brasil, por exemplo, o modernismo foi em grande parte um estilo tropicalizado, com pouca relação com a modernidade distante do país. Não é portanto de se estranhar que Brasília, o maior projeto urbano modernista, fosse edificada no governo de Juscelino Kubitscheck, que tinha como lema a entrada no mundo moderno em cinco anos.

As formulações teóricas e os projetos de Le Corbusier foram importantes para a consolidação das matrizes espaciais do mundo moderno, propiciando um debate internacional e diretrizes estéticas. Bruno Zevi (1983: 160-161) analisa que Le Corbusier é um dos poucos arquitetos modernistas que tiveram a coragem de realmente dialogar com a história arquitetônica sem se restringir a repetições estilísticas que marcaram o ecletismo do final do século XIX, que Le Corbusier (1957: §70) considerava nefasto para as cidades. Zevi continua dizendo que sua postura transgressora foi um passo histórico fundamental frente às transformações do espaço moderno. Alan Coulquhon entende a força da arquitetura moderna por ter quebrado os densos sistemas de significação do ecletismo em seus mínimos fragmentos, de modo que não guardassem relação inequívoca com a estrutura de significados de onde foram extraídos, para então permitirem uma recombinação inovadora. Referindo à similaridade desse processo com a semiologia, Coulquhon (1991: 137) escreve que a "arquitetura moderna tentou reduzir seus elementos ao que era essencial mas sem os reduzir a unidades arbitrárias como numa análise lingüística", pois cada unidade arquitetônica integra um sistema que não é nunca neutro, já que carregado de funcionalidades, métodos estruturais e a própria fisicidade das formas distribuídas no espaço.

É sintomático como Charles Jencks (1991: 96), o teórico fundador da arquitetura pós-moderna, considera que alguns dos elementos que seriam característicos desse movimento, já estavam presentes em Le Corbusier, especialmente em suas casas, como La Roche. Encomendada pelo colecionador de arte Raoul de La Roche, essa casa, hoje sede da Fundação Le Corbusier, formava um conjunto com outra, destinada ao irmão do arquiteto, Albert Jeanneret. A casa Jeanneret acolhia uma família, enquanto a de La Roche estava centrada na sua coleção particular de pintura cubista e purista. Apesar de ser um dos primeiros projetos onde os cinco pontos fundamentais da arquitetura moderna estão presentes, Le Corbusier e Pierre Jeanneret, seu primo e parceiro constante, tiveram que respeitar algumas árvores existentes no terreno, o que determinou a distribuição de volumes ali, bem como um gabarito de altura determinado pela cidade, fazendo com que formassem uma pequena vila acolhedora, distante da rua. A riqueza das aberturas de luz, das várias cores utilizadas, da dispersão dos volumes unidos por escadas e uma rampa, estão presentes em outras casas do arquiteto do mesmo período, como a Villa Savoye, em Poissy. É provavelmente toda essa riqueza, perdida na canonização dos princípios modernos, que Charles Jencks vê como seminal da arquitetura pós-moderna.

Como era comum entre arquitetos desse período, Le Corbusier acreditava que os projetos de uma colher ou de uma cidade partiam de um mesmo problema de *design* industrial, observação que tem o mérito de indicar as transformações globais da sociedade industrial, mas que pode levar a algumas crenças que se tornam cegas, como a das cidades como "instrumentos de trabalho" ou as casas como "máquinas de morar". Contraditório, portanto, que justamente as moradias individuais, fontes do que o arquiteto considerava uma desordem ofensiva, sejam o ponto alto de sua produção.

A reflexão do espaço em escala urbana é, pois, uma das referências conceituais da construção das matrizes modernas. Uma cidade não é uma colher. Enquanto a riqueza da arquitetura moderna chegava à maturidade através dos projetos de vários arquitetos, Le Corbusier desviou-se para um espaço urba-

Le Corbusier, *Villa Savoye*

no autoritário. Seu projeto (croquis) para Montevidéu, resolvendo um problema com "um único golpe", concentrava-se em estabelecer grandes linhas de circulação de automóveis em "cidades inextricáveis", e construindo torres de habitação (Le Corbusier, 1991: 138-139). Servindo para qualquer lugar (não há como seus defensores negarem que o que propôs para Montevidéu servia para Paris ou não importa que cidade interessada em patrociná-lo – ou, na verdade, não servia para nenhuma), seus projetos desconsideravam a riqueza cultural específica que fundamentam a identificação afetiva que define um lugar. No desenho 288 do seu caderno B4 (Le Corbusier, 1981) para o "projeto" para o Rio de Janeiro, um edifício auto-estrada corta diversos morros da cidade – mas há uma observação pessoal ao prefeito Paulo Prado para "não suprimir essa colina Santo Antônio/ mas passar a auto-estrada/ por cima". Nos seus planos urbanos, os eixos claros dividindo as funções urbanas determinam quais as forças regentes, fixando um território econômico, político e social inalterável. Finalmente, havia certos fluxos e fixos admitidos, em detrimento de quaisquer outros – a manutenção do ideal do laboratório asséptico estaria sempre à sua mão para evitar os casos especiais e acidentes. Le Corbusier postulou o espaço moderno.

Le Corbusier dizia, com razão, que suas propostas não eram para uma cidade do futuro, mas para as que existiam. Elas

Le Corbusier. Desenho da cidade do Rio de Janeiro, com implantação de projeto habitacional

estavam passando por um processo de transformação radical que envolvia todos os aspectos da sociedade e necessitam ser compreendidas e propostas de modo também radical. Importantes arquitetos na época diziam que os meios de comunicação, as tecnologias de produção, os transportes terrestres mais velozes, e sobretudo aéreos, transformavam a própria concepção do espaço, e a arquitetura, assumindo seu papel, deveria repensá-lo. Lewis Mumford (1996: 135) escreveu em 1937 que as novas fontes de energia, transporte aéreo e telecomunicação que já existiam e estavam se desenvolvendo, não mais seguindo as restrições topográficas que condicionavam a malha de autovias ou estradas de ferro, direcionavam uma transformação na maneira como se planejar o espaço – contudo, distintamente de Le Corbusier, nunca propôs uma tábula rasa. Mumford teve um papel importante no planejamento das cidades americanas na metade do século XX, tanto diretamente como pela organização dos conceitos que guiaram o planejamento regional nos Estados Unidos, além de ter sido um dos grandes historiadores das cidades, aceitando que as mudanças que percebia no final dos anos de 1930 davam-se num espaço já configurado por objetos e ações que tinham uma carga histórica, econômica, social e material; Le Corbusier, em seus planos, para não lidar com tais "acidentes" topográficos ou históricos, simplesmente transportava o ter-

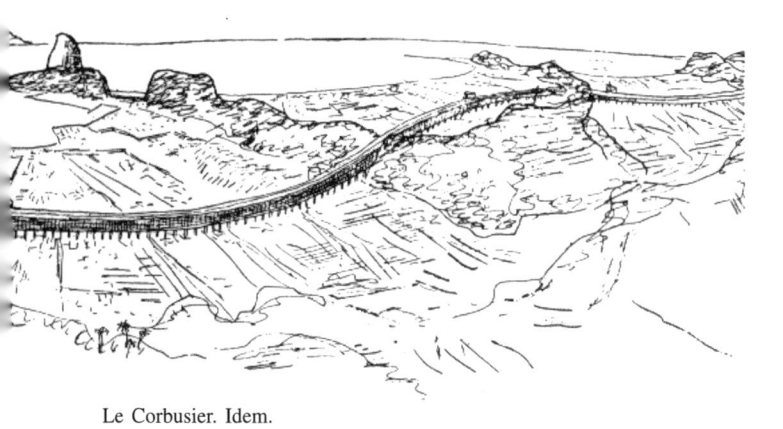

Le Corbusier. Idem.

reno ideal que concebeu no laboratório de seu espaço postulado para qualquer lugar.

Finalmente o terreno ideal se apresentou, bem como um projeto político condizente e um governo patrocinador – porém, não a Le Corbusier. Lúcio Costa é o autor da proposta urbanística para Brasília, cujos edifícios ficaram a cargo de um dos jurados do concurso, Oscar Niemeyer, amigo pessoal do presidente Juscelino Kubitscheck. A cidade tornou-se a referência de um projeto modernista realizado em sua plenitude – assim servindo a defensores e críticos. A conjunção dos ideais do projeto moderno e de um Estado forte, ressaltada por Otília Arantes (1998: 38), sinaliza a concordância de dois dos termos das matrizes espaciais, o espaço e o território. Brasília é moldada pelas propostas de Le Corbusier e tem todas as características de seu espaço postulado – com a vantagem de não ter sido necessário mexer na topografia e nem destruir cidades existentes. Servia também à necessidade de marcação territorial num país continental cujo centro e fronteiras a Oeste estavam pouco ocupados – o que era uma das preocupações recorrentes da geopolítica nacional, firmada na obra do general Golbery do Couto e Silva (1967), que imaginava o centro do país como sua fortaleza em caso de ataque inimigo, e de onde se poderia armar a superioridade "natural" no subcontinente. Mas esse isolamento, como apontaram os seus críticos, serviria igualmente para distanciar as decisões do governo do efetivo pólo social e político do país, concentrado no litoral.

Por esse aspecto, a imagem de Brasília como um "grande ministério" proposta por Giulio Carlo Argan (1992: 234) é sintetizadora. A cidade, que Clarice Lispector via povoada por uma multidão de fantasmas, tinha também 60 mil trabalhadores que a ergueram e que não voltaram para seu lugar de origem, como previsto, preferindo, em sua maioria, estabelecer-se na nova capital, que lhes parecia apresentar oportunidades promissoras. No meio da década de 1960, mais de um terço da população do Distrito Federal vivia em subhabitações. Ao se reportar à declaração de Oscar Niemeyer de que suas idéias haviam sido distorcidas, e que apenas um regime socialista poderia implantá-las, Peter Hall (1996: 219) comenta

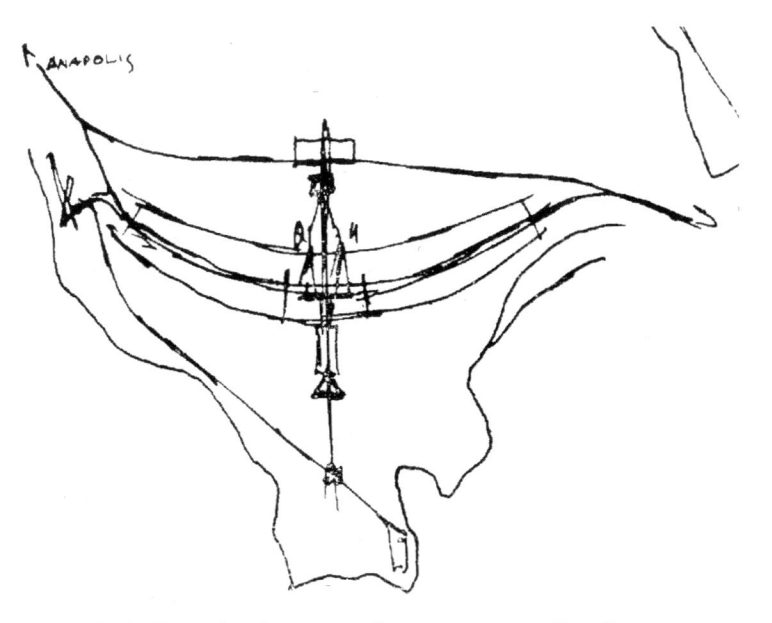

Lucio Costa, desenho apresentado no concurso para Brasília

que é realmente mais difícil lidar com a realidade da democracia e do mercado.

O espaço postulado partiu das redes de multiplicidades que o alimentavam e tentou enrijecê-las – ou, ao menos, manter-se rígido sobre elas. Quando essas redes multiplicam-se e seus conflitos inerentes emergem em diferentes disciplinas, o espaço postulado é corroído. Ou desaba.

Crise e Pós-modernidade

O desabamento é a metáfora utilizada por Charles Jencks (1991: 23) ao datar o fim do modernismo em 15 de julho de 1972, às 15:32h, com a implosão do conjunto habitacional Pruitt-Igoe, em Saint Louis, Missouri, Estados Unidos. Concebido sob os cânones de Le Corbusier, vencedor de um concurso, foi destruído por ser considerado inabitável. Mas, claro, a crise do projeto moderno é mais complexa e não datada, mesmo que, pelos exemplos em diversas disciplinas, é realmente a partir do início dos anos de 1970 que ela passa a ser pensada coerentemente. Antes de se ter apresentado a matriz espacial moderna e seu cúmulo no espaço postulado, foi dito que a crise em arquitetura seguia três caminhos: a tomada de tecnologias informacionais como promotoras de uma arquitetura completamente nova; a recuperação histórica de elementos desconsiderados pelo modernismo; e as mudanças contemporâneas como o último estágio que o projeto moderno poderia atingir a partir de sua lógica interna. Otília Arantes (1998) e Frederic Jameson (1995) fazem considerações importantes sobre esses dois últimos aspectos. Arantes lembra que o projeto moderno tinha laços fortes com o regime de produção e consumo capitalista, envolvendo o desenvolvimento de formas simples que pudessem ser reproduzidas em série, tendo inerente a lógica do consumo de massa que, no término do projeto, resultou numa arquitetura pautada pelo consumo de imagens publicitárias. Diagnóstico semelhante fez Jameson, ao dizer do pós-modernismo como sendo resultado da lógica própria ao capitalismo industrial.

Em seu livro *Aprendendo de Las Vegas*, Robert Venturi explorou a percepção urbana dessa cidade formada por cassinos, atento a que ela era vivenciada basicamente com o automóvel. Suas reflexões alteraram a atribuição de valores perceptivos que arquitetos e urbanistas tradicionalmente portavam quando analisando ou projetando as cidades. Peter Hall (1996: 298-300) considera esse livro como marco do fim da arquitetura moderna, especialmente por ter evidenciado que, dentro do sistema de mercado baseado em valores simbólicos, e não primordialmente de uso (como já adiantara Jean Baudrillard), a arquitetura se transformava, por sua vez, em instrumento de comunicação simbólica. Charles Jencks considera que a obra de Venturi perdeu força ao abusar de um gosto pessoal que não permitia critério algum de atribuição de valores – o que, numa análise semiótica da arquitetura (base do trabalho de Jencks), seria fundamental. Se a rigidez excludente do código moderno desconsidera elementos vividos cotidianamente, a absorção de quaisquer (ou todos) elementos, sem ponderação, apenas poderia levar à arquitetura do pastiche – o que, de fato, aconteceu. Jencks (1996: 59) diz finalmente que é preciso, ao se produzir a arquitetura pós-moderna, formular uma codificação coletiva para que arquitetos e *designers* possam representar a variedade do mundo contemporâneo mantendo certa integridade, sem cair na "heteropolis", onde tudo vale – e onde nada tem valor.

São numerosos os arquitetos que, a partir de Venturi, produziram uma arquitetura marcada pelo excesso de valores simbólicos que, no mais das vezes, tinham um traço irônico prevalecente. Como toda anedota repetida, perdiam em ironia para ganhar em ridículo. É o caso da Piazza d'Italia, de Charles Moore, construída em Nova Orleans. Sua mistura de colunas romanas, arcadas de praças italianas e luzes néon, com a intenção de mesclar referências da comunidade italiana local com objetos industriais contemporâneos, apesar de ser tratada por Jencks (1991: 118) como exemplo de um ecletismo radical, merece a crítica de Frampton (1992: 307) pelo seu populismo gratuito que parece desprezar qualquer capacidade crítica histórica. Ela é a concretização do que Baudrillard (1983: 17-19) chamou do mundo protuberante, hipertético, saturado de signos que formam um mercado de referências mútuas. Mas se o mercado, através da publicidade, trabalha com maestria os seus valores simbólicos efêmeros, em grande parte é por ela mesma o ser. A arquitetura, ao contrário, tende a ser permanente – permanência que pode ser um de seus prazeres.

Toda essa discussão crítica sobre as cidades modernistas partiu de uma pessoa que, antes de tudo, considerava-se uma cidadã. Vivendo em Nova York, Jane Jacobs organizou durante décadas os moradores da vizinhança para conseguir modificações das leis urbanas de seu bairro, e aos poucos começou a escrever artigos para jornais locais. No início dos anos de 1960, Jacobs lançou o livro que seria considerado por Jencks (1991: 11) o "primeiro tiro pós-moderno". Assim como Le Corbusier, Jacobs (1991: 20) fala da cidade como um laboratório. Mas enquanto o postulante do espaço moderno quis para si um espaço ideal construído no seu laboratório, para então aplicá-lo em qualquer cidade, Jacobs diz que os urbanistas e arquitetos esqueceram-se de que os problemas e as

Charles Moore, *Piazza d'Italia*, Nova Orleans

soluções da vida urbana já estão presentes na cidade, e é só a partir dela, e não de quimeras, que podem extrair os elementos que, bem trabalhados, incrementariam o espaço urbano.

Contrapondo o "molde" modernista à cidade vivida e construída ao longo da história, conta de um amigo arquiteto que constatou pela vivência o que todas as pesquisas de opinião e estatísticas diziam, de que o bairro de North End era um lugar agradável de se viver, mas que ele, o arquiteto, tinha dificuldade em aceitar o fato, pois o bairro contrariava todos os princípios pregados pelo modernismo. Em outra passagem, Jacobs exemplifica com a reforma da avenida do East Harlem, onde um grupo cultural e economicamente homogêneo habitava os dois lados da via. Enquanto no lado antigo havia vários lugares públicos, de jardins a cafés, todos sempre cheios, do outro lado, reformado pela monofuncionalidade modernista, que não previu para essa seção da avenida qualquer logradouro público, a violência entre os moradores, principalmente crianças, crescia. Jacobs (1991: 223) lembra que isso não tem relação com um estilo arquitetônico especial, mas como a variedade de atividades, riqueza que será a pedra de toque de seu trabalho, defendendo que a mistura de classes, idades, funções, estilos, não leva ao caos que via Le Corbusier, e sim a uma "ordem complexa".

A partir desse resgate do que se pode chamar arquitetura cotidiana, alguns conceitos vêm sendo fundamentais para se repensar as cidades na crise das matrizes modernas. Duas idéias atravessam todo esse debate e produção: o lugar e a diversidade. O lugar, por ser construído através da significação identitária de uma porção do espaço, implica uma multiplicidade qualitativa que, no extremo hipotético, levaria a uma diversidade igual ao número de comunidades culturais. O ressurgimento do lugar nas discussões arquitetônicas e urbanas nas últimas décadas do século XX apontam para a crise do postulado moderno. Viu-se que a construção de um espaço hegemônico (pode-se pensar desde a formação do projeto moderno, no século XVI) implicou a repressão de elementos culturais que foram escondidos, excluídos ou excessivamente codificados, inviabilizando sua representação cotidiana. Partindo de constatação semelhante, Patricia Yaeger (1996: 25-28) propõe que uma das estratégias para colocar a discussão seja a criação de um "léxico de efeitos estranhos do espaço", de modo que se possa resgatar suas qualidades reprimidas, de acordo com a história de cada lugar.

David Harvey (1990: 66-67) aponta como característica da arquitetura pós-moderna sua fragmentariedade, concebida como palimpsesto ou colagem, destacando histórias locais e espaços personalizados; Frederic Jameson (1995: 175) diz que essa pluralidade de estilos proporciona um conjunto de possibilidades criativas que aportam a crítica à hegemonia moderna; e Edward Soja (1997: 245-246) ressalta finalmente que as fragmentações, a ambigüidade e as diferenças sendo encorajadas (não apenas toleradas), sinalizam a abertura epistemológica das propostas arquitetônicas e urbanas contemporâneas contra o espaço totalizador moderno.

Uma das propostas teóricas e formais das mais consistentes de recuperação e destaque dos lugares é o regionalismo crítico. Kenneth Frampton (1996: 165), um de seus mais importantes representantes, ressalta que as propostas do regionalismo nunca foram pensadas para serem transformadas num estilo, mas sim como um "campo de resistência", baseado na "condição real ou hipotética em que uma cultura local crítica de arquitetura é conscientemente levada a se opor à dominação do poder hegemônico". No seu livro sobre a história da arquitetura do século XX, Frampton (1992: 314-327) ressalta que o vernacular destacado no regionalismo não é uma adequação espontânea ao clima, cultura, mitos e técnicas de um lugar, e sim a identificação de "escolas" que reflitam criticamente sobre seu legado local frente às influências externas, combatendo a lógica de um centro ditador de regras, sejam culturais, econômicas ou políticas. Alguns de seus pontos fundamentais são o trabalho do fragmento, e não das grandes escalas do modernismo; uma valorização da tectônica da arquitetura, fazendo frente à sua variedade puramente cenográfica; sua completa consciência dos valores locais, sem submissão a tendências "universais"; e o destaque à dimensão tátil para valorizar a experimentação frente à sociedade informacional.

Apesar de teoricamente esse resgate de valores dos lugares destinar-se à proposição de espaços ricos em particularidades, foi anteriormente discutido que sob vários aspectos as críticas ao projeto moderno são feitas de dentro do sistema econômico e tecnológico moderno e que, assim, mais que mudanças radicais, podiam ser readaptações culturais à lógica de um mercado em processo de globalização de bens e signos. Otília Arantes (1998: 15) relativiza que a retomada do lugar na arquitetura pós-moderna, dizendo que ela foi acompanhada por sua espetacularização, transformada em imagem que deve circular num universo simbólico ou, já que o objeto arquitetônico tende a ser estável, fazer que seja uma vitrine para os signos de um estilo. Exemplos semelhantes ao do shopping São Paulo Market Place estão por toda parte. Jean Baudrillard (1987: 18-20) fala desses projetos como "obscenos", sendo uma mercadoria criada exclusivamente para uma massa em movimento, que consumiria os signos dessa arquitetura sem vivê-la, sintomas que Richard Sennet (1995) também debateu para falar do esvaziamento da vivência do espaço público.

Uma pesquisa crítica por valores locais por vezes tornou-se um estilo, copiado não importando onde, fazendo com que, como lembra Dennis Crow (1996: 3), a arquitetura tenha ao mesmo tempo brigado pela valorização das qualidades do lugar, e presenciado uma descaracterização histórica das especificidades estéticas. Manuel Castells (1996: 418-419), defende que no espaço de fluxos globais, a arquitetura tende a ser aistórica, acultural, de modo que a arquitetura pós-moderna, que sob o pretexto de recuperar a história entrou num mercado simbólico mundial, determina o estilo global. Porém, essa opinião de Castells pode, no máximo, corroborar a falência de propostas de recuperação de valores do lugar e sua comercialização superficial, sem a reflexão dos arquitetos, que passaram a colocar tijolo aparente e bandeirolas em seus projetos assim como seus antecessores modernos distribuíram imensos planos de vidro em cidades que vivem sob 30°C.

No final dos anos de 1970 e 1980, firmou-se uma outra elaboração arquitetônica contrária aos cânones modernos. Ao invés de se voltar a formas e propostas históricas que deveriam estar condensadas nos lugares, inclinou-se a repensar a arquitetura moderna a partir dos mesmos elementos que ela usava, explorando, porém, as composições que essa arquitetura havia desprezado. Freqüentemente reunidos sob o nome de deconstrutivistas, alguns arquitetos investiram na reelaboração da arquitetura tomada como linguagem, possuindo, assim, signos que poderiam ser repensados em si mesmos e reorganizados de modo diverso do que propunha o modernismo. Peter Eisenman tem um dos trabalhos mais ricos sob esse aspecto. Em seu início, seus projetos realmente pareciam de um modernismo tardio; mas ganharam autonomia nas décadas de 1980 e 1990, percebendo e incorporando outras ações que haviam sido então desconsideradas pela arquitetura moderna. Por exemplo, sua geometria não mais pressupunha o "terreno ideal" de Le Corbusier, plano e imóvel, e sim que ele possui fluxos eólicos ou sísmicos, que devem agir na concepção projetual.

Se formalmente não há nenhuma semelhança entre os projetos do regionalismo histórico e o desconstrutivismo, ambos opõem-se frontalmente aos cânones do espaço postulado moderno. Por ter destacado em seus trabalhos os aspectos da linguagem arquitetônica, bem como sociais, ambos envolvidos em processos históricos, é que a abordagem de Manfredo Tafuri parece ser importante num momento de crise das matrizes modernas, marcada de modo importante pela valorização da diversidade e pela recuperação do lugar frente ao espaço moderno hegemônico e homogêneo.

Elipse Crítica

Nenhum estudo crítico profundo é imparcial, isento de ânimos. Ao contrário, deve estar habilitado e disposto a assumir o risco de explicitar suas escolhas intelectuais, pois seu ato implica retirar o objeto de seu contexto imediato e cotidiano, para colocá-lo em diálogo com diversos outros elementos de um processo histórico. Giulio Carlo Argan (1992: 17-18), usando como exemplo que a burguesia no início do século XX preferia Cabanel a Cézane, escreve que o método crítico deve se pautar pela busca de um juízo que fundamente a experiência, restringindo a consideração de não-valores, que levariam a se fazer uma falsa história – mas, enfatiza, não pretendendo ser uma verdade científica, esse próprio juízo seria histórico, referente à postura intelectual humana.

Em relação à arquitetura, Manfredo Tafuri (1990) escreveu da necessidade de pensá-la dentro da "Esfera da História", envolvendo transformações que ocorrem ao longo dos séculos nas linguagens, nos modos de produção e na cultura. A partir disso, pode-se dizer que a atualização da crítica arquitetônica faz-se num movimento duplamente elíptico, com centros e raios diferenciados mas complementares: num primeiro sentido, parte-se de um único objeto de análise para contextualizá-lo em uma gama de projetos arquitetônicos significativos que sirvam de parâmetros; e concomitantemente, num segundo sentido, deslocasse-o de um determinado momento histórico e faz-se com que o objeto em estudo seja ressignificado em contato consciente com a História.

Esse movimento, avalia Tafuri (1985), traz uma certa insegurança ao trabalho crítico, que às vezes reveste-se de "trapos ideológicos" para não se perder num período arquitetônico privado de utopia, o que é uma fuga de se tentar entender o que acontece atualmente buscando refúgio em paradigmas que moldaram arquitetos e historiadores das primeiras décadas do século. Para Tafuri, o "drama arquitetônico" contemporâneo demonstra uma insegurança baseada tanto no medo de se assumir referências alheias ao universo arquitetônico, imaginando que tudo possa se resolver internamente, quanto na dificuldade de se abandonar o mito da vanguarda perene. Poucos são seus textos dedicados à arquitetura da segunda metade do século XX (Dal Co e Tafuri, 1991), chegando mesmo a declarar em entrevista que nada de muito importante havia acontecido na arquitetura mundial após o final dos anos de 1960 (Tafuri, 1993). Apesar de neste livro questionarmos a crise das matrizes espaciais justamente pelo que aconteceu após esse período, portanto discordando dessa opinião de Tafuri, a sua reflexão crítica da arquitetura pode servir de guia na análise da produção arquitetônica contemporânea.

Umas das constantes dos textos de Manfredo Tafuri é a distinção entre vanguarda e experimentalismo, ambas atitudes reincidentes na história da arquitetura, que ganham pesos distintos em certos períodos. A vanguarda, marcante no projeto moderno do início do século XX, é afirmativa, pautada pela criação de uma base social, estética, cultural e histórica, que não valoriza nenhum elemento *a priori*. A construção do novo é radical, freqüentemente baseada na destruição do anterior. Como escreveu Tafuri, aceita-se o naufrágio desde o início, consciente de tê-lo escolhido. O experimentalismo, que ganha importância a partir dos anos de 1970, firma-se nas contradições, na desmontagem das linguagens existentes, levando-as à exaustão, para então buscar as possibilidades do novo. Eis uma distinção notável: a possibilidades do novo, e não o novo absoluto das vanguardas. Trabalhando os experimentalismos na arquitetura do terceiro quarto do século XX, Tafuri (1972: 213-217) identificou sintomas de uma angústia paradigmática, que podemos considerar como índice da crise das matrizes espaciais. Para ele, as principais manifestações dessa angústia concretizavam-se, de um lado, numa arquitetura que buscava em sua história a "descrição, classificação e manipulação das leis constantes da arquitetura, com o fim de fundar métodos lógicos e unitários de análise e projetação"; e de outro, numa arquitetura que se entendia como processo de linguagem, influenciada notadamente pela semiologia, baseada na "comprovação, seleção e combinação de dados, com o fim de se chegar a uma espécie de arquitetura *ex machina*".

História e Linguagem. Aldo Rossi e Peter Eisenman

A partir dos anos de 1970, a arquitetura retoma seu passado, indagando seus porquês, suas finalidades, suas origens formais, sua relação com um entorno que vivia seu próprio processo histórico. Tafuri afirma que a busca dessa reconstrução de sentido da arquitetura, de sua dimensão vivida, não seria feita apenas através de recomposições de elementos que lhe são únicos, como paredes, tetos e funções dos espaços, pois assim se desconsiderariam importantes elementos simbólicos ligados ao processo de construção dos lugares. Por isso Tafuri (1990: 3) vê na História uma possibilidade de reflexão, pois ela é "determinada pelas suas próprias tradições, pelos objetos que analisa, pelos métodos que adota; e determina suas próprias transformações e aquelas da realidade que deconstrói". Longe de ser um retorno a paradigmas esquecidos, quase de forma saudosista, seu método histórico envolvia a consciência de trabalhar sua própria crise, pois seu fim não seria encontrar soluções definitivas, mas se caminhar em diferentes direções, criando e recriando possibilidades de discussão para os mesmos problemas. Tentar encontrar uma coerência completa na interação entre técnicas, linguagens, estéticas e história seria um mascaramento do processo histórico. Assim, o estudo crítico necessita cuidado para não fazer de seu próprio discurso um monólito conceitual – ou, numa metáfora de Tafuri, transformar a crítica em rocha, impenetrável. E é também pela aquisição da consciência da Esfera da História que o historiador e o crítico podem se opor "a todas as formas de 'anti-historicismo disfarçado' " (Tafuri, 1972: 280).

A crítica semiológica da arquitetura, teoria marcada por estudos lingüísticos, traz uma ambigüidade metodológica por se prestar a analisar uma linguagem com instrumentos assumidamente matizados por outra. Esse método apresenta dois riscos principais. O primeiro é de se cair no consumo cego de signos de um modernismo estilizado, desprendido da ideologia motriz dos arquitetos das primeiras metrópoles, o que foi identificado por Gillo Dorfles (1984) como "estilismo", que teve força entre os anos de 1950 e 1970, com seus "liqüidificadores aerodinâmicos" e similares. O segundo risco é a desconsideração, mais uma vez, em se colocar a produção contemporânea na elipse histórica, adentrando-se na discussão dos objetos arquitetônicos através de um procedimento semiológico cujas estruturas sígnicas encontram-se alhures e não comportam qualidades inerentes à arquitetura.

A partir da reunião de elementos semiológicos e tecnológicos, arquitetos buscaram criar projetos que se confrontassem com os cânones modernos, mas muitas das vezes caíram no inverso da crítica, recriando uma utopia tecnológica, enfatizando o mundo industrial massificado com objetos portadores de excesso de informação. Entretanto, o que mais se via? Em lugares longínquos como Índia ou Brasil uma *inteligentsia* arquitetônica impor o modernismo internacional, que fora pensado, formalizado e postulado havia mais de cinqüenta anos, em condições climáticas, sociais, culturais e históricas completamente diversas. Devem ser ressaltadas as propostas dos anos de 1960 e 1970, como do grupo Archigram[1] ou a "arcologia" de Paolo Soleri, que surgiram como lanternas de proa na internacionalização de cânones arquitetônicos. Esses trabalhos, calcados na representação gráfica, traziam à consciência que a linguagem arquitetônica não se bastava a si mesma, mas interferia e sofria influências de outras linguagens do contexto no qual se inseria.

Por mais discordantes as propostas, por mais que algumas vezes projetos de crítica de uma hegemonia do espaço moderno tenham ganhado também certo autoritarismo, é importante considerar tais propostas como tentativas criativas de se lidar com a crise das matrizes espaciais em arquitetura. Ou se vai, amedrontadoramente, tentar avaliar todo experimentalismo contemporâneo buscando ressuscitar fantasmas das vanguardas modernas? Pode-se analisar essas propostas que indicam a crise das matrizes espaciais modernas a partir de algumas obras de Aldo Rossi, que explorou um caminho próximo ao desenvolvimento histórico da arquitetura, e de Peter Eisenman, voltado a elaborações da arquitetura tomada como um processo de linguagem.

Aldo Rossi aparece nos textos de Manfredo Tafuri com estima diferenciada, por ter realizado análise substancial e adequada de uma tradição histórica da arquitetura, buscando responder a ambigüidades poéticas dos simbolismos trabalhados por Venturi ou Charles Moore. Para Tafuri, Rossi elaborou um alfabeto de formas arquitetônicas que não se articu-

1. Tafuri cita como exemplos o grupo Archigram, nos anos de 1960, e Frank Gehry, em 1980. Mas é preciso considerar que enquanto a obra de Archigram, proposta em poucos anos, tem unidade que aceita análise global, os trabalhos de Gehry variaram consideravelmente durante sua longa carreira, não possibilitando encaixá-la em conjunto sob um mesmo paradigma.

lam em fórmulas fáceis. Ele as liberaria, atestando a existência de fontes múltiplas, não buscando o "restabelecimento de uma disciplina", mas sua dissolução na multiplicidade de referências e origens.

No início de sua carreira, a arquitetura de Rossi está intimamente ligada aos trabalhos de recomposição dos elementos da arquitetura moderna, destacando-se uma riqueza rítmica das formas verticais e horizontais, sempre ortogonais. É o caso de seu projeto para o conjunto Gallaratese (1969-1970) em Milão, com concepção geral de Carlo Aymonino, que o pensou como se fosse um teatro a céu aberto, com ruas e passagens cenicamente distribuídas. O bloco elaborado por Rossi contrapôs um purismo geométrico à eloqüência do projeto de Aymonino, explicitado por Tafuri (1990: 277) como "o barulho de Aymonino e o silêncio de Rossi". Esses comentários de Tafuri ganham valor ao serem vistos à luz do texto do próprio Rossi (1988: 11), para quem o seu "purismo" estaria aberto a "contaminações, ligeiras insinuações, comentários e repetições"; e que é no "*contaminatio* ilimitado das coisas, das correspondências, que se opera o retorno ao silêncio" (60). Assim, enquanto Aymonino trabalha com uma linguagem de sobreposição e complexidade de signos carregados de significados que, mesmo no conjunto arquitetônico, insistem em se manifestar efusivamente, criando uma paisagem de ruídos arquitetônicos, Rossi prefere o equilíbrio entre um apuro formal e sua colocação no contexto – dizendo ter buscado nesse projeto a reelaboração de elementos da arquitetura milanesa – mesmo que Charles Jencks (1991: 77) veja aí uma forte herança da arquitetura fascista.

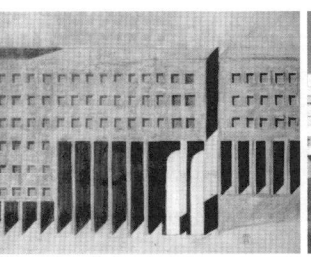

Aldo Rossi. Gallaratese, Milão.

Aldo Rossi (*apud* Helmut, 1994: 104) assume que o projeto do Teatro del Mondo (1980) é o ponto de flexão de sua carreira, em que as pesquisas de resgate de uma gramática formal histórica da arquitetura voltam-se para uma possível ontologia do espaço teatral. Foi construído sobre uma balsa, recuperando o caráter nômade e espetacular dos teatros, ao mesmo tempo em que, inicialmente ancorado em Veneza, buscava referenciais formais no contexto urbano. É uma tentativa de resgate de paradigmas quase arquetípicos da arquitetura.

Em outras direções caminha Peter Eisenman, cujas propostas para a série de dez casas, nos anos de 1970, são fruto direto de um trabalho semiológico com os elementos arquitetônicos, estabelecendo um sistema que permitia, a partir de sua codificação, a produção de uma série ilimitada de combinações, num processo lingüístico que se volta sempre sobre si mesmo. Importante base filosófica de seus trabalhos, o desconstrutivismo de Jacques Derrida combate o projeto da cultura moderna, baseada na elaboração de paradigmas nucleares que desconsideravam o que estivesse às margens dessa centralidade. Derrida apontava a possibilidade de, conhecendo-se o centro, implodi-lo, para obter daí múltiplos fragmentos que poderiam despertar uma miríade de novos significantes e significados. No princípio de sua elaboração, todas as casas de Eisenman partem do cubo perfeito, que passa por torções, extrusões, rotações; no final, se formalmente distintas de qualquer projeto oriundo dos cânones modernistas, as casas guardam intencionalmente índices de seu processo de composição, permitindo que se recupere o paradigma nuclear – que

Aldo Rossi. Teatro do Mundo, Veneza.

poderia então ser reelaborado sem se prender às regras universais do modernismo.

Tafuri tem razão ao dizer do fastio dos estilemas: em dez casas esse processo de projetação atingiu uma fórmula que nada acrescentaria à discussão inaugural de Eisenman. O próprio arquiteto percebia isso e, num texto de 1982, Eisenman (*apud* Bédard, 1994: 13) diz-se não mais interessado em semiologia ou filosofia, mas em poesia e ficção. Apesar do projeto para casa Guardiola, em Cadiz, (1988) conservar muito dos processos compositivos das dez casas, as reformulações internas do cubo ganham fôlego e vivacidade pela consideração dos acidentes do terreno, antes ausentes, e pelo processo ter sido feito tridimensionalmente, enquanto nas casas ela era basicamente bidimensional. Eisenman considera esse projeto um ponto de mudança na sua obra, pois as composições da casa Guardiola puderam ser feitas apenas pelo uso de computadores. Além da potencialização de possibilidades combinatórias e trabalho tridimensional, Eisenman via nisso a liberdade antes restringida por uma estética clássica impregnada nas mãos. Os projetos das dez casas criticavam a concepção do espaço postulado do modernismo de dentro de sua própria lógica, enquanto na casa Guardiola, outras ações e objetos foram permitidos no trabalho de composição – o que transformou, por fim, a própria idéia de espaço que o arquiteto, mesmo que involuntariamente, manteve nos projetos anteriores.

Nos anos de 1990, sempre ligado aos filósofos contemporâneos, Eisenman passou da deconstrução de Derrida aos

Peter Eisenman, *Guardiola*, Cádiz e Hotel *Nunotami*, Tóquio

textos sobre as *Dobras* de Gilles Deleuze. Sempre com um rico trabalho de explorações formais, abrindo-se a diferentes ações e objetos que de algum modo interferissem na criação arquitetônica. Todavia, ele se tornou um dos proeminentes da "arquitetura *superstar*", como denominou Sharon Zukin (1988: 440), assumindo o caráter fashion que atingira parte de sua obra. É famoso – também sintomático, e de certa forma ridículo – o trocadilho que fez no Masp em relação ao projeto de um escritório de *design* no Japão. Seus clientes o haviam escolhido para que ele lhes desse uma *cover*, não no sentido de cobertura, abrigo, mas de capa de revistas internacionais, pois sabiam que qualquer coisa que ele fizesse seria publicado e, conseqüentemente, levaria o nome da companhia japonesa consigo. Entretanto, mais uma vez é importante que não se caia na "violência da crítica", como colocou Tafuri, sem que antes se entenda o contexto contemporâneo onde a obra e a discussão se inserem.

A obra de Aldo Rossi, mais ligada a uma recuperação de elementos históricos, e a de Peter Eisenman, na qual a exploração da arquitetura como um processo sígnico é acentuada, são manifestações de contestação das determinantes arquitetônicas do modernismo; e, mesmo diferentes, devem ser vistas, como aponta Kenneth Frampton (1992: 306), como parte de um fenômeno incontestável de uma crise. Elas também conheceram momentos de instabilidade conceitual semelhantes,

Peter Eisenman, *Casa X*..

dos quais se pode retirar o cuidado em não se tomar uma reformulação de paradigmas como um novo cânone; de não se voltar à história passada pela incompreensão dos fenômenos contemporâneos; e de nostálgicos da força desbravadora das vanguardas, não se atentar para a importância contestatória e revigorante dos experimentalismos. Tomando um ponto caro a Tafuri (1972: 175), tem-se que a análise da crise não tem como objetivo apresentar soluções, mas indicar "caminhos de uma existência crítica, de uma fruição consciente". Por isso, as obras aqui discutidas têm a força de lanternas, mesmo que um tanto estroboscópicas, na indefinição nebulosa que envolve a crise das matrizes espaciais da arquitetura contemporânea.

2. CIDADES E REDES

Distintamente do mundo industrial, a sociedade contemporânea tem os processos de geração de conhecimento, de produtividade econômica e de ordens políticas e militares transformados pelo paradigma informacional. O produto da tecnologia informacional é a própria informação, potencialmente sendo trabalhada em escala global e em tempo real. São primordialmente os fluxos financeiros voláteis, negociados através das redes informacionais, e não o tráfego de produtos, que dinamizam a economia global[1]. O trânsito de mercadorias, idéias e pessoas no mundo moderno percorria os trilhos férreos, as auto-estradas, as linhas telegráficas; fazia-

---

1. A circulação de produtos agrículas e industriais continuarão a ter importância na economia global, basta pensarmos que 40% dela é ligada à agricultura. Entretanto, a lógica da sociedade contemporânea são os fluxos informacionais, seja por articularem a circulação de produtos, seja por fazerem parte de modo crescente de sua concretude, como é o caso dos alimentos modificados geneticamente.

se a partir de um projeto político internacional que se fortalecia, com o enrijecimento das fronteiras econômicas nacionais, através da criação de taxas aduaneiras e regulamentação de circulação de valores, para a proteção de uma possível propagação de crises econômicas. Se há figuras simbólicas do espaço moderno na passagem para o século XX são os trilhos, as estradas, a alfândega. A sociedade de fluxos contemporânea dispensa os trilhos assentados no terreno, rompe as barreiras aduaneiras: uma idéia não viaja de um ponto a outro, ela age em todos ao mesmo tempo. Se há uma figura, ela é a rede.

Redes

A trama ferroviária, como diz o seu nome, formava uma rede. O mesmo para as estradas e o telefone. Os fluxos informacionais, por sua vez, se não se prendem aos trilhos, tampouco estão soltos em movimentos aleatórios, trafegando igualmente por redes. Entretanto, as redes informacionais estão em constante metamorfose, refazendo-se numa geometria assimétrica e topológica. Numa estrutura desse tipo, sabe-se que a distância entre todos os pontos é potencialmente a mesma, zero; enquanto a distância entre qualquer ponto da estrutura e outro fora dela é infinita. No seu estudo filosófico sobre as redes, Daniel Parrochia (1993: 90) parte da química do século XIX, que deu origem ao conceito pela busca dos princípios de ligação dos elementos químicos, passa pelas estradas e ferrovias, até chegar aos meios digitais de comunicação. Ele assinala que o princípio fundador das redes está em garantir flexibilidade e agilidade para a comunicação entre pontos distantes, oferecendo uma multiplicidade de itinerários com as derivações necessárias.

Quando os urbanistas modernos tomaram o avião como símbolo máximo da liberdade, alheio a caminhos traçados no solo, tinham razão na época, sobretudo quando constatamos em seus desenhos a idéia dos pequenos aviões em vôos regionais, ou o restrito número de vôos que cruzavam os oceanos, principalmente transportando pessoas. Contemporaneamente, os vôos supersônicos intercontinentais são o vetor material dos fluxos globais, prioritariamente caracterizados pelas transmissões via satélite de imagens televisivas, informações digitais e telefonia celular. Parece-se atingir uma liberdade completa de qualquer restrição material necessária para se assegurar a otimização dos fluxos. Na verdade, elas são livres da representação visual a que se consagraram os arquitetos e os urbanistas quando se debruçaram sobre os fluxos para compreender os fixos que projetavam. O éter é repartido em faixas de freqüência de ondas; o movimento dos satélites é coordenado para a captação e transmissão de dados a partir de antenas terrestres, além de possuírem um trânsito extremamente regulamentado para não se entrechocarem e, sobretudo, para não se acidentarem com milhares de objetos deixados pelo homem no espaço circunterrestre, que formam o lixo espacial que segue os meios caminhos dos satélites; e o céu é cartografado tridimensionalmente para ordenar o tráfego aéreo civil em rotas precisas, enquanto as zonas militares detêm a exclusividade de vôo em sua grande parte.

Retomando a definição sumária de espaço, e conciliando-a com a figura das redes, sejam as rotas do Império Romano, sejam as comunicações via satélite, podemos identificar algumas alterações substanciais na sua formação e no entendimento do espaço. Do sistema romano às auto-estradas, os meios de transporte mudaram, a velocidade cresceu, mas a lógica espacial determinante da rede desenvolveu-se por similaridades. Uma importante transformação que, já foi aqui assinalada, refere-se à conquista oceânica, em que objetos e ações completamente distintos dos que compunham as redes continentais, constituíram um espaço radicalmente novo, a ponto de alterar a matriz espacial de toda a civilização européia. O espaço oceânico não pode ser entendido com os elementos intelectuais utilizados para se entender o espaço continental, mesmo que ambos estejam em diálogo. Os fixos e os fluxos que formam as redes da sociedade informacional representam uma transformação também profunda na matriz espacial da civilização hoje mundial. Não há como entender o espaço informacional com os instrumentos conceituais que

177

serviram ao espaço moderno, mesmo que eles sejam interdependentes. A alteração na matriz espacial na sociedade informacional é radical.

Radical pela sua conotação de transformação substancial de seus elementos, na sua organização e dinâmica; mas quando se trata das redes informacionais, a figura da raiz (*radical*) merece ser vista sob a crítica de Gilles Deleuze e Félix Guattari, pela diferenciação que propõem entre a raiz e o rizoma como metáforas de processos intelectuais distintos, que interferem na compreensão e ação no mundo. A árvore é a figura por excelência da cultura ocidental, com a busca de princípios filosóficos fundadores ou de línguas originais, como se toda manifestação cultural pudesse recuar até se atingir sua raiz, seu núcleo gerador. Enquanto a árvore guarda a imagem de um desenvolvimento vertical, o rizoma estende-se superficialmente; se a árvore desenvolve-se a partir de um ponto seminal, o rizoma estende-se em todos os sentidos. Deleuze e Guattari (1995: 15-24) definiram seis princípios rizomáticos que podem ser assim resumidos: pelo primeiro e o segundo princípio, diversamente de uma raiz, em que os pontos se ligam respondendo a uma ordem de encadeamento, qualquer ponto de um rizoma pode e deve se conectar a qualquer outro; o terceiro princípio refere-se à alteração na natureza dos elementos constituintes do rizoma de acordo com a multiplicidade de conexões de que fazem parte; o quarto princípio refere-se à antigenealogia que caracteriza o rizoma, que pode ser rompido em qualquer ponto sem que isso interfira numa hipotética forma final, justamente por ele não a possuir, e muito pelo contrário, de cada lado da fissura o rizoma continuará a se desenvolver e a se transformar; finalmente, o quinto e o sexto princípios referem-se à diferença entre decalque e mapa, sendo que o segundo é próprio ao rizoma, pois a cartografia é ligada à performance entre métodos gráficos, objetivos e conhecimento do terreno, propícia portanto à metamorfose, enquanto o decalque é a repetição inalterada de uma competência presumida. A idéia do rizoma pode servir para a reflexão sobre as redes informacionais em relação às redes anteriores.

A transformação dos fixos do espaço informacional foi tão determinante que pode haver a ilusão de um movimento completamente livre dos fluxos, mas que aqui se destacou que trafegam em redes. Enquanto as redes eram outrora primordialmente predeterminadas e fixadas no espaço, as redes informacionais constituem-se pelos fluxos. A malha ferroviária é gravada no solo de modo perene, assim como as autoestradas. Mesmo que não haja um trem ou automóvel, seu traço indica materialmente a existência de uma rede, a ponto de ser freqüente em passeios pelo interior de países que conheceram o desenvolvimento ferroviário deparar-se com trechos de caminhos de ferro cobertos de vegetação, que não mais servem a qualquer trem, mas que sinalizam indelevelmente a existência anterior de uma rede. O mesmo não acontece com o tráfego aéreo, muito menos com o comunicacional. No terceiro princípio, Deleuze e Guattari definem que, ao contrário dos pontos ou posições, próprios das árvores ou raízes, no rizoma há linhas que se desenvolvem e se entrecruzam constantemente, sem a determinação de centros.

As redes, que formavam uma estrutura fisicamente constituída, determinando inclusive o desenvolvimento futuro dos meios que por elas trafegariam, libertam-se dessa estabilidade e independem de centros geradores de fluxos. Mesmo que em certa medida se possa dizer dos aeroportos como similares às estações ferroviárias, basta seguir uma linha férrea para perceber que, se a maioria das estações são pontos de passagem, em algumas a linha chega ao fim. Os aeroportos são bases de um tráfego que não conhece extremidades. São pontos de redes aéreas codificadas, mas não materializadas ou centradas. Quando se passa para as redes informacionais, pode-se dizer que são os fluxos que as formam enquanto trafegam. O que não significa uma liberdade completa, pois a codificação, por mais maleável que seja, é o substrato das tramas informacionais. Daniel Parrochia (1993: 262-263) alerta que é preciso desconfiar dessas redes ditas acentradas ou difusas, pois, como acabamos de dizer, sua estrutura é codificada; mesmo que imaterial, sendo sempre possível a construção de algoritmos para calcular a evolução e alterações da rede, através de processos de controle que, justamente por serem discretos, podem manipular o conjunto mais facilmente, sem serem detectados por grande parte dos que vivem essas redes. Por fim, vale citar a advertência de Parrochia (1993: 278) de que a "sociedade dita móvel e flexível [...] conduz de fato a um espaço completamente totalitário. A noção de rede encontra aí seu sentido original de instrumento de captura, sempre mais presente e ameaçador".

Na sociedade informacional construída através de redes flexíveis e metamórficas, marcadas pelos fluxos constantes, qual é o papel dos elementos fixos do espaço? Como os fatores culturais atrelados a determinados lugares se comportam no espaço de fluxos? Essas questões ganham relevância se for retomado que um dos trunfos da transformação das matrizes espaciais urbanas a partir dos anos de 1960 foi precisamente uma revalorização das características próprias a cada lugar, em oposição ao espaço moderno hegemônico e homogêneo. Manuel Castells (1996: 375) afirma que "o espaço de fluxos substitui o espaço de lugares"; e ainda que esses continuem importantes para a concretização das transformações econômicas globais, perdem seus significados culturais, geográficos e históricos quando integrados às redes informacionais. Félix Guattari (1986) diz que as cidades deixariam de ser entidades importantes por suas qualidades particulares, para se converterem em nós da rede rizomática multidimensional envolvendo processos técnicos, científicos e artísticos, sendo seu principal papel, por abrigar a população da sociedade de redes, a "produção da subjetividade". Tal produção da subjetividade pode ser entendida ao se retornar às reflexões de Castells (1989: 351-352), nas quais destaca que para as localidades tornarem-se indispensáveis na topologia das redes, é necessário que elas adquiram e potencializem habilidades para o trabalho com signos, substrato comum da sociedade informacional.

Cidades do Espaço de Fluxos

Uma breve análise da história urbana pode clarear que o incremento dos fluxos não é antagônico à permanência posicional própria às cidades. Seu papel como centros de intercâmbios comerciais revitalizou-se no século XI, em meio a uma sociedade medieval agrícola, cujo poder econômico e político era ligado à terra, partilhado pelo clero e pela nobreza. A emancipação de uma população, então rural, constituiu um dos marcos da emergência das cidades. Principalmente, como defende Paul Singer (1998: 12), por uma classe dominante que, maximizando o excedente alimentar, transformou-o em poder militar e controle político. A formação dos burgos reestruturou as interdependências produtivas e o equilíbrio de poderes. Henri Pirenne (1996) lembra que a formação da burguesia, habitante das cidades, passou do século XII ao século XIV de um elemento ausente das decisões sociais ao fator de principal importância – mesmo se ainda último em dignidade perante os nobres e os religiosos. Sua ascensão está atrelada ao fortalecimento do poder do capital líquido. Se antes a riqueza era atrelada à posse da terra, a burguesia demonstrou que podia viver, enriquecer e adquirir poderes políticos sem sequer ser proprietária do terreno onde estava instalada, e sim pelas ações de compra e venda. As cidades dependiam e alimentavam uma circulação crescente em número e importância dos elementos que transformaram a economia, a política e a cultura de toda a sociedade. Cidades que eram fruto do poder do capital líquido circulante.

Mais que uma ilustração para se pensar as cidades na sociedade de fluxos informacionais, o texto de Pirenne reporta-se a uma constante na história urbana, que é entendê-las como interseção de caminhos, sendo ao mesmo tempo pólos centrípetos, atraindo bens, pessoas e signos de diversas fontes, e pólos centrífugos, por emanar esses mesmos elementos pelo espaço – elementos que tenderão a se aglutinar e encontrar homólogos em outros pólos, e assim sucessivamente. As cidades como condensadoras e dispersoras de objetos e ações poderiam ser vistas como o dínamo da sociedade.

Dínamo, metáfora industrial adequada à cidade modernista de Le Corbusier (1980: 60), que a via como uma "usina de máquinas exatas e inumeráveis". Nessa cidade-usina, percebemos durante as transformações urbanas decorrentes da Revolução Industrial que arquitetos e urbanistas atentaram para a relação entre as tecnologias emergentes e a dinâmica da sociedade, especialmente em como a apropriação do espaço se alterava. Dessas análises surgiram as mais importantes propostas urbanas do início do século XX. Mas o avanço dos trens, dos automóveis, do telégrafo e da aviação levou a visões urbanas distintas. Le Corbusier (1980) considerava que esses avanços tecnológicos dariam força aos centros das cidades, que funcionariam como máquinas interligadas em uma escala com tendência a ser internacional, devendo assim ser desobstruídos para que os habitantes das metrópoles aí concentrassem suas atividades de trabalho; Lewis Mumford (1996: 187), nos Estados Unidos, pouco mais de uma década depois, considerava que esses mesmos avanços, acrescidos do telefone e expansão da rede elétrica, não deixavam dúvida de que a independência de centros hegemônicos daria liberdade a uma ocupação livre do espaço, sem ligação contígua com as metrópoles. Mesmo seus resultados urbanísticos sendo completamente divergentes, ambos trabalhavam com uma sociedade industrial (em grande medida em industrialização) cujos meios de transporte e de comunicação estavam totalmente atrelados a esse processo. As matrizes espaciais eram definidas por uma sociedade industrial.

O final do século XX viu a origem de uma mudança tecnológica que vem alterando drasticamente as relações econômicas, sociais, políticas e culturais, que substituem o paradigma industrial pelo informacional, o que foi debatido com vigor antecipatório por Marshall McLuhan nos anos de 1960. Tal mudança de paradigmas foi denominada pelo casal Alvin e Heidi Toffler[2] (1994) como a "Terceira onda", apontando o fim de uma era marcada pela conjunção das forças militares e industriais, o fim da "civilização da casa de força" (Toffler, 1995b). Finalmente, se as duas grandes potências ideológicas e econômicas do século XX, capitalismo e socialismo, tinham a industrialização como motriz, o segundo viu seu fim ou enfraquecimento pois entrou "em choque com o

2. Para tirar proveito das obras dos Toffler, é antes necessário se desembaraçar de seu tom messiânico, especialmente presente no panegírico do absolutamente novo, do nunca visto, como se tudo o que aconteceu anteriormente devesse ser desconsiderado, pois estaríamos "a ponto de edificar do zero uma nova sociedade" (Toffler, 1995: 19).

futuro" (Toffler, 1995: 89-90), sendo que foi o capitalismo informático e individual, e não o "socialismo da usina" quem deu o salto qualitativo que alterou o conjunto da sociedade. Esse envolvimento informacional global levou os Toffler a proporem em diversos trechos de sua obra uma independência absoluta das qualidades inerentes a lugares específicos para a dinâmica social, colocando o casal entre os que falam do fim das cidades, com as pessoas voltando ao campo, mantendo-se conectadas às redes informacionais. Ora, na verdade, o que vem ocorrendo é uma convergência entre os dois processos de questionamento da matriz espacial moderna: a formação de uma sociedade informacional global em rede e uma revalorização de propriedades específicas dos lugares, exploradas para criar o meio ambiente propício ao nascimento e desenvolvimento de fontes informacionais da sociedade em rede. As cidades guardam seu papel fundamental pois formadas e formadoras da diversidade, atratoras e dispersoras de valores que nelas se transformam.

As cidades, como notou Peter Hall (1991b: 10), adquirem ou conservam sua importância na topologia urbana em escala regional ou global quando sua influência centrípeta é maior que a centrífuga. Esses pólos urbanos não são resultado imediato de um determinado desenvolvimento econômico ou tecnológico, mas se formam pela sedimentação de valores nos lugares, sedimentação que, se integrada ao processo tecnológico, não leva a uma estagnação, e sim a um poder de readaptação às mudanças. Hall (1990b: 2-3) observa que Londres, Paris, Barcelona, Milão e Roma já eram importantes há dois mil anos, tendo sido determinantes e fortalecidas durante a expansão do sistema ferroviário, e continuarão a ser catalisadoras do sistema europeu que se desenha desde o final do século XX. Os fatores políticos, culturais, econômicos e tecnológicos implicados na construção da União Européia dão maior liberdade aos fluxos da sociedade global, ao mesmo tempo em que redesenham o mapa regional, determinando o que Peter Hall (1991b: 13-14) trata como o Sistema Urbano Europeu, no qual a malha ferroviária mantém força, implicando a conservação do papel de cidades mestres. Esse sistema seria formado basicamente por faixas de desenvolvimento (Hall, 1990a), algumas políticas, outras financeiras, outras tecnológicas. Se a faixa do poder político e econômico está no norte europeu, interligando Bruxelas, Frankfurt e Berlim, outras faixas se desenvolviam, como a que liga Barcelona, Marselha, Nice e Milão. Ao longo dessas faixas, entre as cidades mais importantes, há o desenvolvimento de pólos de pesquisa e produção tecnológica. Em grande parte, essas localidades estão em contato com seus pares globais sem passar pela estrutura piramidal, pela raiz do poder nacional. Na sociedade global, o local não significa alienação e isolamento, mas uma maior flexibilidade, coerente com a estrutura rizomática das redes informacionais.

A concentração de fatores positivos para o desenvolvimento tecnológico está menos ligada a uma abundância de recursos fixos e mais, como escreve Peter Hall (1990c: 11; 1990d: 20-21), a um conjunto de fatores políticos, intelectuais, financeiros, comunicacionais, e a estruturas sociais e culturais favoráveis a avanços conceituais, fazendo com que sejam consideradas regiões "informacionalmente ricas". Essas regiões foram tratadas como ambientes de inovação, catalisando e dinamizando os fluxos globais de signos, produtos e pessoas.

A partir do quadro da economia mundial, Saskia Sassen (1996b: 62) definiu as cidades globais como os lugares mais propícios ao desenvolvimento de estruturas chave da sociedade informacional, identificando Nova York, Londres e Tóquio como os seus três principais pólos. Essas metrópoles cobrem, sem interrupção, todas as zonas horárias de um dia, o que permite que o mercado esteja sempre aberto – fator deveras importante se for retomado o paradoxo da dispersão espacial e integração global. Para Sassen, são quatro as principais determinantes que definem as cidades globais: empresas financeiras que operam nos mercados globais; conseqüentemente, pontos de comando da economia mundial; centros de inovação de produção tecnológica; e enfim, o mercado para tais inovações.

Essas inovações tecnológicas, que recolocam em destaque certas cidades e propiciam a rearticulação de outras, foram criadas em determinados lugares, necessitando um meio cultural, financeiro e social diverso do das cidades industriais.

O conceito de *ambiente de inovação* foi desenvolvido sobretudo para explicar o porquê das inovações tecnológicas terem origem em determinada região e não alhures, e a isso dedicaram-se com especial atenção Manuel Castells e Peter Hall, estudando casos na América do Norte e Europa. Todo estudo similar deve se deter no Silicon Valley, Estados Unidos, principal região responsável pelo desenvolvimento da informática, fundamento da transformação tecnológica contemporânea. Assim, é a partir da teoria dos ambientes de inovação que se discutirá o papel das cidades no espaço de fluxos, tomando três casos que acompanham o desenvolvimento tecnológico da sociedade informacional e sua relação com determinados lugares. O primeiro será o Silicon Valley, que continua sendo a região mais importante pelas inovações tecnológicas na trama global, principalmente ligada ao desenvolvimento de equipamentos e programas; em seguida, será visto o Silicon Alley, instalado espontaneamente numa região de Nova York, não mais trabalhando com equipamentos, mas exclusivamente com a matéria circulante nas redes globais, a informação; e, como terceiro caso, a Cidade Multimídia, programa tecnológico e urbanístico desenvolvido pelo governo do Quebec, Canadá, que, através de incentivos ao desenvolvimento de empresas dedicadas à multimídia, interfere na revitalização de bairros centrais que entraram em decadência no período em que as empresas industriais se estabeleceram na periferia urbana.

Silicon Valley, Silicon Alley e Cidade Multimídia

Nos anos de 1950, o reitor da Universidade de Stanford, Frederick Terman, criou um parque industrial na região, que na época era praticamente toda rural. Ele conseguiu captar recursos do Departamento de Defesa dos Estados Unidos para pesquisa industrial, interessado em investir em eletrônica e informática, atraindo pesquisadores do todo o país. Durante os anos de 1970, o Silicon Valley já havia adquirido autonomia científica e financeira que ultrapassava os recursos militares, e atraía milhares de profissionais brilhantes do meio tecnológico do mundo todo. Esse enclave tecnológico foi responsável pelo desenvolvimento urbano de toda a região de Santa Clara, que até então era composta de pequenas cidades, sendo Palo Alto, a maior delas, com 20 mil habitantes – na maioria, estudantes da Universidade de Stanford. Em 1950, a população dessa região já era de 290.500 pessoas; em 1960, de 642.315, das quais 77% eram imigrantes. Em 1970, a população passou o número de um milhão; e em 1980, chegou a 1.250.000 habitantes, já com a consolidação urbana da região. Nos anos de 1970, cinco das sete maiores empresas de semicondutores dos Estados Unidos estavam aí instaladas.

A constituição de um meio propício, com recursos financeiros e intelectuais, gera a formação de microrredes de interesses comuns e de serviços periféricos que servem ao desenvolvimento de centros de inovações tecnológicas. Características que, como estudou Ann Markusen e Peter Hall (1985), estão presentes em regiões inovadoras em diferentes países, de onde se pode dizer da existência de uma estrutura topológica global integrando os pólos tecnológicos num espaço informacional.

Esse modelo de desenvolvimento foi incentivado pela OCDE (Organização de Cooperação e de Desenvolvimento Econômico) a partir de 1982, através da instalação de uma estrutura espacial de incubação de atividades em vários países (Proulx, 1995). Reproduzindo a história do Silicon Valley, diversos governos incentivaram a construção de pólos ou a reconfiguração de regiões, baseados nas propriedades dos ambientes de inovação. Há exemplos em Israel, Coréia do Sul e Malásia, formando centros de inovação interligados globalmente, o que Douglas Migray (1999) chamou do "arquipélago do silício". A aposta era na instalação de uma grande indústria como motor de propulsão de toda a região, motivando a emergência de outras indústrias menores, periféricas e, freqüentemente, prestadoras de serviços à principal (Benko e Lipietz, 1992). Pressupunha um alto investimento do Estado em infra-estrutura como rodovias, água, energia elétrica e telefonia; além de investimentos sociais para, mais que uma concentração de empregos, consolidá-los no mapa socioeconômico do país.

Os trens necessitavam dos trilhos, mas esses não foram o fator de mudança social, apenas o suporte para vetores políticos, econômicos e sociais inteiramente novos que transformaram o mundo ocidental no século XIX. A sociedade informacional, é certo, tem nos equipamentos a base necessária para sua constituição, mas a sua força não está na máquina em si, e sim em processos de informação. Após o desenvolvimento dos equipamentos, a indústria informacional entrou em sua fase fluida, dedicando-se à criação de programas para a manipulação de seu substrato essencial, a informação. Dos centros de inovação dependentes de altos investimentos, em grande medida provenientes do Estado (destacando-se os interesses militares durante a Guerra Fria), passa-se aos pequenos escritórios dedicados à criação de programas personalizados para empresas, especializados em tratamento de dados, e, a partir dos anos de 1980, na sua entrada maciça nas operações globais e em tempo real através da rede digital de computadores. A mudança de um sistema econômico internacional para outro "global", menos dependente dos Estados nacionais, coloca em destaque certas regiões que podem ser vistas, como escreveu Georges Benko (1999a), como "motores da prosperidade mundial". O espaço informacional global estava se construindo, e o papel dos lugares poderia ser visto de outro modo.

Os mapas de utilização da *internet* mostram seu predomínio na América do Norte e Europa ocidental. Tem-se também que a concentração de indústrias tecnológicas mantém-se no Silicon Valley. Entretanto, a localização das empresas que trabalham com a manipulação de tecnologias leves, e principalmente das pequenas empresas que exploram um mercado em rede, tem uma distribuição mais dispersa, com destaque para a costa nordeste norte-americana, principalmente na região de Nova York.

Maya Kandel (1998) constatou que a maioria das empresas de Nova York que trabalham nas redes digitais, principalmente na criação de *sites* na web, está instalada ao sul da rua 41 e ao norte do distrito financeiro de Wall Street. Essa região concentra artistas, escritores, galerias de arte, músicos, jovens profissionais financistas, e todos os periféricos que os acompanham. Eles são responsáveis, com os *yuppies* (*young urban professionals*), pela revalorização dessa área nos anos

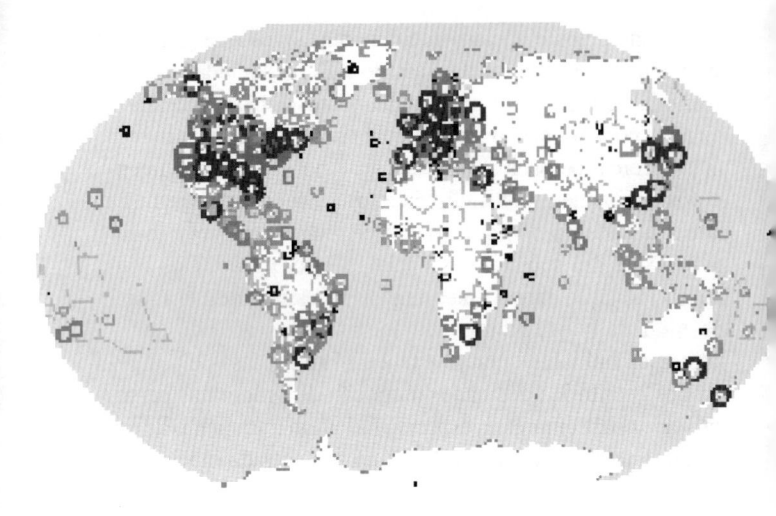

Concentração de computadores conectados à *internet*, dezembro 1999.

de 1980. As tecnologias informáticas tornaram-se mais populares, com a simplificação no uso de suas ferramentas, visando a um público não especializado. Abriu-se, com isso, um campo de trabalho mais intelectual e artístico que científico e técnico. Quando essas empresas iniciaram suas atividades, essa região de Manhattan já possuía uma boa infra-estrutura informacional e firmas interessadas, responsáveis pelos investimentos – parte delas já ligada ao mercado global via Wall Street. Todos esses fatores fizeram dessa região o mais rentável centro de trabalho e de inovações na indústria da *internet*.

Referindo-se a Silicon Valley, essa área ficou conhecida como Silicon Alley. A maioria dessas empresas, pela própria miniaturização tecnológica da informática, operam em pequenos escritórios, às vezes montados na cozinha de apartamentos. Eles são mais de 2 mil, e esse número continua aumentando (dobrou entre 1996 e 1997), mesmo se uma das características é a volatilidade de sua existência. Seu lucro ultrapassa três bilhões de dólares por ano, dos quais 83% provêm de firmas com lucros inferiores a um milhão. São as indústrias intelectuais – como seus profissionais as chamam, em contraste com a indústria científica original de Silicon Valley.

O Silicon Alley necessita ainda de produtos provenientes dos Silicon Valley. Entretanto, intelectualmente vê-se que os novos ambientes de inovação tornam-se realmente fluidos, dispersos e em movimento no espaço de fluxos. Mas o exemplo do Silicon Alley descarta a idéia defendida por alguns pesquisadores das novas formas de trabalho ligadas às tecnologias informacionais, com empresas dispersas no campo como um sintoma de um possível fim das cidades. Estas ainda têm o dinamismo social, econômico e intelectual atraente ao desenvolvimento tecnológico. Enquanto as ações governamentais no modelo dos ambientes de inovação como Silicon Valley são onerosas, e nem sempre geram o desenvolvimento regional esperado, as novas empresas informacionais desenvolvem-se nos interstícios espaciais, de onde a possibilidade de uma gestão espacial maleável, que conjugue os fluxos informacionais com o aproveitamento ou incentivo das qualidades existentes nas cidades. É o caso dos Centros de Desenvolvimento de Tecnologia de Informação (CDTI), criados na província de Quebec, no Canadá. Os fluxos de intelectuais, de capitais e tecnologias em escala global podem ser acompanhados de atuações precisas em lugares, que servem como catalisadores de sua dinâmica. Assim, a política territorial pode assumir esses valores para direcionar localmente tais forças que agem globalmente, potencializando seus trunfos para alcançar benefícios em áreas urbanas específicas.

Quebec e Ontário são as duas províncias canadenses responsáveis pela concentração do desenvolvimento de tecnologia e emprego de multimídia no país. Em Quebec, são mais de 3 mil empresas que desenvolvem mais de 5.000 programas para setores de saúde, comércio, construção civil. Essas empresas cresceram às margens dos distritos industriais que floresceram também no Canadá nos anos de 1980, pois várias delas não encontravam aí os benefícios fiscais (já que não produziam máquinas), nem sequer atrativos intelectuais. Apesar da dispersão física, como seria natural em empresas trabalhando com tecnologias de informação, criaram-se redes comerciais e de conhecimento.

Uma das medidas mais eficazes para a dinamização dessa indústria informacional é a política dos Centros de Desenvolvimento de Tecnologia de Informação, baseada em medidas legais e financeiras. A primeira mudança está no próprio conceito de indústria que aparece subliminarmente no projeto, podendo-se resgatá-lo dos trabalhos de Georges Benko e Alain Lipietz (1992: 15-16), que entendem o setor industrial, numa sociedade informacional, cobrindo os processos de produção de fixos e fluxos, de manufatura e de serviços.

Lançados no primeiro semestre de 1998, no início de novembro já havia mais de duzentas empresas interessadas nos CDTIs. A organização das empresas é feita pelo CDTI local, que busca agrupá-las em edifícios desocupados das regiões centrais das cidades, que serão adaptados para as empresas. Dois fatores urbanos são preponderantes nessa fase. De um lado, por serem zonas urbanas consolidadas, elas possuem infra-estrutura como energia elétrica e água, além de serem servidas por transporte urbano, e terem uma rede de serviços e comodidades periféricas, de cafés a universidades. Do outro lado, como se vê internacionalmente, o centro das cidades conheceram um esvaziamento entre as décadas de 1970 a 1990, passando por um processo de decadência econômica e social. Recursos públicos continuam a ser investidos numa infra-estrutura freqüentemente subutilizada. A locação de um CDTI nessas regiões pode servir no processo de sua revitalização.

A cidade multimídia de Montreal foi lançada em junho de 1998. Localizado na área central da cidade próxima à região portuária, o Faubourg des Récollets passou por décadas de degradação, com a mudança do perfil industrial da cidade e conseqüente desativação de antigos moinhos e galpões do porto, com as novas indústrias instalando-se na periferia da cidade. Há alguns anos iniciou-se um programa para sua revalorização. Já no início de 1998, 150 empresas haviam aí se instalado, principalmente ligadas a moda, arquitetura, *design* e publicidade, algumas trabalhando diretamente com multimídia. A escolha da região para o desenvolvimento desse CDTI parte do perfil profissional já presente, que serviria de atrativo para as empresas interessadas em desenvolvimento de tecnologias informacionais, criando redes de serviços e tecnologias complementares, como estúdios de montagem, som, imagem, grupos artísticos, produtores de cinema e vídeo. O bairro também é servido de metrô e ônibus, além de fazer parte de uma zona histórica, com estrutura de serviços e comodidades como bares, restaurantes, teatros e museus. Com a ocupação de profissionais com bons salários, jovens, ligados a áreas culturais, iniciou-se independente e paralelamente a construção de conjuntos habitacionais de apartamentos para essa população, assim como a abertura de pequenos escritórios em áreas afins que não podem ser beneficiados pelas leis fiscais do CDTI, mas se aproveitaram dos frutos do desenvolvimento de projetos da Cidade Multimídia.

Acompanhando o desenvolvimento tecnológico da informática e seu impacto na estruturação espacial urbana, nos casos de Silicon Valley, Silicon Alley e Cidade Multimídia, pudemos seguir que a fluidez tecnológica possibilita a instrumentalização de políticas urbanas compatíveis à dinâmica econômica própria a cada tecnologia. Nos dois casos de criação de CDTIs vê-se a conjunção de benefícios do desenvolvimento tecnológico e econômico da cidade aliados a uma política de valorização urbana. A fluidez das tecnologias informacionais não necessita de grandes planos territoriais a serem impostos em extensas áreas e por longos anos. Uma política também fluida pode trazer benefícios para regiões urbanas já consolidadas. Em contrapartida, a política de atração de novas empresas se faz em escala mundial, o que pode ser sentido pelo crescimento de um *marketing* urbano nos últimos anos, tema de pesquisas recentes (Benko, 1999b) sobre a abertura de representações de cidades em grandes centros globais, sem passarem pelo aparato diplomático do governo sob o qual se localizam. As redes informacionais são criadas onde os fluxos podem trafegar, não pedindo novos espaços, mas se infiltrando nos já existentes, cabendo às políticas urbanas usá-las estrategicamente, valorizando seus fixos.

3. GEOPOLÍTICA

O final Guerra Fria, sinalizada com a derrubada do Muro de Berlim em 1989, e levada a cabo pela política de Mikhaïl Gorbachev na União Soviética, representa uma mudança fundamental da ordem geopolítica que marcou o século XX. Durante seus quarenta e cinco anos de vigência, dezenas de conflitos bélicos explodiram em quase todos os continentes; todavia, de uma maneira ou outra, eles se enquadravam no regime bipolar instalado, dominado pela própria União Soviética e pelos Estados Unidos. É verdade que esquemas conceituais fechados como esse bipolarismo deturpam a complexidade da realidade, mas a construção e organização sumária de alguns paradigmas são necessárias como ferramenta de análise, e a Guerra Fria é a que melhor sintetiza a geopolítica desse período.

A primeira conseqüência de seu final foi a reorganização do mapa europeu, com a bipartição da Tchecoslováquia e a reunificação da Alemanha, cuja divisão simbolizava o bipolarismo ideológico. Após alguns desmembramentos pacíficos de repúblicas então pertencentes à União Soviética e à Iugoslávia, uma série de guerras se iniciou nesses dois países, com objetivos de independência territorial. Tendo como pano de fundo diferenças étnicas, religiosas e interesses econômicos, todos esses conflitos questionam a regência política sobre uma porção do espaço. O discurso freqüente das partes que buscam a formação de um território é que sua população tem traços suficientemente particulares, fundados na história ou atrelados ao solo, que justificam sua constituição como um país independente, distinto das fronteiras traçadas ou mantidas sob o regime geopolítico anterior. Os lugares ganham assim uma dimensão importante na passagem do século XX ao XXI. De outro lado, como vem sendo aqui discutido, através dos meios de comunicação digitais, principalmente por seu aspecto econômico, o processo de globalização desconsidera limites geopolíticos como premissas de sua realização. Tem-se um dos paradoxos contemporâneos: a construção de um espaço global liberto de fronteiras, com a circulação crescente de signos, bens, valores e pessoas independentes de limites nacionais, convivendo com a reconstrução de territórios que multiplicam suas fronteiras.

Entre uma parte dos teóricos da globalização, principalmente quando ligados à economia ou aos meios de comunicação, os seus argumentos pela desimportância do espaço no mundo global são inconseqüentes, o que Zigmunt Bauman (1998: 15-16) chamou de uma "era pós-espacial". Num texto em que se confunde oposição e defesa, Bauman analisa o último quarto do século XX como marcado pela "grande guerra de independência em relação ao espaço", argumento baseado, como o de todas as obras similares, na efetiva circulação de signos e valores, e na liberdade de movimento dos pólos de controle da economia mundial. A importância dos fluxos globais como constituintes da cena contemporânea foi aqui reiteradamente analisada; mas o argumento de Bauman sobre a "pós-espacialidade" apresenta dois impedimentos quando se quer analisar o espaço no mundo atual. O primeiro é filosófico, pois seu espaço é fixo, imutável, sobre o qual se pode estar ou preso ou livre; ora, o espaço é algo mutável, sofrendo e interferindo em todos os outros processos formativos do mundo. O segundo é que as discussões sobre a formação de um mundo global econômico e cultural sem barreiras são marcadas tanto por se fazerem cegas à evidência de que parte do que é considerado universal pelo ocidente é tido como imperialismo para outros povos, e também, provavelmente por não se encaixarem em seus esquemas, desconsiderarem os conflitos bélicos que têm como um dos objetivos as redefinições territoriais, o que coloca o espaço como seu tema central. Esses argumentos se aproximam do que David Slater (1997: 326) considerou como uma amnésia geopolítica nos discursos da globalização cultural.

Como instrumento metodológico e teórico, as matrizes espaciais, compostas pelos conceitos de espaço, território e lugar, ajudam na apreensão, compreensão e construção do mundo. Chega-se à análise da cena geopolítica contemporânea para entender que, realmente, há uma crise do "espaço", que não se resume a sua revitalização pela explosão de lugares que pedem representação mundial, nem na sua abolição global. A crise é a das matrizes espaciais e envolve os dois fenômenos aparentemente opostos. A Guerra Fria abriu esse capítulo não por ser "a" matriz em crise, mas por representar a última etapa de uma matriz espacial secular que vem passando por diversas alterações, chegando ao seu momento crítico definidor de transformações profundas. Essa matriz é a do mundo internacional, um mundo cujas unidades autônomas que se relacionavam entre si eram as nações. Immanuel Wallerstein (1991: 106) considera que tal ordem se formou e vigeu por quinhetos anos, e que, portanto, sua crise pode se estender por um século. Soluções teóricas de efeito, como a "pós-espacialidade" ou "não-lugares", não explicam a crise em profundidade. Possuem um tom desesperado, e por terem perdido seus paradigmas usuais, transitam entre apresentar a crise (e o que se segue) com um fatalismo pessimista ou um messianismo ingênuo. O que é necessário, e possível, é a análise criteriosa de sinais da crise, respeitando que sua complexidade demanda tempo de intelecção e interpretação.

Para tratar desses sinais a partir do mundo geopolítico serão seguidos três vetores: primeiro, faz-se necessário compreender o que significa o espaço internacional, quais elementos constituíram sua matriz; segundo, discutir o que significa geopolítica, em que ambiente internacional se originou, e como foi então apropriada por essa matriz; e terceiro, como o par geopolítica internacional atravessou o século XX e se transforma em face da explosão de localidades que lhe eram intestinais e ao mundo global no qual a unidade nacional não é primordial.

Mundo Internacional

Os mapas da Idade Média, chamados T-O, apresentavam a Ásia, a Europa e a África formando um único bloco continental tendo como linhas divisórias os rios Don e Nilo, e o mar Mediterrâneo. Nesses mapas, a Europa ocupava um quarto do espaço, sendo uma ponta do continente eurasiático. No seu estudo sobre a cartografia no Renascimento, Michael Wintle (1999) mostra como, a partir de 1450, os mapas sofreram uma transformação importante, refletindo não apenas um apuro técnico, mas sobretudo o fortalecimento europeu no mundo conhecido, principalmente pelas navegações, que se preparavam para os anos subseqüentes. O resultado cartográfico ficou conhecido como projeção de Mercator, de 1550, cuja principal característica é o posicionamento central da Europa no mundo. Como toda representação, a cartografia é um instrumento de aproximação de um objeto que conjuga técnica e ideologia.

Desse modo, a primeira evidência quando se debruça sobre um mapa-múndi moderno é que as relações entre povos, grupos sociais ou mesmo indivíduos no espaço até o final do século XX não poderiam ser entendidas sem que se passasse pela existência dos Estados nacionais. No entanto, assim como a projeção de Mercator é uma representação de uma matriz espacial específica, as unidades nacionais também o são, e sua construção é recente. As origens dessa partilha territorial poderiam ser remetidas ao século XV, mas sua expansão e sua hegemonia, mesmo no continente Europeu, onde se originou, aconteceu no século XIX. A noção de território não aparece com a constituição dos Estados nacionais, mas a

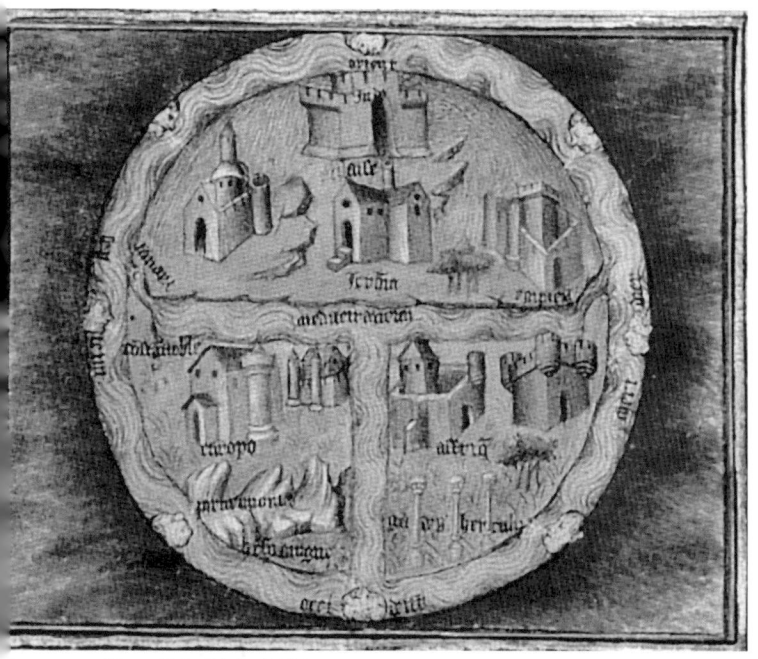

Mapa T-O, Idade Média.

precisão de seus limites, em grande medida, sim, como mostra Bertrand Badie (1995: 32-38) através de um estudo sobre a ordem política na Europa feudal, em que os limites dos reinos eram imprecisos, e cuja idéia de uma unidade cultural ou lingüística entre os seus habitantes não era importante. Nesse contexto, a disseminação de dioceses da Igreja católica criou centralidades às quais se identificavam os habitantes das cercanias, culminando, com a queda do Império Romano e a Reforma, no fortalecimento desses pólos religiosos como um dos princípios de delimitação territorial no século XVII.

A constituição dos territórios nacionais é a transformação essencial nas concepções de territorialidades, e seu fundamento pode ser entendido pela diferença conceitual entre limite e fronteira. Jean-Michel Hoerner (1996: 189-190) faz essa diferença contrapondo os termos *coupure* e *couture*, que podem ser traduzidos como corte e costura, e também como fenda e cicatriz. Ao primeiro, liga-se a noção de "fronteira-limite" (*boundary* em inglês, *limes* em latim); ao segundo, a de "zona-fronteira" (*frontier* ou *fines*). Os grupos humanos, por aproximações religiosas, idiomáticas e culturais, sempre estiveram ligados a territórios, mas suas bordas eram outrora imprecisas. Sob os impérios russo, austro-húngaro ou otomano viviam diversos povos que tinham nacionalidades próprias, sem se chocarem com o poder imperial, que conhecia e aceitava a existência dessas territorialidades internas. Os territórios imperiais não tinham limites fixos e, como no caso do Império Romano, tendiam a ser universais, sem que diferenças interiores fossem ameaçadoras. Os curdos, um dos povos "sem território", vivem sobre o mesmo espaço geográfico há séculos, e nunca antes do século XX entraram em conflito direto com os países sobre cujo terreno vivem. E a explicação pode ser resumida pelo fato de que esses países simplesmente não existiam.

Bertrand Badie (1995: 94-95) analisa o papel das tribos curdas vivendo entre os territórios otomano e persa como útil para a manutenção do equilíbrio pacífico dessa "zona-fronteira" entre os dois impérios. Nunca houve no passado curdo uma tentativa de unificação política das tribos, que eram fundamentalmente nômades, e trafegavam por um espaço com limites imprecisos, uma região de cicatriz, de costura entre duas concepções de mundo, otomana e persa, que tinham nas tribos curdas os vetores de transição. O fim desses dois impérios e sua repartição sob as matrizes espaciais dos Estados nacionais é que criou a "questão curda", e um povo repartido entre o que se constituiu como a Turquia, o Irã e o Iraque; e assim, como notou Roland Breton (1998: 55), por não estarem organizados sob o modelo territorial ocidental, os curdos são freqüentemente chamados por esses países de um "não povo".

A construção dos Estados-Nações é ocidental, vista por Eric Hobsbawm (1990: 9-10) como produto de uma "engenharia social", tendo como um dos fundamentos o "direito dos povos de disporem de si próprios" (Lachs, 1994: 98). Ela é resultado e desencadeadora de transformações políticas, tecnológicas e econômicas. Os acordos de paz de Westphalie, em 1648, pondo fim à Guerra dos Trinta Anos, fundam as premissas do Estado nacional, a partir da origem comum dos povos, da língua, do sangue e de diversos outros fatores que buscavam determinar ligação de um grupo étnico a uma porção do espaço – acordos considerados por Arjun Appadurai (1996: 41) como o embrião do princípio da soberania territorial. Marotta Rangel (s/d: 53-54) vê nesse momento a germinação de um "novo sistema de relações internacionais", baseado em "Estados independentes, soberanos, juridicamente iguais entre si". Esse princípio fortaleceu-se na redefinição do poder político, então exercido essencialmente pelos impérios e pela Igreja. Sob sua égide o mapa da Europa imperial foi alterado após a derrota de Napoleão Bonaparte pelo Congresso de Viena de 1815, dividindo o continente em cinco grandes impérios, a Grã-Bretanha, a França, a Prússia, a Rússia e a Áustria-Hungria, não permitindo, todavia, a unificação do império alemão, dividido em mais de trezentos Estados soberanos. Pode-se considerar que a paz de Westphalie criou as fronteiras de um sistema internacional, reforçado pelos acordos diplomáticos do século XIX, que foram uma das causas de conflitos futuros.

Antes de se chegar a eles, uma das questões fundamentais quando se estuda a formação das nações é a discussão entre os que vêem a sua delimitação territorial correspondendo em linhas gerais às especificidades culturais de um grupo social que ocupa uma porção do espaço, contra os que entendem que em grande parte é essa delimitação que possibilita a definição de uma "identidade nacional".

Roland Breton assinala que a presença física e lingüística de um povo num mesmo espaço, significando uma continuidade étnica, está além dos sistemas ideológicos ou políticos, para então afirmar que o "erro" está em se confundir Estado com país, região ou povo. A partir disso, Breton (1998: 85-107) descreve diferentes tipos de Estados em relação ao povos que os habitam, como monoétnicos, anétnicos, poliétnicos e fracionários. Iniciando com os três últimos, tem-se os fracionários englobando apenas uma parte de determinado povo, como foram as cidades gregas e povos de Israel, ou ainda atualmente a Áustria ou Bélgica; os poliétnicos seriam, por exemplo, a Suíça ou a Índia, que possuem limites precisos no interior dos quais convivem povos com etnias e/ou línguas distintas; e os Estados da América Latina ou África seriam anétnicos, por terem sido forjados sem que os agrupamentos humanos existentes e sua organização territorial fossem considerados. Em relação à América Latina, Octavio Ianni (1988: 5-15) escreve que a sua história foi marcada primeiro pelo desalojamento ou disseminação de povos indígenas em prol da exploração de recursos primários para exportação; e seguiu-se, após a independência, com a diversidade populacional de índios, escravos negros e brancos europeus ausentes nas estruturas formativas dos Estados nacionais. Seriam nações sem povo ou cidadãos, apenas indivíduos e população, aniquilando, a princípio, qualquer coesão cultural que permitisse a consciência de unidade nacional – argumento freqüentemente usado como explicação para a existência nos países do continente de um "Estado forte, a democracia episódica, a ditadura recorrente".

Das categorias propostas por Breton, o Estado monoétnico merece atenção especial por ter passado por três períodos definidores, dois deles no século XX. O mais recente ocorreu com o final da União Soviética, quando nações como Ucrânia, Bielorússia, Eslováquia e Bósnia adquiriam seus Estados independentes; o período anterior à emergência dessa estrutura na cena Européia foi o início do século, quando se tornaram independentes Islândia (1918), Noruega (1905) e Finlândia (1917). Para Breton (1998: 34-35), a origem do Estado monoétnico está na Revolução Francesa, fortalecendo-se durante o século XIX, quando "o país real era a língua, de espírito, de memória, de coração, mais que a paisagem, ou mesmo o sangue".

Apesar de instigante, algumas das premissas adotadas para a caracterização dos quatro grupos de Estado propostas por Breton impedem que sejam consideradas como paradigmas de análise da história da constituição dos Estados-nações, ou para a discussão da cena contemporânea. A primeira premissa a se ressaltar é a força que a língua adquire como determinante de um povo, tomando como exemplo a unidade francesa pela língua na Revolução de 1789. Pois Eric Hobsbawm (1990: 60-61) recorda que a língua era um objeto instrumental para a constituição da nação francesa, não uma constatação no terreno, visto que no final do século XVIII,

50% da população que aí vivia não podiam se comunicar de modo algum nesse idioma, e que os 12% a 13% que o falavam concentravam-se no centro do país. Continuando sua análise sobre o papel da língua na constituição das nações, Hobsbawm reafirma sua importância instrumental na Itália, na Alemanha e na China, mas ressalta que o mandarim foi importante para a unificação nacional porque uma elite governante assim se comunicava, já que no vasto império chinês poucos povos o usavam; e na Itália, apenas 2,5% de sua população usavam o idioma cotidianamente. De onde a famosa frase de Maximo d'Azeglio (*apud* Hobsbawm) quando da abertura do parlamento do recém unificado reino italiano: "Fizemos a Itália, agora é preciso fazer os italianos".

Renato Ortiz (1999) analisa a formação das nações no século XIX como um processo de desterritorialização, pois desencaixava particularismos regionais para os unir impositivamente, de modo que é o nacionalismo que cria as nações, não o contrário. Essa unidade é atingida através de parâmetros comuns, os "ícones sagrados" comentados por Hobsbawm (1990: 71), que por vezes impregnam-se de tal modo na memória coletiva que se tornam identitários. Não se questiona aqui que existam povos ligados a um território específico há séculos, mas eles não constituíam nações autônomas e circunscritas por suas características comuns sobre uma determinada porção do espaço – e quando o fizeram, deu-se menos como um processo inerente à sua existência que pela adaptação, quando possível, de uma matriz territorial alheia, constituída primordialmente para fins políticos e econômicos, não culturais. Ortega y Gasset (1970: 221-241), analisando a formação das sociedades de massa, observa que raramente o Estado coincide com o sangue ou o idioma, do mesmo modo que as "fronteiras naturais" de uma nação devem ser vistas claramente como forjadas artificialmente por um Estado que, substancialmente, é constituído para exercer um poder anônimo sobre um homem que tende a ser anônimo – e cuja cultura nacional será baseada nos signos determinados pelo Estado.

Voltando à divisão monoétnica ou aétnica de Roland Breton, o segundo aspecto que impede que seu esquema sirva como instrumento conceitual de um período de crise é ele ser completamente atrelado à existência do Estado nacional como unidade da organização territorial de grupos humanos, ou seja, sua alternativa crítica não desmonta nem oferece possibilidade de análise à matriz espacial internacional, apenas adaptando um entendimento de povos a uma estrutura que os oprime, mas continua presente. Semelhante questionamento serve aos argumentos de Manuel Castells (1997: 41-51), quando se contrapõe às idéias de Hobsbawm, basicamente buscando dissociar a existência de nações de sua formação como Estado. Concordando que não se pode definir peremptoriamente uma nação por seu solo, seu sangue ou sua língua, Castells entende que a experiência partilhada sobre uma determinada porção espacial o pode. Na dissociação entre Estado e nação, Castells analisa na cena contemporânea a existência de nações sem Estado (como a Catalunha ou Quebec), Estados sem nação (África do Sul ou Singapura), Estados plurinacionais (antiga União Soviética ou Bélgica), Estados uninacionais (Japão), Estados dividindo nações (Coréia do norte e Coréia do sul), nações dividas por Estados (bósnios, croatas e sérvios na Bósnia-Herzegovna). Castells conclui que isso não impede que um catalão diga-se também espanhol ou europeu. Pensando esse esquema nos termos das matrizes espaciais, ele corrobora o caráter metamórfico dos seus conceitos fundamentais, espaço, lugar e território, sendo que pertencer a um território não exclui a participação em um outro. Não obstante, seria impossível fazer uma análise do mundo contemporâneo se fossem buscadas as relações entre a unidade Catalunha e a unidade Flamenga; ou seja, apesar das contradições inerentes a qualquer sistema teórico, que freqüentemente crescem com os que são sintetizadores de um período ou de um contexto, é o sistema internacional que permite compreender a história ocidental dos últimos duzentos anos, e a história mundial no século XX, até que se chegue à sua crise contemporânea.

Dos fatores preponderantes na formação dos Estados nacionais, o econômico é incontornável. Em 1831, a Inglaterra, então a grande potência comercial, rompe a paridade da libra esterlina com o ouro, um dos sinais de uma crise que atravessava uma economia livre de barreiras nacionais. Uma das reações foi o fortalecimento das nações como estratégia econômica, com a criação de um mercado produtor e consumidor viável; e, como Hobsbawm (1990: 32-35) assinala, sem entrar no mérito do que se entendia por viabilidade, o fato é que o tamanho importava, motivo pelo qual várias, das centenas de nações que formavam o continente europeu, reuniam-se de bom grado em estados. Hobsbawm aponta que isso não implicava, então, a imposição de uma cultura exclusiva sobre um povo, mas uma atrelagem substancialmente econômica. E, diversamente do que é freqüentemente citado como a anexação territorial do forte perante os mais fracos, boa parte da população dos pequenos países apoiava a integração com maiores, como os austríacos, que viam com bons olhos sua união com a Alemanha, do mesmo modo que os galeses consideravam positiva sua junção com a Inglaterra. Voltando ao caso da França, por ser recorrente quando se tenta justificar a existência de uma nação pela sua afinidade cultural e notadamente idiomática, Yves Lacoste (1997: 124) lembra que em 1890, em face do crescimento militar do império alemão e necessidade de reforçar seu exército, o governo francês adota a lei que torna seu cidadão toda criança de pais imigrados nascida em seu solo.

Mas foi com o fim da Primeira Guerra que o Tratado de Versalhes determinou de forma substancial a unidade territorial do Estado-nação numa Europa que vinha de desmontar os seus últimos Estados imperiais. Retomando os aspectos econômicos, a crise do entre-guerras foi responsável pelo fechamento da economia nacional, iniciado havia quase um século, com a criação de barreiras para controlar fluxos comerciais que poderiam, se livres, alastrar-se por vários países. Um regime aduaneiro restritivo reforçava os limites dos Estados nacionais, regime considerado pelos estudiosos da geopolítica que viveram nesse contexto, como Ernest Short (1936: 7-8), como sendo a "política do futuro".

As transformações e a hegemonia da matriz territorial do Estado nacional têm na Alemanha exemplo marcante, pois foi uma região que viveu todas as etapas desse processo, e por daí virem importantes fundamentos teóricos para se pensar o mundo internacional. Pascal Lorot (1995: 7-15), buscando as origens do conceito de geopolítica, narra que após os acordos de Viena de 1815, a Prússia obtém importantes províncias junto ao Reno, situadas a oeste do centro do império e dele separadas por diversos principados alemães. Um regime aduaneiro entrou em vigor tentando a aproximação entre as duas partes do império, mas a sua efetiva união apenas se daria após sua unificação com a Alemanha. É nesse ambiente que Friedrich Ratzel busca elementos geográficos permanentes que justifiquem a unificação desse espaço, constituindo um dos pilares teóricos da geografia política. Reunindo dados científicos e políticos, Ratzel constrói um método de análise geográfica que será influente nas decisões tomadas pelos dirigentes prussianos, servindo como justificativa teórica para o crescimento do Estado alemão. As idéias de Ratzel deram origem à geopolítica, termo utilizado pela primeira vez por Rudolf Kjellén em 1916, fundamentando sua unidade, o Estado nacional, considerado como "um organismo geográfico, ou ainda como um fenômeno espacial" (*apud* Lorot: 1997: 17).

O Tratado de Versalhes determinou o desmembramento do território do império alemão, concedendo autonomia a certas regiões e atrelando outras a países vencedores, que as consideravam como pertencentes ao seu território, com os casos mais evidentes sendo a Alsácia-Lorena retornando à França, e uma parte do leste da Prússia separada do corpo alemão pela Polônia. Obviamente essa repartição não agradou a Alemanha. Paul Claval (1994: 24) analisa que tais circunstâncias propiciaram que a retomada do termo geopolítica pelo general Karl Haushofer tivesse influência tanto sobre a população como sobre os dirigentes alemães. A idéia chave de Haushofer é o "espaço vital", que seria a área geográfica, com fronteiras naturais ou artificiais, na qual a população de um Estado pudesse satisfazer todas as suas necessidades. Como lembra Pascal Lorot (1995: 28), esses espaços não são dados aprioristicos, mas temporários, cabendo um combate entre as unidades nacionais para conquistarem os "espaços" que julgam "vitais". Lorot continua explicando que Haushofer não imaginava uma série de guerras entre nações, mas a constituição na cena mundial de um número de três ou quatros

Estados potentes: os Estados Unidos, o Japão, a Rússia e a Alemanha. Apesar de Haushofer afirmar jamais ter inspirado ou apoiado as pretensões nazistas, seu conceito de espaço vital lhes era caro, Lorot notando sua reincidência em *Mein Kampf*, de Adolf Hitler. De qualquer modo, o termo geopolítica ligou-se de tal maneira ao regime nazista que, por décadas, ele esteve ausente dos estudos sobre as relações internacionais – mesmo que esta aproximação conceitual seja evidente.

Jacques Lévy (1991: 18), em proposição similar à de diversos outros autores, define a geopolítica como as relações entre Estados "isoláveis e independentes". Essas unidades geopolíticas, que se formaram e se fortaleceram no século XIX, tornando-se hegemônicas na história do século XX, são os Estados nacionais. A divisão territorial da Europa após a Primeira Guerra foi inteiramente baseada nessa estrutura geopolítica, mesmo tendo sido um dos motivos que levaram a Alemanha a um segundo conflito. O final da Segunda Guerra reiterou essa ordem, através de diversas organizações oficiais que se fundamentavam sobre o princípio territorial do Estado nacional como único ator na cena mundial, sendo a Organização das Nações Unidas seu exemplo mais perfeito, que não mais faz que, como notou Octavio Ianni (1993: 45), celebrar uma divisão espacial do mundo a partir da cultura, economia e política ocidental. E se o equilíbrio tenso da Guerra Fria é um paradigma para a compreensão de um período histórico, Joël Bonnemaison e Luc Cambrezy (1996: 12) ressaltam que ele serviu também para manter um *statu quo*, pois todas as guerras que ocorreram no mundo desde o final da Segunda Guerra foram não só tratadas, de um modo ou de outro, a partir da bipolaridade americana e soviética, mas principalmente considerando-se exclusivamente a unidade política do Estado nacional, de onde se viu que vários desses conflitos, quando os grupos culturalmente definidos ocupavam uma porção do espaço que não transcendia os limites de um Estado-Nação admitidos como tais pelos seus pares, eram considerados problemas internos.

Essas concepções da geopolítica e suas unidades mínimas são similares às utilizadas por Raymond Aron (1962: 16-

17) quando define as relações internacionais como as que são travadas entre coletividades politicamente organizadas em um território, sendo a unidade política básica o Estado nacional. John Agnew e Stuart Corbridge (1989: 267-273) lembram, no entanto, que a geopolítica é fundamentalmente "um processo ativo da constituição de uma ordem do mundo", e não conta com definições geográficas permanentes, sendo um discurso particular sobre determinada divisão espacial. Portanto, pode-se entender que a geopolítica que considera sua unidade elementar o Estado nacional é uma representação ideológica do mundo, assim como o foi a projeção Mercator no Renascimento. As alternativas bipolares, multipolares, Estados sem nações ou nações sem Estados, "nações arquipélago" ou nações que transbordam os Estados (Lacoste, 1996: 122-123) são apenas variantes dessa representação territorial que entende o mundo como um sistema internacional. A crise das matrizes espaciais que aqui se discute parte da percepção compartilhada por alguns autores de que elas passam por transformações transversais que apresentarão metamorfoses desses elementos e emergência de novos, ao ponto que a matriz seja substancialmente alterada.

Porém, é necessário se entender como o mundo vem sendo apreendido, compreendido e construído através da matriz da qual se analisa a crise. A sua formação, elementar da geopolítica internacional do século XX, foi discutida acima; agora é possível entender como ela foi determinante na representação e ação mundial no período histórico recente. Para isso, a obra de Raymond Aron é crucial, não apenas pelo esquema intelectual representativo dessa matriz, como também por propiciar, justamente pela força de seus conceitos e sua elaboração criteriosa, que sejam detectados os pontos críticos notáveis na crise contemporânea.

Matriz Internacional de Raymond Aron

Raymond Aron (1962: 17) define as relações internacionais tendo como pressuposto a existência das nações, não no sentido adquirido após a Revolução Francesa, em que os indivíduos teriam consciência de fazer parte de uma comunidade política particular, cujo amálgama seria uma idéia de cidadania ou de atrelagem a uma realidade histórica preexistente, mas a nação como uma "coletividade política, territorialmente organizada". Justificando sua definição, Aron (1962: 296) diz que "a não concordância da comunidade de cultura e unidade política é a regra e não a exceção na história humana". Portanto, as relações internacionais se fazem entre entidades políticas isoláveis e autônomas. Hans Magnus Enzenberger (1995: 10) precisa que esse pressuposto foi corroborado na Segunda Convenção de Haia, de 1907, a partir da qual as guerras reconhecidas pela comunidade internacional seriam as que ocorressem entre Estados.

Nessa estrutura das relações internacionais, o soldado e o diplomata são os dois personagens simbólicos do sistema de Aron, sendo os únicos indivíduos que, em suas funções de negociação ou no campo de batalha, personificam sua unidade política. O Estado é o gestor de determinado espaço no qual todos respondem às suas regras, com papéis precisos. O principal risco de guerra estaria no questionamento ou no rompimento dos seus limites territoriais. A conciliação entre um espaço extremamente significado, em unidades territoriais com limites precisos e reconhecidos reciprocamente, e personagens simbólicas que guardam especificidades das unidades a que pertencem, com homólogos em todas as unidades, constitui o "jogo diplomático", cujas regras de paz e guerra são precisas – mesmo que sejam alteradas, freqüentemente após conflitos, elas tendem a ser reformuladas para atingir uma nova precisão.

Até o final do século XIX, em sua grande maioria as relações entre as nações eram colaterais, em que os acordos entre Estados não integravam um sistema organizado com determinantes pressupostas para outras unidades políticas que entrassem no jogo diplomático. Raymond Aron (1962: 29) denomina essa era de "pré diplomática". O século XX seria a "Era Diplomática", pois as relações entre as nações deram-se a partir desses pressupostos comuns, mesmo que sobre eles fossem criados sistemas e subsistemas. A tendência evolutiva desses sistemas, para Aron, seria a construção geopolítica de um Estado universal, quando se instauraria a Era Pós-diplomática, sendo sua principal característica a substituição de exércitos, cuja existência pressupõe um potencial inimigo, por uma polícia universal, já que todos os possíveis conflitos seriam internos. Alguns desses apontamentos de Aron retornam constantemente quando se imagina um sistema único cobrindo o globo, que em grande parte das vezes camufla um projeto de eugenia. O interesse da obra de Aron não está nas pressuposições de um sistema futuro, ao qual, na verdade, dedica poucas páginas, mas à sua arguta análise da Era Diplomática, tomando seus elementos sumários e construindo sistemas e subsistemas com os quais analisou as relações internacionais do século XX.

O início da Era Diplomática pode ser marcado pelo fortalecimento de três aspectos que lhe foram determinantes: o liberalismo econômico, a industrialização e a consolidação da organização política mundial em Estados nacionais. No mundo em processo de industrialização na passagem do século XIX para XX, a detenção de fontes de energia e sua transformação em riqueza é de primeira importância. Assim, a distribuição do poder econômico nas primeiras décadas do século pode ser ilustrada pelo painel energético traçado por Ernest Short (1936: 13), ao constatar que em 1913, 88% das exportações internacionais de carvão provinham da Grã-Bretanha, da Alemanha e dos Estados Unidos. Foi visto anteriormente como crises econômicas no século XIX e início do século XX encontraram no fechamento aduaneiro dos Estados nacionais uma política de proteção. Immanuel Wallerstein (1991: 107-108) considera que, economicamente, é o capitalismo liberal, fundado em contratos individualistas, e não em uma expressão de anseios sociais, que reforça o poder do Estado, pois tem nele o árbitro teoricamente "desinteressado" para a resolução de impasses, conjugando no "sistema-mundo moderno" o capitalismo orientado sob a superestrutura dos Estados soberanos. Entre os últimos grandes impérios europeus e o fortalecimento de unidades políticas dos Estados nacionais teve início a Primeira Guerra.

Mesmo considerada por Aron (1959: 18-21) como essencialmente européia, ela inaugurou a Era Diplomática. Os países aliados tinham interesses conflitantes, mas se uniram para enfrentar um inimigo comum, a Alemanha e suas pretensões imperialistas. Assim, o conflito de 1914-1918 foi uma guerra de hegemonia européia, envolvendo potencialmente todas as unidades políticas num único sistema de estados soberanos. O momento simbólico da passagem para a Era diplomática pode ser considerado, como sugere Immanuel Wallerstein (1991: 4), como 1917: ano em que os Estados Unidos entram na guerra, e o confronto deixa de opor os alemães unicamente aos outros países europeus, transformando-se numa disputa pela hegemonia no sistema-mundo moderno; e ano também da Revolução de Outubro na Rússia, origem da União das Repúblicas Socialistas Soviéticas, que se tornaria a segunda potência da divisão da hegemonia internacional nas décadas seguintes.

A Segunda Guerra foi, em boa medida, uma reação das unidades políticas desfavorecidas no sistema internacional estabelecido após a Primeira Guerra, sobretudo a da Alemanha contra o Tratado de Versalhes. Além da perda de territórios como a Alsácia-Lorena para a França, os alemães viram suas ricas bacias carboníferas da Silésia cedidas à Polônia. Nesse contexto ressurgiu o termo geopolítica, com o general Karl Haushofer e a teoria do "espaço vital" da Alemanha. Aron considera a Segunda Guerra como uma guerra de princípios, em que se distinguiam a Alemanha, de um lado, e a União Soviética e os Estados Unidos, de outro. Aliados contra um inimigo comum, tornaram-se as duas referências ideológicas, políticas e econômicas ao fim da Guerra, redesenhado a mapa do mundo pelas áreas de influência de seus princípios ideológicos. Países emergiram e submergiram na Europa como imediata conseqüência do conflito, e nenhum outro continente pôde ficar alheio a essa divisão ideológica, implicando filiações políticas e econômicas. Como analisa Eric Hobsbawm (1995), mesmo a "neutralidade" de alguns países europeus foi reforçada ou determinada pelo sistema dual que marcaria a geopolítica internacional pelas décadas seguintes.

Esse sistema bipolar institucionalizou a unidade do Estado nacional como o elemento geopolítico por excelência, tendo seu apogeu na criação da Organização das Nações Unidas. Como nota Demétrio Magnoli (1996: 47), a descolonização da Ásia e África fez-se seguindo o princípio territorial do Estado nacional; e se essas divisões raramente espelhavam qualquer homogeneidade étnica, elas se encaixavam na matriz espacial geopolítica que se tornava mundial. Mesmo a Europa, além de poucos países "neutros", foi dividida geopoliticamente em dois blocos, um ligado ao Pacto de Varsóvia (dominado pela União Soviética), e outro ao Pacto Atlântico (dominado pelos Estados Unidos). Como argumenta Gore Vidal (1997: 4), a manutenção da independência dos Estados nacionais é ilusória, pois através de organizações como o Tratado do Atlântico Norte, os países a ele ligados estavam sob a égide militar, política e econômica dos Estados Unidos.

Os sistemas diplomáticos de Raymond Aron (1962: capítulos VII, VIII e IX) têm três pilares: o espaço, o número e os recursos. Os recursos englobam as riquezas naturais, o conhecimento e a capacidade de organização em disponibilizá-los para o combate. Em relação ao número, Aron (1962: 216) lembra que o exército, uma massa humana anônima, teve deuses protetores invocados para se criar uma identidade, mas sempre foi inquestionável que os deuses ficavam do lado dos maiores batalhões. O desenvolvimento tecnológico militar retira a imprescindibilidade de um grande exército. Na Segunda Guerra, Hitler não acreditava que os Estados Unidos, por falta de tradição militar, fossem capazes de organizar um exército que o confrontasse; entretanto, Aron (1962: 74) analisa que o desenvolvimento bélico aproximava a organização militar da logística industrial e dos meios de transporte, áreas em que os norte-americanos tinham grande conhecimento, distanciando-se das tradicionais estratégias de guerra envolvendo numerosas e bem treinadas tropas. Mesmo se abstendo de arriscar profecias, Aron (1962: 246) pergunta "o que podem milhões de tanques de guerra contra uma bomba termo-nuclear?".

Em relação ao espaço, as opiniões de Raymond Aron são um tanto contraditórias. Ele afirma que na história a rivalidade entre povos é essencialmente fundada na possessão de uma porção do espaço, seja a Jerusalém entre judeus e árabes, seja a Alsácia-Lorena entre franceses e alemães. Além disso, as unidades de base de seu sistema são os Estados nacionais que, mais que por especificidades religiosa, econômica, ideológica ou lingüística, são definidos pelo território que ocupam. Apesar disso, Aron (1959: 87-88) considera que o progresso tecnológico retira a importância do espaço, e usa como exemplo as viagens de Alexis de Tocqueville à América do Norte, que custavam-lhe três semanas para atravessar o Atlântico, enquanto que ao final da Segunda Guerra os Estados Unidos controlavam seu exército a milhares de quilômetros de seu centro. Desse modo, o campo diplomático, antes circunscrito ao espaço onde uma unidade podia intervir militarmente, atinge no sistema bipolar a abrangência mundial e, portanto, sem que o espaço seja um fator preponderante. Finalmente, os satélites artificiais sobrevoam a Terra recolhendo informações de qualquer ponto do globo, pelo que Aron (1962: 392) escreve que, assim como as bombas termo-nucleares, eles desconsideram o espaço soberano de um Estado nacional – então base da geopolítica mundial.

Essas opiniões de Raymond Aron propiciam importantes considerações sobre a crise das matrizes espaciais contemporâneas, mesmo que, pelos instrumentos teóricos que vêm sendo construídos neste trabalho, não se concorde com todas elas. Mas é inegável que elas se inscrevem numa corrente de pensadores que vêm tentando suprimir o espaço a partir de cada mudança tecnológica importante. Como todo argumento similar, o problema de Aron é considerar o espaço como um dado fixo e imutável – e quando ele adverte que o espaço passa por alterações ao longo da história, diz textualmente que esse é "submetido" a ela. Exemplo é sua afirmação de que as fronteiras, naturais ou ideológicas, são igualmente artificiais, produtos de interesses históricos. Inerente a seu texto é o trato do espaço apenas como o "meio ambiente" (Aron, 1962: 65), o suporte, no qual agem elementos históricos.

Mais uma vez, quando transformações econômicas, políticas ou tecnológicas questionam o conjunto de fatores que constroem o que aqui se chama de matrizes espaciais, há uma reincidente reação teórica para se compreender o que se passa e o que acontecerá, matizada por argumentos de negação (não lugares), superação (pós-espacialidade) ou supressão (o fim da história). Aron encontra os mais árduos comentários às suas considerações espaciais entre geógrafos e geopolíticos. Marie-Françoise Durand, Jacques Lévy e Denis Retaillé (1991: 48) notam que os capítulos por ele dedicados ao espaço são os que têm menos referências a obras de especialistas, e nenhuma delas à geografia. Seu espaço é algo rígido, apenas base de fatos históricos, de modo que "os Estados do sistema de Aron sejam prisioneiros em seus territórios [...] de um espaço ordenado por um arquiteto desconhecido".

Não obstante, Aron percebeu com coragem e profundidade que o elemento nuclear de seu sistema conceitual, o Estado nacional territorial, se lhe servia para entender o campo diplomático do início do século XX até a década de 1960, que estava sendo colocado em xeque pelo questionamento de sua unidade essencial.

Sistemas em Xeque

Nos anos de 1950, importantes mudanças no cenário mundial colocaram outras forças no sistema bipolar construído após a Segunda Guerra, principalmente com a vitória de Mao Tsé-Tung na China, que apesar de adotar o comunismo e obter num primeiro momento o importante apoio da União Soviética, não se submeteu aos seus ditames. Em 1955, líderes de Estados africanos e asiáticos reuniram-se na Indonésia para elaborar os princípios políticos dos países não-alinhados, criando o "terceiro mundismo" como uma possível alternativa para o capitalismo americano e o estatismo soviético. Apesar de importantes diplomaticamente, essas mudanças conservavam-se dentro das matrizes espaciais criadas pelo Ocidente, integrando-se a um sistema internacional, tendo como fundamento a unidade nacional e sua relação com outras unidades políticas similares; ou seja, elas mantêm-se na matriz da geopolítica internacional.

Os primeiros sinais da crise desse sistema ocorrem no final dos anos de 1960, tendo um aspecto cultural e outro econômico, ambos atingindo o princípio da unidade política nacional. Immanuel Wallerstein (1991: 11) considera que a revolução cultural de 1968 desafiou primordialmente a crença de que o Estado racional encarnasse os desejos de uma coletividade, fundando o que o autor chama de geocultura, a "estrutura cultural na qual o sistema-mundo" deveria ser considerado a partir de então. É verdade que houvera movimentos sociais anteriores que questionaram a pertinência do Estado como agregativo da sociedade heterogênea, mas esses movimentos foram em grande medida liderados e moldados por um proletariado industrial – afinal, é importante recordar, a hegemonia do sistema político internacional baseado no Estado-Nação ocorreu *pari passu* com o processo de industrialização. A força de 1968, para Wallerstein (1991: 74-75), está justamente em questionar as bases das reivindicações proletárias, que tinham em seus planos, sumariamente, a tomada da unidade política a partir de seus princípios, e que, no poder, apenas a reformulariam, tornando-a um Estado proletário, deixando as requisições dos "outros grupos" (as "minorias" ecologistas, raciais, homossexuais e, sobretudo, as mulheres) como apêndices a serem tratados no período "pós-revolucionário". Foram esses grupos que fizeram a revolução nos meandros do Estado nacional, colocando problemas e adquirindo força e direitos sem se atrelarem a uma conversão ideológica da unidade geopolítica de base. Pode-se considerar esses movimentos, a partir do que propôs Hans Magnus Enzenberger (1995: 20-25), como uma guerra civil molecular, que acontece nas ruas das grandes cidades, mas cujas ações têm reverberações planetárias.

Se no início do século XX o potencial energético era o carvão, a partir de sua metade era o petróleo. Em 1969, os treze países responsáveis por 85% da produção mundial de petróleo criaram a OPEP (Organização dos Países Exportadores de Petróleo), reunindo principalmente países do Oriente Médio. O preço do barril passou de U$ 2,90 em junho de 1973 a U$ 13,00 em 1977, chegando ao seu recorde de U$ 33,50 em janeiro de 1981[1]. Esse aumento de preços na fonte energética mais importante do sistema mundial representou, de início, uma entrada de recursos que permitiu o desenvolvimento interno dos membros da organização; mas também atirou a atenção

---

1. Corrigido, esse valor seria hoje de aproximadamente U$ 70,00.

geopolítica internacional para países que não faziam parte do núcleo do bipolarismo ideológico.

O choque do petróleo afetou a economia e a geopolítica mundial, no que Paul Claval (1994: 131) chamou do uso da "arma econômica". Seguiu-se a formação da OPAEP (Organização dos Países Árabes Exportadores de Petróleo), cujos limites retomavam a Liga Árabe do final da Segunda Guerra, com o assumido uso, como lembra Jean-Michel Hoerner (1996: 260), dos recursos petrolíferos como estratégia geopolítica. Mas essa organização não contava com importantes países da região, como o Irã, de origem persa. Foi esse país que, após a tomada do poder pelo aiatolá Khomeini, em 1979, propôs a reunião da maioria dos povos da região pela sua base comum, o islamismo – mesmo que comportassem divergências internas. Diferenças políticas em muito herdadas da organização territorial moderna, mas também incompatibilidades culturais ancestrais, como aquelas entre árabes e persas, não permitindo uma coesão geopolítica. Todavia, os fatores civilizacionais se fortaleciam, com extensões econômicas e políticas, frente à bipolaridade ideológica.

As transformações no mapa político internacional do final dos anos de 1980, início de 1990, simbolizadas pela derrubada do Muro de Berlim (1989), com a reunião das duas Alemanhas, capitalista e comunista, e o desmembramento dos estados da União Soviética (1991) parecem marcar a ascensão de um sistema pluripolar. Todavia, por algumas ações diplomáticas e bélicas dos anos de 1990, pode-se notar a hegemonia norte-americana funcionando como um sistema unipolar. Essa alternativa estaria próxima à passagem a uma Era Pós-diplomática de Aron, de um Estado Universal, em que todos os conflitos seriam intestinos?

Ora, ante a complexidade da cena geopolítica contemporânea, e também a intrincada urdidura de conceitos de Raymond Aron para poder analisar os sistemas internacionais modernos, aceitar tal teoria de um hegemonia unipolar seria ao mesmo tempo ingênuo e perigoso – seria aceitar que culturas que lutaram para se preservar enquanto eram subjugadas na construção das matrizes espaciais dos Estados nacionais deixariam novamente emudecer seus valores em prol de um único centro de poder.

Com o fim do equilíbrio bipolar da Guerra Fria, uma multiplicidade de conflitos locais eclodiu, independente de uma presumida ligação com uma potência e/ou contrariedade com a segunda. A constituição de blocos continentais que ganhou força após 1991 pode ter, além de um caráter econômico, uma importância política na estruturação do sistema internacional contemporâneo. Na primeira metade do século XX, o *duce* italiano Benito Mussolini (1995: 122) declarou (tomando o cuidado de se lembrar seu regime fascista) que imaginava que o próximo passo geopolítico, depois de atingida a unidade interna dos Estados, deveria ser a tentativa de unificação continental – ressaltando, todavia, sua dificuldade na Europa, pelas diferenças culturais entre as nações. Interessante notar que tais incompatibilidades, sobretudo língua e símbolos, já partiam da aceitação da existência do Estado nacional, não considerando as bases culturais anteriores que, mesmo tendo sido abolidas pela constituição da unidade política do Estado-nação, podiam estar latentes e aflorar numa época futura.

Matriz Civilizacional de Samuel Huntington

A tese principal de Samuel Huntington é a de que o sistema geopolítico contemporâneo é multicivilizacional. Após o equilíbrio da *pax atomica* entre as duas superpotências, os conflitos da cena mundial seriam doravante marcados pelo "choque de civilizações". Enquanto no período da Guerra Fria os laços entre os países eram primordialmente ideológicos, na cena contemporânea "os povos separados pela ideologia mas unidos pela cultura se juntam, como fizeram as duas Alemanhas, e como as duas Coréias e as diversas Chinas estão começando a fazer" (Huntington, 1997: 28).

Antes de discutir as idéias de Huntington e sua relação com as matrizes espaciais, é importante notar o que estará sendo entendido como civilizações. Immanuel Wallerstein (1991: 234) escreve que o termo civilização (no singular) é uma "idéia newtoniana", significando uma sociedade que atingiu um nível tecnológico, político e econômico que fez com que se autodenominasse civilizada, freqüentemente servindo de aval para a submissão imposta a outros povos, pois, como lembra Roland Breton (1991: 7), ao mesmo tempo em que a Europa criava o conceito de civilização (usado na França pela primeira vez em 1734), também criava os "selvagens". O uso do termo civilizações, no plural, para Wallerstein proporciona a aceitação e o entendimento do outro, emergindo de um aparente caos, mas que é na verdade uma complexidade criativa. Breton continua seu estudo sobre as civilizações enumerando uma série de classificações feitas primordialmente por antropólogos, das quais se percebe duas características recorrentes: de um lado, um movimento ondulatório ao longo da história, por exemplo com a civilização ocidental originando-se na clássica antiga; de outro, uma separação irrestrita entre elas, com a civilização "mexicana" desconhecendo a hindu. De qualquer modo, Huntington (1997: 45-49) considera que a história humana só pode ser pensada em termos de civilizações, nas quais o elemento essencial é a religião; e ele dá como exemplos o Líbano e a Iugoslávia, onde comunidades de uma mesma etnia, ou que falam a mesma língua, massacram-se por deuses diferentes. Finalmente, sua territorialidade não é determinada por fatores políticos, mas culturais.

Samuel Huntington (1997: 50-54) propõe o mapa da ordem mundial contemporânea a partir de sua caracterização de sete ou oito grupos civilizacionais, sendo eles:

1. Sínico: fundamentalmente chinês, originado há mais de 3.000 anos, ele transcende a China, envolvendo diversos países do sudeste asiático, como o Vietnã e a Coréia.

2. Japonês: é fruto da civilização chinesa, diferenciando-se entre o segundo e quinto século da era cristã, a tal ponto que é considerado por Huntington (1997: 168) como um dos "países solitários", onde uma unidade territorial coincide com uma civilização.

3. Hindu: tão antigo quanto o sínico, transborda o Estado da Índia e, mais que uma religião, é o "núcleo de uma civilização".

4. Ortodoxo: tem como centro a Rússia, e foi separado da cristandade ocidental pela ascensão bizantina, com exposição limitada às idéias e transformações do Renascimento europeu.

5. Ocidental: surgiu entre 700 e 800 d.C., herdeiro cultural da civilização clássica grega e romana, domina a Europa ocidental, a América do Norte, a Austrália e a Nova Zelândia, tendo na América Latina uma "subcivilização", pela mistura com a cultura africana e indígena.

6. Africana: Huntington considera que sua distinção é a mais problemática, pois o norte e o leste do continente fazem parte da civilização islâmica, e seu interior e sul foram fragmentados pela colonização européia.

7. Islâmico: surgiu na península arábica no século VII d.C., e envolve culturas tão distintas como a malaia, a persa, a árabe e a turca, mas todas com o Islã como urdidura.

A divisão do mundo em regiões civilizacionais não é a novidade em si da proposta de Huntington, e sim o fato de que ela teria, pela primeira vez na história, inter-relações, que corresponderiam a blocos reunidos por afinidades culturais

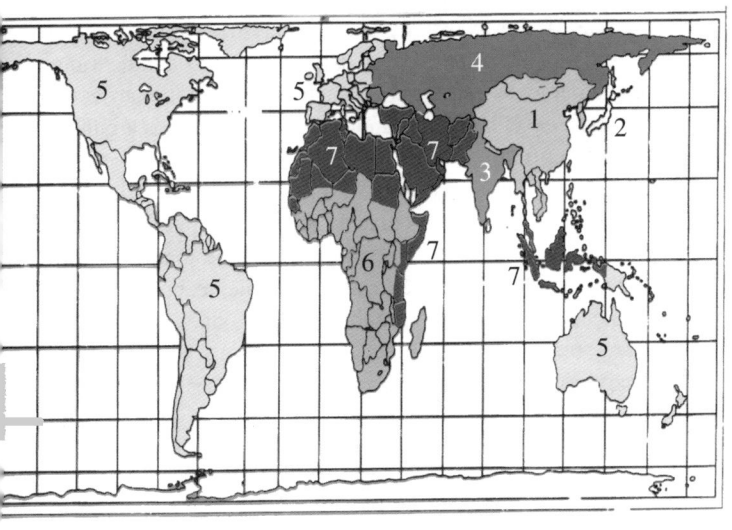

Grupos Civilizacionais sobre Projeção de Peters: 1. sínico; 2. japonês; 3. hindu; 4. ortodoxo; 5. ocidental; 6. africano; 7. islâmico.

que representariam o equilíbrio do poder no mundo após o fim do regime bipolar. Até o final do século XV, as civilizações tinham raros encontros, e de modo algum formavam um sistema de influências mútuas – na verdade, sequer havia a consciência da existência mútua. Huntington (1997: 55-56) recorda que até 1.500 d.C., as civilizações mesoamericana e andina não se relacionavam, e nem com qualquer outra existente no mundo; e a imprensa, surgida na China no século VIII d.C., só foi (re)criada na Europa no século XV, usando como suporte de impressão o papel, introduzido na Espanha no século XI, já sendo usado havia 900 anos pelos chineses. Esse período de "desconhecimento" entre as civilizações pode ser comparado ao que Marie-Françoise Durand, Jacques Lévy e Denis Retaillé (1992: 17-22) chamaram de um "conjunto de mundos", onde os grupos humanos se "desconheciam pelo essencial, encontravam-se por azar e não imaginavam qualquer comunicação entre si", suas identidades baseando-se em mitos de origem, de religião, de sangue e de solo.

Comparando o "conjunto de mundos" com as civilizações de Huntington, vê-se que os grupos se assemelham em linhas gerais, divididos por Durand, Lévy e Retaillé em cinco sistemas, o "europeu" (englobando a civilização ortodoxa), o islâmico, o "indo-malaio", o "chinês" e o "africano". Sintomaticamente, os autores colocam todas as denominações entre aspas, excetuando a islâmica. Visto a partir dos argumentos de Huntington, entende-se que todos têm importantes diferenças internas, como o fato do Japão estar incluído no "sistema chinês" (o que deixa de ser válido a partir do século II d.C.) ou o "indo-malaio", com parte dele tendo presença islâmica predominante há séculos. Finalmente, nota-se na distribuição espacial do conjunto de mundos que apenas o "europeu" (envolvendo também a América e a Austrália e Nova Zelândia) tem seus limites precisos, todos os outros sobrepondo-se em grandes regiões, com o "sistema islâmico" perpassando todos os outros.

Contudo, guardando a matriz territorial moderna, pode-se notar que as sete principais civilizações descritas por Huntington vivem conflitos internos que, na maior parte das vezes, acontecem nas linhas divisórias entre as unidades dos

Estados nacionais – também que em todas elas há países que são potências atômicas. Para reforçar que a importância dos blocos civilizacionais está além da capacidade bélica, Huntington (1997: 101-103) mostra que, em 1993, o Ocidente estava apenas em quarto lugar na contagem da população mundial; e em relação ao produto econômico mundial, enquanto ao final da Segunda Guerra o Ocidente respondia por 64%, esse número caiu para 49% nos anos de 1980 e em 1991, quatro países não ocidentais estavam entre as sete maiores economias, com a Japão em segundo, a China em terceiro, a Rússia em sexto e a Índia em sétimo.

Samuel Huntington (1997: 321) argumenta que os principais e mais violentos conflitos no mundo após 1989 estariam ocorrendo nas fronteiras entre identidades civilizacionais, sendo um dos objetivos principais dos beligerantes conquistar territórios que julgam ser culturalmente seus, freqüentemente tentando excluir (por expulsão ou morte) qualquer pessoa que lhe seja estrangeira. O território volta a ser "um símbolo de alto significado de sua história ou identidade", cuja ocupação é clamada por um direito étnico, religioso ou cultural. Mas a importância da ocupação de territórios seria elevada apenas nas guerras civilizacionais no interior de Estados nacionais "fendidos", aqueles que foram constituídos sobre as "linhas de fratura", como União Soviética e Iugoslávia. Em sua proposta conceitual, Huntington (1997: 265-266) afirma que nas guerras civilizacionais entre os grandes grupos, o controle do território seria "relativamente insignificante", já que, com o fim do imperialismo territorial ocidental e a não expansão geográfica muçulmana, os motivos dos conflitos seriam "questões intercivilizacionais mais amplas, como a proliferação de armamentos, direitos humanos e democracia, migração, terrorismo fundamentalista islâmico e intervenção ocidental".

Apesar de sua alternativa conceitual civilizacional propiciar um importante instrumento para se entender a geopolítica contemporânea e, de modo especial para este trabalho, providenciar uma crítica à matriz espacial moderna, é surpreendente que Huntington (1997: 35) afirme no início de seu livro que "os Estados são e continuarão sendo as entidades predominantes nos assuntos mundiais. Eles mantêm exércitos, praticam diplomacia, negociam tratados, travam guerras, controlam os organismos internacionais, influenciam e, em grau considerável, moldam a produção e o comércio". A diferença fundamental estaria em que, ao invés de alinhamentos ideológicos, haveria um crescimento das ligações culturais entre os países pertencendo a uma mesma civilização, o que pôde ser visto na guerra da Iugoslávia e da guerra do Golfo. Na Iugoslávia, a Rússia aliou-se prontamente com a Sérvia ortodoxa, enquanto a Arábia Saudita, Turquia, Irã e Líbia apoiaram a Bósnia muçulmana; e no caso da guerra do Golfo, muçulmanos de todo o mundo colocaram-se ao lado de Saddam Hussein quando o Ocidente (pelos Estados Unidos) atacou o Iraque, com grupos fundamentalistas no Egito, Malásia, Afeganistão e outros países condenando a invasão como uma guerra contra o Islã, sentimento que pode ser resumido na declaração de Safar al-Hawali (*apud* Huntington, 1997: 317), para quem os "ba'athistas do Iraque são nossos inimigos por algumas horas, mas Roma é nossa inimiga até o Dia do Juízo Final".

Ainda a partir da permanência da unidade territorial do Estado nacional, Huntington entende que cada civilização deverá ter um Estado nuclear, o que é evidente para a ocidental, com os Estados Unidos; a sínica, com a China; e a ortodoxa, com a Rússia. O Japão, único país de sua própria civilização, sofre pressão dos outros países da Ásia Oriental que o impedem de se tornar nuclear nessa região, e a Índia, também culturalmente central da civilização hindu, tem Paquistão e Bangladesh como inimigos alertas para qualquer tentativa indiana de exercer o poder nuclear na Ásia Meridional. Sintomaticamente, Huntington (1997: 219-224) dedica à civilização islâmica o maior esforço para encontrar um Estado-núcleo para concluir o que parecia evidente de princípio, sua impossibilidade. E o motivo transparece quando se vê no mapa do "conjunto de mundos" onde, como comentado, a civilização islâmica se estende historicamente sobre todas as outras. O que surpreende na busca do Estado nuclear é que Huntington diagnostica uma mudança paradigmática civilizacional no mundo contemporâneo para tentar então analisá-la através de uma matriz espacial que foi construída pela civilização ocidental. Se por circunstâncias históricas as outras civilizações mantiveram-se dentro de fronteiras que permitem alguma definição, a regra não se aplica ao mundo islâmico, e isso não por que sua expansão territorial tomou outro caminho, mas porque sua matriz espacial é essencialmente distinta de todas as outras. O mesmo poderia ser dito das demais, mas nenhuma se diferencia a ponto de impossibilitar seu entendimento a partir das matrizes ocidentais modernas.

A situação da ausência do Estado-núcleo entre os países islâmicos é vista por Huntington como um paradoxo, pois se tem, de um lado, Estados nacionais tentando tornar-se o líder do mundo islâmico, enquanto o fundamento do Islã, a *ummah*, a reunião universal dos muçulmanos, é contrária à divisão em Estados. Huntington ainda concorda que a divisão geopolítica feita no mundo crente em Alá é um arbítrio Ocidental, mas não vê outra forma de coesão civilizacional senão a focalização em um Estado nuclear. Analisando-se alguns pressupostos islâmicos com reverberações territoriais, é verdade que o paradigma civilizacional deverá ter um papel diferencial no campo diplomático nas próximas décadas, mas diferencial a ponto de colocar em crise diversas matrizes da civilização ocidental que tomou escala internacional, entre elas a matriz espacial.

A partir de ensaios de pensadores islâmicos (Bartholo e Campos, 1990), ressalta-se que o Islã deve ser considerado aqui não apenas pelo que significa sua fé, e sim como uma civilização, envolvendo os aspectos sociais internos e externos, ou seja, como a partir de seus princípios é formado o mundo islâmico. Durand, Lévy e Retaillé (1991: 349-353) oferecem uma explicação sucinta do Islã, lembrando que ele surgiu entre os beduínos árabes, que viviam entre o deserto e as cidades de suas bordas. Da terra, pouco se podia produzir, e foi a maestria dos grandes périplos no deserto, que proporcionavam o abastecimento dessas cidades, a fonte de riqueza desse povo. Um entendimento do espaço como redes de circulação, com limites terrestres indefinidos, característica de povos vivendo nas zonas de fronteira – como eram os curdos, entre os otomanos e persas; ou os primeiros árabes-muçulmanos, entre as cidades e o deserto.

Três conceitos são fundamentais para se entender a matriz espacial islâmica: a *ummah*, a *'açabaiyya* e a *mamlaka*. A *ummah* designa a comunidade de muçulmanos sem consideração com sua posição no espaço, é a idéia que liga todos os crentes no mundo, unidos por um "sentimento de solidariedade e de pertença" denominado *'açabaiyya*. E se o território é a porção do espaço significado, a ponto de exercer influência sobre todos os fixos e fluxos que aí se encontram e se sentem dele fazendo parte, o território da *ummah* é a *mamlaka*, que interliga os muçulmanos sem se importar com limites precisos, sequer com a quantidade de crentes vivendo em que porção do espaço: se há um muçulmano, ele faz parte do território de *mamlaka*, que, como comentou Bertrand Badie (1995: 98), configura-se como um conjunto de redes, possibilitando "ações e relações sociais totalmente desterritorializadas". Pensar a *mamlaka* como redes desterritorializadas requer atenção diferenciada para cada um dos termos. Em rede, sim, mas mantendo uma coesão territorial, como *'açabaiyya*, que não necessita de uma delimitação do espaço geográfico, pressuposto da unidade política do Estado nacional.

Por isso, de um lado essa divisão geopolítica imposta pela matriz espacial ocidental faz coincidir as linhas de fronteira com as linhas de conflito; e por outro, a tentativa de se encontrar um Estado núcleo é incompatível. Mas o território em rede de relações e ações ilimitadas escapa às premissas básicas dos conflitos geopolíticos entre Estados nacionais, cujo limite entre a paz e a guerra é a fronteira nacional. Raymond Aron já falava da explosão da guerrilha, em especial nos países latino-americanos, como uma guerra feita nos meandros de uma unidade política que não comportava sua existência territorial. Detendo-se nos conflitos, a permanência da unidade geopolítica do Estado nacional proposta por Huntington, por mais que surjam novos atores, é cômoda para os países ocidentais, pois faz parte de sua tradição de estratégia guerreira. Todavia, se for deixado o arsenal termonuclear pesado como signo de uma Guerra total, é esclarecedor se notar que, apesar das civilizações sínica, japonesa, hindu e ortodoxa terem força bélica crescente, a incógnita que se apresenta para as estratégias militares baseadas na matriz espacial ocidental são os "terroristas fundamentalistas", que vivem infiltrados em países de todas as outras civilizações. E os Estados Unidos, não só seus dirigentes e intelectuais, mas toda a população, tornaram-se conscientes disso a partir dos atentados simultâneos a alvos estratégicos e simbólicos do país em 11 de setembro de 2001.

Não confinados a uma porção de espaço preciso, eles são um alvo difícil; mas se sentem pertencendo a um território, a *mamlaka*, que se configura em rede e pode se infiltrar em todos os outros. Não se trata aqui de uma estratégia de espionagem ou de guerrilha, mas de uma forma de significação e organização do espaço que não se encaixa na matriz baseada em unidades geopolíticas dos Estados nacionais.

Desse modo, mais que desterritorializadas, poder-se-ia dizer que as redes de *mamlaka* são desterritorializantes – recordando a potência desse conceito como questionador do modo de significação usual de fixos e fluxos no espaço, possibilitando novos processos de significação que podem desestabilizar procedimentos assentados social, espacial e intelectualmente. Nessas circunstâncias, se as civilizações entram com propriedade no campo geopolítico, não é apenas para lhe dar uma cor cultural (mesmo que seja sangrenta, como coloca Huntington), mas como um fator de crise de suas matrizes – no caso, espaciais. As matrizes espaciais no mundo civilizacional muito provavelmente conservarão os Estados nacionais, mas eles talvez não sejam mais considerados como suas unidades políticas essenciais, e muito menos os focos centrípetos finais.

Territórios e Redes

Pode-se acrescentar à discussão sobre a matriz espacial da geopolítica o aspecto econômico das redes – sem pretender uma profunda análise do assunto. Há três fatores essenciais que mudam a dinâmica de forças entre as unidades políticas por seus aspectos econômicos. O primeiro é quando, ligado a uma transformação tecnológica, um país torna-se rico e transforma essa riqueza em poder político. A industrialização da passagem para o século XX transformou toda a sociedade, incluindo a fonte de energia e de riqueza, o que foi comentado pela análise de Ernest Short (1936) ao dizer que os Estados Unidos, os maiores produtores de carvão no início do século, com reservas asseguras para "dois mil anos", eram a grande potência econômica. Transformando essa riqueza em conhecimento e instrumento de guerra, tornavam-se figura de proa na geopolítica internacional. O segundo é quando países detentores da fonte de energia convertem-na também em fonte de riqueza econômica e política, como quando a OPEP aumentou o preço do barril de petróleo, usando a riqueza tanto para o seu desenvolvimento interno como para sua consideração na diplomacia mundial.

Entre as várias conseqüências, é Huntington (1997) quem descreve como essa conversão de energia em riqueza foi uma das principais responsáveis para o fortalecimento cultural do islamismo no Oriente Médio e Oriente Próximo, estendendo-se a outros continentes. Nos dois casos, há pontos em comum no que interessa a este trabalho: ambas pautam-se pela posse de fonte de energia material, geograficamente perene. Sua transformação em produtos, ou sua utilização como propulsor de veículos, ambos circulantes, não anulam a localização precisa e finita de sua fonte de energia, cuja riqueza gerada será de quem controlar esse território. Portanto, uma guerra que leve à conquista dessa fonte é uma constante na história. Muda-se a fonte energética (do trabalho escravo ao carvão, do carvão ao petróleo), mas a posse de uma determinada porção do espaço geográfico é determinante da força econômica e, por extensão, geopolítica.

O terceiro fator na mudança da dinâmica entre aspectos econômicos e geopolíticos é quando a própria essência do que alimenta esse processo se transforma. É o caso das redes digitais de informação, sem fontes de energia localizáveis, sem sua conversão de produtos materiais, sem a posse de uma porção do espaço assegurando a conversão de riqueza em influência. Num capítulo anterior discutiu-se a lógica das redes com atenção, cabendo aqui apenas uma ressalva: se hoje ainda se lê discursos dizendo que onde se produz os computadores é importante, e sua posse é fonte de influência global etc., isso é inteiramente verdadeiro – mas apenas hoje, início dessas transformações. Clarisse Herrenschmidt (1999), mesmo consagrando-se ao estudo antropológico das línguas, e por isso restringindo seu trabalho aos aspectos textuais, avança a idéia de que se há uma revolução comparável às redes digitais não é da imprensa de Gutenberg, mas a invenção da escritura das línguas no final do IV milênio, ou da moeda cunhada no século VII a.c., pois ambas transformaram sistemas de significação de elementos materiais singulares (a voz e as trocas de objetos) em valores abstratos. Estendendo à amplitude crescente de ações nas redes, pode-se pensar que não se tem uma máquina de representação de uma realidade que continuará acontecendo fora dela, e sim uma dissociação que possibilita que o universo das redes crie seu próprio universo de processos de significação (assim como, raramente, se isso for possível, alguém refaz toda a intrincada cadeia de valores concretos e simbólicos que está presente na moeda que tem no bolso).

A comparação com a invenção da moeda cunhada não deve confundir esta com o papel-moeda impresso sob os auspícios de um representante legal, normalmente um Estado nacional. Se fosse o caso, poder-se-ia lembrar da Grã-Bretanha, que nas primeiras décadas do século XIX desfez a paridade entre o ouro e a libra esterlina, ou dos Estados Unidos, que na metade do século XX desatrelou o dólar de suas reservas em ouro, valorizando sua moeda pela potência que representava o país, econômica e politicamente. A analogia proposta por Herreschimidt refere-se à criação de um processo cognitivo inovador, que constrói um universo próprio – mesmo que intrincado no mundo concreto. E nesse universo, imediatamente apropriado pela economia, o Estado atual é "um fator de opacidade", como escreveu Jean Lyotard (1979: 16), pois se antes o Estado empregava suas forças para a conquista de territórios geográficos, a informação circulante lhe é desafiadora. Isso é uma observação pertinente, e não um voto. Manuel Castells (1997: 254-255) e Ignacio Ramonet (1999: 72-73) observam que, pela efetiva queda no controle do espaço pelo Estado na sociedade de fluxos (de capital, bens e signos), ele se volta ao controle da mídia, não só por ser o ambiente estrutural da dinâmica informacional em rede, mas por seu poder de infiltração simbólica na sociedade. A construção e o controle do imaginário nacional na geopolítica já haviam sido apontados por Raymond Aron (1962) quando tratou da Primeira Guerra, e vem sendo ressaltado pelos mais diversos especialistas ao comentarem os conflitos contemporâneos. Entretanto, mesmo nesse aspecto, com o ambiente informacional global, é mais difícil ao Estado ser o representante da média de seus cidadãos.

Em relação à crise vivida pela integridade do Estado nacional frente à economia digital em rede, viu-se, principalmente pelo trabalho de Michel Chossudovsky, como os grupos interessados mobilizam o imaginário midiático global ao apontar o Estado como um empecilho, o que John Saul (1997: 105) analisa como o corporativismo do capital global sendo responsável por "um lento golpe de Estado". Nesse cenário, John Agnew e Stuart Corbridge (1989) estudam como alguns Estados, destituídos de boa parte de seu poder econômico ou político, que migrou para o mercado, são por eles reduzidos a setores de um sistema que não reconhece as fronteiras e os acordos geopolíticos entre essas unidades territoriais. Outros Estados nacionais, mais fortes, criam entidades territoriais adaptadas à economia global, como a União Européia, que, se tem fronteiras que inicialmente concordavam com o diagnóstico de Samuel Huntington (1997: 197), que as via coincidindo com os limites do Sacro Império Romano do século X, são a construção de um espaço propício à circulação monetária, considerada por Alain Lipietz (1992: 51), como uma forma de divisão política territorial ditada pelos bancos, que acarretaria no "IV Reich econômico".

Lembrando que, além de aspectos econômicos, fazem parte da pauta do mundo em globalização o tráfico de drogas, o terrorismo, a Aids, poluição nuclear e química que transcendem o jugo do Estado nacional territorialmente definido por seus aspectos políticos, estão sendo criados sistemas de governabilidade decentralizados. A participação crescente de organizações não governamentais em conferências mundiais inicialmente dedicadas a órgãos oficiais do Estado são um exemplo disso. Porém, se em conferências organizadas pela ONU, como as dedicadas ao meio ambiente no Rio de Janeiro em 1992, ou sobre as cidades em Istambul em 1996, essas organizações têm voz e lugar nas mesas, em reuniões como da OMC (Organização Mundial do Comércio) em Seatle em 1999, elas são excluídas. Em certa medida, como escreve Jacques Lévy (1991: 20-21), essas questões apontam a uma "desgeopolitização" do mundo, não pelo fim da geopolítica, mas pela sua necessária e profunda transformação. E essa transformação atinge criticamente as matrizes espaciais modernas, como se vê quando se analisa a responsabilidade de um acidente nuclear na então União Soviética, ou contaminação dos Grandes Lagos na fronteira norte-americana e canadense pela chuva ácida originária de indústrias a centenas de quilômetros. Há territorialidades superpostas, imbricadas, que aos poucos, mas continuamente, minam a matriz espacial geopolítica baseado no Estado nacional.

A convivência de dois sistemas, um internacional, baseado em Estados nacionais, outro aterritorial, próprio ao sistemas em rede, parece ser a vertente indicada por vários pensadores dessa problemática; mas isso é, por ora, apenas uma tentativa de adaptação a mudanças ainda não completamente compreendidas, mas percebidas como importantes, e que indicam transformações transversais nas matrizes espaciais.

4. TECNOCULTURA

Quanto mais os telescópios forem aperfeiçoados, mais estrelas surgirão.

GUSTAVE FLAUBERT

Inovar o navio já era inovar o naufrágio.

PAUL VIRILIO

Enquanto Marshall McLuhan (1969) propunha que a sociedade elétrica tendia à concentração, Mark Taylor (1994: 77-79) escreve que a sociedade eletrônica tende à dispersão, uma dispersão espaço-temporal na qual as informações fluem pelas redes de comunicação, que em diversos pontos permeiam a realidade física material. Poder-se-ia comentar que é análoga à concentração de McLuhan a ancestral comunicação oral, própria às tribos; enquanto, em relação à dispersão de Taylor, haveria a imprensa. A diferença reside em que a dispersão informacional contemporânea dá-se em rede, tendo duas implicações básicas para o espaço e o tempo. No espaço, a contextualização da mensagem de um livro por um leitor é sua inscrição num determinado lugar geográfico, desatrelado de todos os outros lugares onde haja livros; enquanto na rede, a mensagem é contextualizada em determinados lugares mas tem uma implicação em toda a topologia da rede. No tempo, as implicações são análogas, pois havia um tempo pontual da fonte e tempos distintos para cada contextualização da mensagem sem implicação nas demais, enquanto na rede os tempos de geração, recepção e, sobretudo, processamento da informação podem-se fazer no mesmo instante ou em momentos diversos, conservando, potencialmente, uma circulação por toda a estrutura comunicacional. Isso significa que, mesmo que as contextualizações sejam dispersas no tempo e no espaço (como as do livro), elas guardam sua potencial dinamização em uma realidade espaço-temporal própria à rede.

Com isso, a percepção da presença na rede pode sofrer alterações – e para trabalhar com essas transformações, os objetos artísticos tem um poder revelador. Gilbertto Prado (1997: 298) escreve que o interesse do evento artístico em rede não está tanto na idéia de um espaço único de criação compartilhada, e sim na criação de vários espaços de percepção que se transformam por estímulos sensíveis, criando uma "topologia de respostas afetivas e cognitivas [...] provisórias e efêmeras de um espaço partilhado".

Próxima aos conceitos de espaço, há a formação teórica de uma cultura que vem se montando pelo envolvimento social das tecnologias informacionais, por vezes chamada de tecnocultura, outras de cibercultura. Pensador das implicações tecnológicas nas civilizações, René Berger (1995: 77), em linha direta com McLuhan, trata desde os anos de 1970 de nossos processos intelectivos ligados aos incrementos das tecnologias de telecomunicação como a construção de uma *tecnocultura*. Pierre Lévy (1999), herdeiro intelectual de McLuhan e Berger, escreve da cultura contemporânea, que se transforma pela sua imbricação com tecnologias computacionais constitutivas de redes informacionais globais, como sendo a *cibercultura*. Apesar de serem idéias sustentadas por princípios comuns, diferenças conceituais podem ser ressaltadas na compreensão de outros termos próprios à cultura tecnológica contemporânea, como *inteligência coletiva*, *ciberespaço* e os fundamentos do *virtual*.

Cultura Tecnológica e Ciberespaço

A parte tecnológica do ciberespaço está na criação de uma rede de circulação de informações em escala global, envolvendo linhas telefônicas físicas (cobre ou fibra óptica), transmissões por satélites ou ondas de rádio, tendo como tecnologia catalisadora a informática. Ela permite não apenas a integração tecnológica entre esses meios, mas principalmente a transformação de todos os sinais que eram particulares a cada meio numa linguagem comum, que pode então ser traduzida para todas as tecnologias envolvidas. A constituição do ciberespaço vai além da estrutura material, envolvendo as pessoas que se conectam nessa rede e a dinamizam, enviando, recebendo, transformando e reenviando informações – também incrementando as tecnologias e as linguagens que constituem o sistema informacional.

Pierre Lévy (1999) resume os três princípios básicos do ciberespaço: a interconexão, a criação de comunidades virtuais e a inteligência coletiva. A inteligência coletiva refere-se ao envolvimento de pessoas na dinamização e construção ativa e constante do ambiente tecnológico informacional, onde se pode "não só trocar informações, mas verdadeiramente pensar juntos, pôr em comum nossas memórias e projetos para produzir um cérebro cooperativo" (Lévy, 1998: 96). Tem o ciberespaço como o meio diferencial, mas não exclusivo, de novos processos cognitivos, sociais e afetivos.

Parecem semelhantes os termos inteligência artificial e inteligência coletiva. Todavia, a primeira refere-se principalmente ao incremento de processamento da máquina, enquanto a segunda responde às possíveis alterações cognitivas dos seres humanos. E, mais que isso, essas alterações originam-se e se propagam coletivamente, dependendo da e implicando na organização de um corpo social. Numa analogia à tecnologia automotiva, síntese de vetores de transformação espacial e cultural de uma época, Lévy escreve que o carro era destinado ao indivíduo, enquanto no ciberespaço toda a sociedade participa. Para Peter Weibel (1994), os próximos passos no ciberespaço seriam a construção de seres artificialmente inteligentes que interagiriam com um ambiente também inteligente, com o ser humano sendo o catalisador da dinâmica.

Pode-se depreender daí um processo de desterritorialização particular ao ciberespaço. Na estrutura informacional em rede, as pessoas que trabalham com determinadas mensagens, interessam-se por certos assuntos, podem formam grupos com temas específicos, desligados de restrições de proximidade geográfica e territorial[1]. Constrói-se o que Florian Rotzer (1994: 110) chamou de "áreas de telexistência" numa estrutura em rede global.

Essas organizações de pessoas e grupos por interesses independentes de sua localização geográfica e inclusão forçada em um território geopolítico são chamadas comunidades virtuais, e têm como principal avesso à construção de uma inteligência coletiva a tendência de se criar comunidades de iguais, levando portanto à estabilidade, segmentação e fechamento às diferenças, tão próprias à organização social. Desse modo, criam-se territórios informacionais que, teoricamente, apenas transferem uma estabilidade geopolítica à outra, que, se tem uma liberdade geográfica, não tem sua recíproca ideológica.

Como o avesso dessas comunidades, Paul Virilio (1996: 49), analisando o atentado a bomba ao World Trade Center, em Nova York, realizado por um único homem, indicava que o terrorismo futuro tendia a dispensar os grupos guerrilheiros para, com armamentos miniaturizados e pela crescente circulação de pessoas pelo mundo, tornar-se pontual e com difícil localização prévia, muitas vezes independendo da retaguarda de um grupo político/ideológico ou de um Estado inimigo. Os ataques terroristas de setembro de 2001 a Nova York e

---

1. No projeto V2_East, do grupo V2, artistas e intelectuais do leste europeu, ainda sem usufruírem da plena liberdade política de movimentação de idéias e pessoas além de seu território geopolítico, iniciaram em 1996 um frutífero processo de troca de informações e promoção de atividades via *internet*, usando estrutura tecnológica baseada na Holanda (Duarte, 1998).

Washington, apesar da divulgada retaguarda de um Estado nacional (na verdade, ocupado sem legitimação internacional), em realidade foi um evento organizado em rede, sem possível mapeamento prévio do inimigo, cujos elementos estavam infiltrados no país alvo. Diversas redes (informação, imigrantes legais e ilegais, armamentos etc.) foram articuladas para os atentados e desapareceram sem deixar traços – inclusive pelo suicídio crente de seus participantes.

Em relação às redes informacionais globais, em um teste simulado com *hackers* na estrutura informática dos Estados Unidos, 88% dos computadores foram invadidos e apenas 4% dos ataques foram detectados pela Secretaria de Defesa (Der Spiegel, 1997: 20). Facilmente os *hackers* poderiam desativar todas as redes civis e militares de dados, além do sistema elétrico das Forças Armadas, deixando o exército norte-americano sem comer, falar, movimentar-se e, muito menos, atirar.

Esse exemplo é fruto do mesmo substrato cognitivo descrito por Pierre Lévy como inteligência coletiva. Todavia, se nas proposições de Lévy para a sociedade da cibercultura a inteligência coletiva parece ter invariavelmente um caráter missionário de expiação de erros ou deslizes culturais acumulados, na verdade, ela assinala uma mudança transversal nas estruturas cognitivas contemporâneas, sem trazer nenhuma necessária implicação moral. As transformações, a crise, valem para todos, atingem toda a sociedade.

Roy Ascott (1997) propôs o termo *telenóia* aos processos cognitivos ligados à telemática. Declarou-o num evento realizado em 1992 na V2_Organisatie, onde promoveu 24 horas de transmissão de dados, imagens, organização de painéis de anúncios, correios eletrônicos, teleconferências e envio de faxes, resultando na construção de um espaço comunicacional baseado numa "consciência em rede, numa lucidez interativa". Ascott já dizia que essa liberdade de movimento comunicacional através de territórios não resultaria na desmaterialização aniquiladora do indivíduo, mas sim em sua "rematerialização", mesmo sua "re-invenção". Reinvenção pela reinserção móvel dos seres pensantes num mundo de fluxos informacionais potencializados pela *internet*, criando um pensamento coletivo e associativo "hiperlincado", o que Ascott chama do "hipercórtex".

A *telenóia* possui ainda uma proposição da organização espacial do mundo informacional, para o qual Ascott (1997: 340) usa metaforicamente uma figura da física quântica, os microtubos ou os buracos de minhoca. "Na topologia do espaço, um buraco de minhoca é uma 'alça' que conecta dois lugares extremamente separados em nosso universo, permitindo assim o rápido trânsito das partículas e das pessoas [...] de uma camada para outra, de uma estrutura de tempo para outra [...] virtualmente, em tempo algum." Se essa espuma quântica não parece ter implicações no nosso cotidiano material, sua metáfora pode ser válida ao pensá-la como espuma informacional. Serge Dentin (1993: 136) escreve que partículas quânticas devem ser pensadas como um gás que ocupa todo o espaço, não respondendo a trajetórias determinadas, apenas alterando densidades em pontos específicos. Dá o exemplo do efeito túnel quântico com uma bola de bilhar, que, se pode "saltar espontaneamente por sobre um muro, é simplesmente porque uma parte dela já está virtualmente do outro lado".

Essa organização espacial pode ser pensada para as redes informacionais globais, que não necessitam de trajetórias predeterminadas, nem da decalagem de tempo própria às tecnologias anteriores. As ações ocorrem concomitantemente em diversos pontos que têm entre si relações topológicas, mas não distâncias geométricas. As atividades na *internet* podem ser vistas como concentrações informacionais em certos pontos, sem que as partículas informacionais tenham se movido até lá – apenas há concentração de estímulos eletrônicos em determinados pontos em momentos precisos que fazem com que os dados se configurem de certo modo naquele instante, proporcionando tal ou qual manipulação.

O caráter informacional das redes computacionais tem um outro aspecto que lhe é peculiar, além da organização da estrutura dos meios de telecomunicação. A realidade que ela possibilita existe "apenas" virtualmente. Apesar do termo realidade virtual ser por vezes usado como sinônimo de ciberespaço, é preciso qualificá-lo propriamente para dele extrair as potencialidades que são o grande diferencial do ciberespaço. E potencialidade será uma palavra-chave.

Virtualidades

A tríade virtual, atual e real, explorada por Pierre Lévy (1999: 47) a partir de Gilles Deleuze, talvez seja a melhor forma sintética de se colocar a problemática. Usando a metáfora da semente, ele escreve que ela não é uma árvore, mas a contém. Se uma semente de pêra for plantada e vingar, sempre se tornará uma pereira; mas cada árvore, dependendo do clima, terreno, ventos ou pragas, será diferente da outra. Assim, uma pereira é a *atualização* de uma informação genética já estruturada numa semente de pêra, que, por conseguinte, contém *virtualmente* uma pereira. O virtual e o atual são dois modos do real, pois se a "árvore está na essência do grão, então a virtualidade da árvore é bastante real (sem que seja, ainda, atual)".

Para Mario Costa (1995: 46-47), a arte tecnológica deve ser analisada como apresentação, não representação; e o que ela apresenta não são "verdades" ou "significados", mas sua lógica formativa, sua "tecno-lógica", produzindo a "mortificação da sensibilidade e da imaginação". A lógica constitutiva da imagem sintética lhe é intrínseca, sem depender da interação humana. O virtual apontaria a uma crise do simbólico, que levou Costa (1995: 21) a defini-lo como o *sublime tecnológico*, sendo o sentimento do sublime ligado àquilo que "não pode ser dito e não pode ser colocado-em-forma", enquanto é próprio da representação artística o já dito e já formado.

O virtual está então mais próximo do mundo das idéias que do das imagens; e mesmo quando se apresentam imageticamente, elas devem ser entendidas não como metáforas de idéias, mas modelos computacionais, formalizações de suas estruturas lógicas. Julio Plaza (1993: 86) escreve que na produção de signos/objetos artísticos, o virtual funda-se na "qualificação de modelos e imagens mentais realizadas a partir das estruturas e linguagens próprias às Novas tecnologias de comunicação", numa construção icônica em que a linguagem é sua única matéria de manipulação. Portanto, quando se trata do virtual, dizer imagem implica necessariamente dizer modelo, o que transforma as noções de representação, abrindo novas possibilidades de exploração estética e também de compreensão do mundo, já que, ao representá-lo, na verdade o que se faz é construir seu modelo cognitivo.

Quando se assemelha a imagens do mundo físico, o virtual não se fundamenta em representações imagéticas, mas em estruturas de codificação, que são altamente sintáticas e sintéticas, dizendo respeito sempre à organização intrínseca da linguagem, e à organização do mundo como linguagem. Daí Philippe Quéau (1995: 347) dizer que as imagens virtuais são representações eficazes do mundo, podendo-se vivenciar espaços que escapam à representação euclidiana, e Quéau (1993: 14-16) dá como exemplos o passeio pelas bordas dos buracos negros, ou a sensação dos movimentos de um quark. Através das interfaces que dão acesso ao mundo virtual, essas experiências podem ser assimiladas às sensoriais "reais", requalificando nossa apreensão de fenômenos e espaços.

Uma necessária distinção entre o ciberespaço e a realidade virtual será valiosa para essa discussão. O primeiro diz respeito a toda rede informacional, englobando as estruturas e instrumentos de comunicação e tratamento de informações como satélites, telefonia, computadores, *internet*; os equipamentos que possibilitam a interface entre meios, seres humanos e ambientes físicos em que estão instalados; e, finalmente, a formação de uma cultura tecnológica em rede, que, afinal, dinamiza o ciberespaço. O virtual será aqui tratado como os modelos potencializadores de representações próprias aos computadores; e, através das interfaces, esses mundos virtuais podem ser vivenciados pelos usuários, trocando experiências, interferindo na construção dos modelos e adaptando sua cognição aos signos informacionais produzidos.

Enquanto Christine Boyers (1996: 242) refere-se ao ciberespaço como um "espaço eletrônico invisível", que "substitui" o espaço e a experiência urbana, Paul Virilio (1995: 356) considera os mundos virtuais como uma bolha que se acrescenta ao espaço tridimensional, uma "dimensão suplementar do real". Na seqüência, escreve que aos arquitetos caberia a construção de nichos virtuais dentro dos espaços materiais. Aqui se defende que não há uma substituição, ou mera suplementação, entre o espaço material e o virtual, mas que essas "bolhas" estariam explodindo e engendrando-se nas fissuras mínimas dos espaços cotidianos, abrangendo do mundo telecomunicacional às mais corriqueiras atividades que se dão em ambientes materiais. Enquanto as potencialidades dos mundos virtuais forem exploradas e estudadas como um universo paralelo, seu interesse fecha-se em si mesmo. Pelo mundo virtual espraia-se no ciberespaço, e ele se fará presente em toda nossa apreensão e compreensão de espaço. Assim como o desenvolvimento tecnológico da luz elétrica transformou as concepções espaciais, o mesmo vem acontecendo com a infiltração do ciberespaço e do mundo virtual nos espaços cotidianos.

Esse "invisível mundo de formas", de "informações latentes" é tratado por Marcos Novak (1995: 222) como *campo*, em contraposição à idéia do espaço ligada à "ideologia da presença e da ausência". Mas uma certa refutação de conceitos anteriores ao seu é típico de se imaginar sempre num momento inaugural. Paul Virilio (1993) cita a formulação de Albert Einstein, para quem os acontecimentos deveriam ser compreendidos não pelo comportamento dos corpos, mas pelo que há entre eles, o campo eletromagnético. Pois bem, se você está lendo este livro com a televisão ligada, após um telefonema de longa distância, sabe empiricamente que a oposição presença/ausência como característica do espaço pré-informatizado não é verdadeira. A informação audiovisual da televisão, seus sinais eletromagnéticos, mudou de formas diversas vezes, trafegou por circuitos geo-estratégicos de antenas e satélites transmissores e receptores, percorrendo centenas de quilômetros numa escala temporal tão ínfima ao ser humano que possibilita vermos o que ocorre em qualquer parte do mundo (quase que) no mesmo instante.

O tráfego incessante de diversas formas de energia no espaço preenche a "ausência", colocada por Novak e Boyers, em contraposição à "presença", dualidade que seria suplantada no ciberespaço. Ainda uma vez, o espaço entendido como as relações entre fluxos e fixos é válido, mesmo porque grande parte dos fixos do mundo pré-ciberespaço existem para potencializar os fluxos. Tal "ausência" é tão preenchida que Nicholas Negroponte (1995: 28) escreve que um dos fatores mais importantes da sociedade informacional é a administração dos fluxos energéticos.

Transarquitetura de Marcos Novak

Marcos Novak considera que, através dos ciclos de invenções nos transportes e nas comunicações, o papel da arquitetura tem sido apenas o de abrigar os equipamentos tecnológicos, sofrendo poucas transformações formais. Trabalhando com o ciberespaço, vê a possibilidade de transformações radicais na arquitetura, que deixaria de ser passiva e imóvel para poder ser transmitida via redes de comunicação, tornar-se fluxos, tomando formas próprias ao mundo informacional eletrônico. Mesmo se "não chove no ciberespaço" e que, portanto, o abrigo deixa de ser elemento central da arquitetura, William Mitchell (1995: 122) considera que a idéia de privacidade do abrigo, por exemplo, continuará sendo importante na delimitação de formas de acesso de regiões do ciberespaço. A transformação de pedras em pixels teria como conseqüência nas cidades a mudança do planejamento urbano para o *design* de informações (Novak, 1995: 223), mas ainda levaria à necessária existência de objetos como base epistemológica para a existência do espaço.

Parafraseando Robert Venturi, autor de um dos trabalhos mais importantes do século XX sobre a leitura urbana (que, no livro *Aprendendo de Las Vegas*, tomou a velocidade dos carros como forma de vivência e percepção espacial da cidade), Novak (1995: 220) escreve que pensar arquitetura como "Aprendendo do *Software*" é muito mais importante que aprender de Las Vegas, ou mesmo da Bauhaus ou de Vitrúvio. Tal afirmação serve sobretudo para ressaltar a importância do ciberespaço. Espera-se.

Efeitos retóricos amainados, a obra de Novak pode contribuir para a discussão da crise das matrizes espaciais con-

Marcos Novak, Paris *4D*.

temporâneas. Sua definição de ciberespaço é uma das mais completas e instigantes, considerando-o como a "completa visualização espacializada de toda informação em sistemas globais de processamento informacional, através de redes de comunicação presentes e futuras, habilitando presença e interação de múltiplos usuários, possibilitando estímulos (*input*) e respostas (*output*) de e para todo o sensório humano, permitindo simulações de realidades reais e virtuais, colocação remota de dados e controle por telepresença, e total integração e intercomunicação com um completo leque de produtos inteligentes e ambientes no espaço real" (1991: 225).

Na rede informacional do ciberespaço, cada nó tem múltiplas dimensões e possibilita a entrada de informações potenciais. Esses nós, eles mesmos formados por dados, não são considerados objetos, mas coleções de atributos temporários, que podem ser retrabalhados, e cujas formalizações efêmeras dependem em grande medida do modo de navegação que levou os usuários a ele, e das operações realizadas.

A arquitetura do ciberespaço não desenha objetos, mas os princípios que geram esses objetos e suas mutações potenciais. No universo informacional, os elementos adquirem formas contingentes aos interesses do usuário, em que "a próxima porta sempre está onde é preciso que esteja" (Novak, 1991: 251). Essas idéias parecem chegar à radicalidade das crises das matrizes espaciais ligadas às tecnologias digitais, já que o desenho das relações informacionais que possibilitam a existência de objetos é a tentativa de se trabalhar com as próprias matrizes de um espaço.

Num ambiente virtual, o intervalo entre um objeto e outro é tão informado quanto os nós constituídos naquele momento. Todo o ambiente é uma construção baseada numa mesma "substância" informacional. Eis um diferencial radical no espaço virtual, pois os pontos nos quais há e não há objetos são igualmente informados. Com isso, a construção de obras no mundo virtual envolve sempre a operação integral do campo informacional, que Mark Taylor e Esa Saarinen (1994: Media Philosophy 11) definem como *mediatrix*, fazendo de cada obra a atualização das ordenações possíveis do universo computacional. Não se trata de materializar um conceito numa tradução entre linguagens, mas operar a própria linguagem, em que idéias e objetos partilham o mesmo substrato informacional.

Há um ciberespaço em escala global integrado cada vez mais ao cotidiano físico das pessoas, suas instituições e cidades. Onde estão os arquitetos desse ciberespaço? Para Stephen Perrella (1994: 112-115), configura-se atualmente uma sensibilidade arquitetônica para as "hipersuperfícies" formadas por eventos entrelaçados numa topologia complexa que denuncia a bancarrota do "humanismo cartesiano". Por outro lado, Giulio Carlo Argan (1992: 215) dizia não compreender por que os projetos de cidades do futuro tendem a "se precipitar nas entranhas da terra ou elevar-se vertiginosamente", como se houvesse um horror ao plano, ao terreno, que no entanto sempre tiveram papel fundamental na concepção espacial do homem. A obra de Marcos Novak está inteiramente construída no universo informacional, acessível através de máquinas/ interfaces, e indica um paradoxo entre as afirmações de Perrella e Argan: se a obra virtual é uma manipulação do substrato informacional, por que ele mantém em seus projetos a aparência de objetos arquitetônicos?

O próprio Marcos Novak ressalta a necessidade de se trabalhar com a qualidade física do ciberespaço, e toma como referência o trabalho do arquiteto situacionista Constant, *Nova Babilônia*. Os projetos situacionistas eram visões tridimensionais de cidades que seriam construídas sobre as já existentes, oferecendo aos cidadãos a liberdade para alterá-las constantemente. Os críticos questionaram as megaestruturas propostas, que obstruiriam a livre e criativa circulação dos habitantes. Novak (1998: 22) quer destacar, entretanto, que esses projetos não deveriam ser encarados de modo literal, mas como antecipação de uma "cidade virtual transurbana", e que as megaestruturas de Constant são hoje a infra-estrutura global da *internet*, rede de telefonia celular, e órbitas de satélites. É a partir dessa infra-estrutura, que é constitutiva do ciberespaço, que Novak propõe a sua *Babilônia soft*.

Arquitetura Fluida de Nox

Ecoando palavras de Novak, os elementos de projeto do grupo holandês Nox formam um campo magnético fluido, em que os próprios materiais empregados devem possuir estrutura fluida para que processem as informações recebidas, sendo que os objetos deixam de ser pensados como entidades, para serem vistos como bandos de pássaros, que não têm forma constante. São formalizações temporárias determinadas pelos seus próprios movimentos.

O projeto para o *Pavilhão da Água* que edificaram na H_2O *Expo*, em Roterdã, tinha como centro da proposta a contínua metamorfose do "gelo em informação, pessoas em água, correntes em luz, concentração em movimento" (Nox, 1996). Arquitetura como sistema formado por objetos e fluxos que

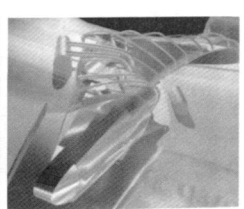

Marcos Novak, *Nox H-20*.

interagem contínua e reciprocamente. Suas formas originaram-se da simulação computacional dos fluxos das marés e dos ventos característicos daquele ambiente, o que levou à construção do pavilhão em chapas metálicas e tubos plásticos que modelam todo o edifício. Os visitantes, acostumados com formas geométricas freqüentemente predeterminadas que são depositadas em qualquer terreno, têm uma experiência ambiental cheia de surpresas.

O pavilhão de Nox busca ser simbiótico com o ambiente. É claro que essa simbiose é ancestral na arquitetura, mesmo que tenha sido denegada em grande parte nos últimos séculos. O que é novo é que essa integração entre o objeto construído e o seu ambiente pode ser simulada no ciberespaço. Simulando no ambiente virtual as correntes marítimas e eólicas de lugar, o arquiteto pode ter a representação gráfica de seus vetores e então experimentar formalizações arquitetônicas nas mais diversas condições climáticas, simulando ainda as propriedades de materiais, para testar a construção de seu projeto antes de sua edificação. Tal simulação em ambientes virtuais é vista por Marcos Novak (1995: 223) como o "empirismo do possível", num processo quase alquímico que, ao traduzir todas as variáveis em uma linguagem comum, tem como elementos primordiais as códigos computacionais.

Em projetos mais recentes, os objetivos de Nox foram trabalhar os mesmos conceitos de arquitetura fluida informacional em edifícios inseridos em ambiente urbano. Notável é o projeto *Beachness*, para um bulevar e um hotel na praia de Noordwijk,

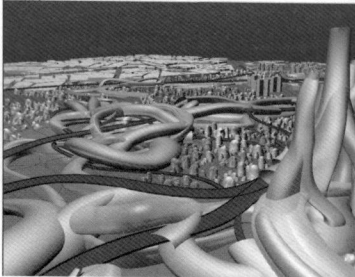

Marcos Novak, *Nox Paris Brain*

Marcos Novak, *Nox D-Tower*

Holanda, encomendado em 1997. Corpos, tecidos, carros, água, areia e metais são tomados conceitualmente como móveis e integrantes de um único sistema. Parte da praia é coberta com asfalto, rompendo hábitos próprios a ela e à rua. Além disso, com a mesma operação, pretende-se resolver o problema de estacionamento, fazendo com que carros, bicicletas e pessoas, transitando pela mesma área, criem espontaneamente novas regras de comportamento (Spuybroek, 1998).

O edifício do hotel, inclinado num ângulo superior a noventa graus, teria janelas voltadas para o céu, e não para o mar. A superfície externa da torre seria revestida com tecidos que seriam usados continuamente como tela para a projeção de filmes ou de cenas dos hóspedes – e, principalmente, a partir do crepúsculo, da imagem alaranjada do entardecer.

O fascínio intelectual como procedimento de concepção do *Pavilhão da Água*, coerente com bases teóricas do ambiente computacional utilizado na simulação dos múltiplos fatores ambientais e espaciais, para daí gerar o objeto arquitetônico, dissolve-se com *Beachness*. A interação empiricamente virtual, como definiu Novak, no caso do pavilhão não se fez apenas como imagem metafórica interna ao ciberespaço, mas resiste à passagem do objeto virtual para sua materialização no ambiente físico. Já *Beachness*, mesmo se o projeto é válido como necessária crítica às preconcepções arquitetônicas tradicionais, sua proposta de inserção urbana tende a se tornar apenas um objeto fantasmagórico.

Assim como as marés e os ventos, os carros, por exemplo, também são fluxos, e seus fluxos são desenhados pelas suas características tecnológicas e por seu reflexo na constituição urbana. Imaginar que derramar asfalto criando um plano metaforicamente fluido envolvendo ruas e praia vai modificar toda a lógica comportamental própria à cidade automotiva é gratuito. Outra vez a generalização da simulação beira tão-somente uma alucinação eletrônica.

Detida na complexidade tão inovadora do espaço virtual, deixou de lado a também complexa realidade concreta, natural e tecnológica, na qual se constrói grande parte do cotidiano. A arquitetura virtual ainda se perde na região de contato entre o ciberespaço e o mundo concreto. Se são cada vez mais interdependentes na sociedade contemporânea, é nessa região de crise espacial que deverão ser construídos.

Espaços Híbridos de Knowbotic Research

Antártida tecnológica

O processo de conhecimento de qualquer fenômeno/objeto passa por sua organização em linguagem, a partir da qual se desvenda o seu funcionamento, e através da qual o fenômeno é tanto apreendido quanto compreendido. A linguagem é a redução potencializadora de sistemas naturais, humanos e tecnológicos, que se organizam como complexos integrados. Como lembra Lucrécia Ferrara (1998), é também através da linguagem que conhecimentos podem ser organizados e transmitidos.

Recordando que o território pode ser entendido como o espaço organizado, o espaço codificado, a proposição é que, portanto, a noção de território possui laços estreitos com a linguagem. A presença de cada objeto e ação em um território adquire significado imediato, pois ela implica sua inclusão num sistema de signos. Quando se diz do espaço como sistemas de objetos e sistemas de ações, diz-se imediatamente que esses sistemas são representados e operados através de sistemas de signos. Os diálogos entre territórios materiais e computacionais, que se contaminam e se interpenetram, são feitos através das interfaces. Assim, Siegfried Zielinski (1995) vê as interfaces não como a película limítrofe entre pretendidas especificidades de cada mundo (sistema de objetos e seus signos), mas como instrumentos e modelos conceituais com os quais se pode operar *através* desses universos.

O grupo alemão Knowbotic Research traz no nome a preocupação em criar objetos tecnológicos mediadores de conhecimento: os *knowbots*. Os seus trabalhos envolvem tecnologia, arte, arquitetura e ciência, e se fazem na região sob tensão criativa em que se interpenetram os territórios informacionais e geográficos. As interfaces são os *knowbots*, corpos de conhecimento que agem para demonstrar a infecundidade das construções sígnicas estáveis, extremamente codificadas, dos sistemas de linguagem fechados. Esses sistemas perdem a ligação com o real; enquanto os *knowbots* pretendem ser agentes que transitam entre o território material e o território informacional, requalificando ambos.

Os trabalhos do Knowbotic resultam na construção de ambientes tecnológicos interativos, centrados em interfaces entre os usuários e o ambiente, mediados por máquinas inteligentes, como computadores e dispositivos eletrônicos. As ações dos usuários refletem-se no conjunto ambiental, bem como as próprias modificações do ambiente modificam a apreensão espacial do usuário.

No projeto *Dialogue with Knowbotic South*, o grupo partiu do questionamento de como são formalizadas as representações de dados científicos de ambientes remotos, no caso, a Antártida. Mesmo sendo um espaço "real", por suas condições geográficas, geológicas e climáticas, ele só pode ser conhecido através de instrumentos tecnológicos. A apreensão de suas propriedades dá-se exclusivamente mediada por instrumentos científicos, em linguagem científica, recuperando e codificando objetos e fenômenos em linguagem preestabelecida. O conhecimento do espaço antártico passa necessariamente pela construção de um território informacional, no qual ações e objetos (naturais e tecnológicos) são organizados num sistema codificado.

A Antártida pode, assim, ser considerada um espaço sob o signo da linguagem científica, indecifrável para os leigos. A construção de seu território informacional científico é um processo de desterritorialização da natureza, com elementos filtrados e reorganizados em ambiente computacional. Segue-se sua reterritorialização, agora informacional, em que dados são organizados em modelos, que podem ser manipulados para a reconstrução de processos naturais, ou sujeitos à simulações que podem visar conhecer o espaço antártico sob condições futuras ou hipotéticas. Portanto, as respostas que os cientistas buscam na Antártida não vêm diretamente da natureza, mas de simulações que ocorrem em seu correlato território informacional.

A questão colocada pelo grupo como estímulo ao projeto foi a criação de *knowbots* que trafegassem inteligentemente nesse ambiente informacional e pudessem transformar esses dados científicos em linguagem artística; e então, reconfigurados espacialmente, fossem vivenciados pelo público num ambiente externo aos dois primeiros territórios (geográfico e informacional), onde, com as interferências dos usuários, pudessem ser apreendidos e transformados a partir de intenções unicamente artísticas/sensórias.

Uma das instalações foi montada durante o festival de mídia *Next Five Minutes*, no instituto de cultura tecnológica V2_Organisatie, em Roterdã, em 1996. Sobre a escada de acesso ao galpão do prédio, placas de luz branca com uma iluminação oscilante, tubulações de ar variando entre sopros frios e quentes. No centro do galpão, uma grande tela na qual se via apenas diversos pontos brancos em movimento, uma "nuvem de pixels" (Broeckman, 1995) como uma paisagem galáctica. Esses elementos eram a representação de um território artístico/informacional aberto à interação através de instrumentos digitais. Como num jogo de vídeo, ao atingir os "alvos", na imagem desse operador apareciam mensagens como velocidade das marés, mudanças de direção de ventos, temperatura a tantos metros de profundidade e outras inúmeras informações científicas complexas, ininteligíveis a quem não fazia parte do território científico em que se transformou a Antártida.

De acordo com as atitudes tomadas pelo operador, nem sempre com intenções científicas, mas curioso pelas informações disponíveis, ou, sobretudo, para interagir ludicamente com os pontos luminosos na tela, as condições ambientais da sala como as placas de iluminação, tubos de ventilação frios e quentes, e sons mudavam. Assim, as interações da pessoa com o território informacional (este, representações matemático-científicas do espaço concreto da Antártida) modificavam os elementos próprios à materialidade da instalação.

A aproximação de obras artísticas e científicas é intensa mas extremamente delicada. Julio Plaza (1996) escreve sobre a tênue ameaça em se criar um paralelismo forçado entre esses campos do saber, discutindo que enquanto a ciência é uma linguagem hipercodificada, a arte não pode, *stricto senso*, ser considerada sequer linguagem, por não estar sujeita à codificação extrema – necessária à ciência. A determinação do objeto científico é apoiada em seus códigos estabelecidos, enquanto é próprio da arte a indeterminação, ou a fragilidade de sua informação. Porém, o autor considera "lícita" a apropriação de esquemas científicos de representação para a criação de objetos artísticos, mesmo alertando para o abismo que há entre seu uso estrutural e metafórico, em que é preciso ter consciência que não se produz trabalho de cunho científico.

Entretanto, um dos traços interessantes do *Dialogue with Knowbotic South* é que, assim como são necessárias mediações tecnológicas para se conhecer a Antártida, traduzida para linguagem científica, a intenção do grupo foi explorar, utilizando os mesmo dados, outras formas possíveis de representação, nesse caso de interação ambiental com um território informacional e um espaço remoto.

Partindo de outro texto de Julio Plaza (1987), pode-se propor que o uso de informação científica nesse trabalho não se dá de forma metafórica; ao contrário, ganha qualidades espaciais tendo essa informação como elemento que estrutura o processo de tradução intertextual. A mediação tecnológica do espaço antártico, ao traduzi-lo em linguagem matemática ou em arte tecnológica, possibilita que esta última tenda à iconicidade. Busca-se a Antártida através de uma obra artística-espacial-tecnológica.

I0_dencies: maquínico urbano

Os trabalhos do grupo Knowbotic (1997) ganharam complexidade e novos desafios conceituais, artísticos e tecnológicos quando mudaram o foco para a discussão da "noção tecnológica da urbanidade".

As cidades são vistas a partir do conceito do *maquínico*, de Félix Guattari (1992: 53), para quem a idéia de máquina descola-se da visão mecanicista, atrelada à materialidade de instrumentos tecnológicos, para se colocar na "ordem do 'saber' e não do 'fazer' ", sendo uma mediação criativa entre o homem e a natureza. Estrutura complexa que não forma uma unidade pela relação mecânica e funcional entre as partes, o maquínico é um sistema de "agenciamento" de possíveis, um campo de virtualidades. Guattari (1992: 61) cita o biólogo Francisco Varela, para quem a máquina é caracterizada pelo "conjunto de inter-relações de seus componentes, independente deles mesmos". Seguindo esse raciocínio, Guattari (1992: 65) exemplifica

Knowbotic Research, *I-O Tokyo* e *I-O Lavoro*.

que um amontoado de pedras nada mais é que um amontoado de pedras, enquanto um muro já é uma protomáquina, tendo "polaridades virtuais", como dentro e fora, alto e baixo. De modo análogo, quando discute a importância das "coisas" na configuração do espaço, Martin Heidegger (1958: 180) diz que a ponte não apenas liga duas margens já existentes, mas é ela própria quem as cria; é quem opõe os dois lados do rio, ao mesmo tempo em que une lugares distantes que antes não se relacionavam[2].

O agenciamento do território informacional urbano, traduzido numa instalação material e num ambiente construído no ciberespaço, pessoas interagindo nos dois ambientes e cujas ações influenciam ambas representações, é a síntese da proposta de *I0_dencies*. Focalizando grandes centros urbanos (como Tóquio, São Paulo, Roterdã), consideram-nos como *máquinas urbanas*, pela presença crescente de agentes mi-diáticos dinamizando-as – agentes que são normalmente desconsiderados das representações urbanas.

---

2. Diálogo entre Marco Polo e o grão-cã, em *Cidades Invisíveis*, de Italo Calvino (1991:79):
"Marco Polo descreve uma pedra, pedra por pedra. Mas qual é a pedra que sustenta a ponte? – pergunta Kublai Khan. A ponte não é sustentada por esta ou aquela pedra – responde Marco –, mas pela curva do arco que estas formam. Kublai Khan permanece em silêncio, refletindo. Depois acrescenta: Por que falar das pedras? Só o arco me interessa. Polo responde: Sem pedras, o arco não existe."

Na primeira parte do projeto, em Tóquio, o tema inicial foram os fluxos urbanos. A região escolhida foi Shimbashi, onde há alguns mercados, uma área abandonada e um sítio arqueológico. Durante alguns meses, um arquiteto ligado ao grupo fez a leitura da região, representando os diferentes fluxos de mercadorias, pessoas e dinheiro. Elas foram trabalhadas infograficamente, construindo um ambiente digital dinâmico. Nesse ambiente, disponibilizado na *internet* e ativado durante a exibição em Tóquio, os usuários de qualquer parte do mundo que estivessem em rede podiam visualizar os fluxos urbanos e também construir pólos de atração que modificassem sua trajetória. O movimento dos fluxos dependia da presença ativa de operadores dos signos gráficos. No local físico da exposição, havia uma sala com placas de luz e som que se alteravam de acordo com o agenciamento dos fluxos do ambiente digital, criando uma tradução para linguagem de instalação artística das possíveis manipulações das representações informacionais da cidade.

Wolfgang Ernst (1997) salientou que esse trabalho não é uma proposta de reformulação de planejamento urbano, mas um projeto artístico que se faz como uma dobradura de múltiplas cidades possíveis, quando se assume que elas estão absorvendo os meios digitais, e que eles modificam sua organização e conseqüentes formas de representação. *I0_dencies Tóquio* tinha o problema de que todo o sistema informacional partira de formas de representação urbana tradicionais: a leitura da região da cidade foi exatamente a mesma feita com lápis sobre papel, indicando fluxos e massas com traços e manchas coloridas, como decalques de um objeto que fora paralisado, mas que em seu interior continuava em ebulição. Mesmo que ela tenha sido revigorada pelo sistema, havia se desprendido do seu objeto.

Para o *I0_dencies São Paulo*, o produto final seria novamente uma instalação, com a interface permitindo uma aproximação do objeto de maneira polissensória. A aparência do ambiente digital seria muito próxima à de Tóquio, mas haveria mudanças fundamentais tanto na alimentação primária de dados quanto na interação nas instalações material e digital. Para a instalação, foi projetado pelo centro de mídia alemão

ZKM um campo magnético correspondente ao campo digital criado na *internet*; e, em relação com os agentes digitais que modificam a direção e intensidade dos fluxos, foram propostos magnetos. Agentes digitais e magnetos se influenciariam reciprocamente, fazendo com que, na instalação, uma pessoa que estivesse manipulando um magneto sentisse fisicamente as atrações e repulsas magnéticas de seu campo, mas pudesse reagir tentando mudá-las. Esses movimentos estariam respondendo e influenciando o agenciamento no campo digital; e vice-versa. Nesse sentido, a interação entre a instalação e o meio digital no *I0_dencies São Paulo* poderia ter sido mais produtiva, criando um território topológico envolvendo signos de diferentes linguagens.

Para início da construção do campo digital, algumas pessoas (editores) alimentavam o banco de dados com fotografias, desenhos, vídeos, sons, pequenos textos teóricos ou poéticos que lhes representasse fragmentos da cidade. A cada um desses elementos os editores ligavam palavras-chave, dispostas no campo visual, a tela do computador e que, acessadas, traziam as imagens, sons e textos. O posicionamento e movimento dessas palavras na tela podiam ser feitos por todos os editores, via *internet*. Algoritmos calculavam quantidade de vezes que cada palavra era acessada, direção que era movimentada, proximidade a outras palavras e transformavam esses cálculos em campos de força e fluxos, que começavam a atuar como agentes intrínsecos ao sistema, os *knowbots*. O agenciamento informacional do *I0_dencies São Paulo* tendia a ser uma metáfora do agenciamento urbano da cidade real. As metáforas são próprias às artes e têm poderes reveladores de relações entre linguagens por vezes não apreendidas na análise racional das informações.

O sistema tecnológico de *I0_dencies* permitiria que o que é próprio ao território digital das cidades fizesse realmente parte do trabalho. Dados de trânsito aéreo, controles de tráfego viário, ondas de rádio e televisão, chamadas telefônicas e fluxos de informações financeiras dinamizam cotidianamente a cidade, fazendo parte do território digital. É justamente por trabalhar com o mesmo substrato tecnológico que o projeto *I0_dencies* poderia incorporar esses dados como agentes do território informacional. Neste conviveriam dados que passaram pela leitura dos editores (envolvendo outras formas tecnológicas de apreensão e compreensão urbana, como fotos e vídeos), com dados informacionais próprios a esse território digital urbano que foge às representações tradicionais das cidades.

O projeto *I0_dencies* mostra que a linguagem, por ser um modo de organizar e manipular signos que se reportam a determinados objetos, é própria à construção de territórios informacionais. Assim, se ela se transforma, esses territórios também o fazem – e, principalmente, as idéias que se têm deles devem ser transformadas. Falar de cidades digitais como uma dimensão suplementar às cidades reais é tentar a impossível separação entre sociedade e tecnologia. Ora, elas são interdependentes e se formam reciprocamente. Nesse sentido, o projeto *I0_dencies* parece ser uma das mais inquietantes e profícuas investigações intelectuais, tecnológicas e artísticas sobre a interface entre o mundo material e digital.

5. REFLEXÕES FINAIS

No século II antes da era cristã, Ptolomeu havia discutido técnicas de se projetar graficamente a esfera da Terra em uma superfície plana, introduzindo a idéia de latitude e longitude dispostas em grades ortogonais, o que permitiria a localização de objetos no mundo. Após o dilúvio, Noé dividiu o espaço do mundo em três partes, cabendo a África, a Ásia e a Europa a cada uma de seus filhos, continentes separados por rios em T, abraçados por outro, circular. Os mapas T-O, em que "a ciência e a observação tinham que papel reduzido" (Allen, 1993: 10), introduzidos na Europa no século VII por Isidoro de Sevilha, eram a imagem do mundo até o fim da Idade Média. Esquecidas voluntariamente na Europa católica, as propostas e técnicas de Ptolomeu foram conservadas e continuaram a ser utilizadas pelos geógrafos islâmicos (Stefoff, 1995); até que, na passagem do século XV para o XVI, as projeções de Ptolomeu voltaram a circular em maior número na Europa renascentista, graças à imprensa, em contraposição com a imagem bíblica vigente do mundo T-O. Ao mesmo tempo, suas idéias eram postas de lado pela teoria heliocêntrica de Copérnico. Época da chegada dos europeus às Américas, que Sérgio Buarque de Hollanda (2000) relata como uma preparação técnica de leitura e apreensão do mundo desconhecido que se confundia com uma "geografia fantástica" do Renascimento, e a crença, entre vários dos importantes navegadores, da descoberta do Paraíso terreal. Poucas décadas separam a chegada dos europeus à América da projeção de Mercator, de 1569, na qual a latitude e longitude se cortam em ângulos retos, em módulos padronizados, que, se distorcem as massas continentais, fazendo com que as que estão em altas latitudes pareçam maiores do que realmente são, foram importante base para navegadores que, por suas linhas retas, tinham menores dificuldades em se guiar nos oceanos e localizar outros navios ou terras.

Saltando séculos de sua história, chega-se à outra polêmica cartográfica no final do século XX. É verdade que imagens religiosas ou místicas não são mais consideradas, e que, portanto, a cartografia poderia parecer uma questão técnica de projeção; isso não impediu que o mapa proposto por Arno Peters provocasse discussões entre seus pares. Adotado em várias bases pela Organização das Nações Unidas, Peters pretende, a partir de imagens de satélite, corrigir as distorções das projeções anteriores, em especial a de Mercator, em que a Europa, com 3,8 milhões de milhas quadradas, aparece maior que a América do Sul, com área de 6,9 milhões de milhas (Monmonier, 1995: 16). Mark Monmonier, cartógrafo, inclui a projeção de Peters, não cartógrafo, na categoria do "mapismo", que seria a crença de que uma projeção é melhor que todas as outras. O fato não debatido, mas que se pode perceber quando se analisam as projeções, é que ao mesmo tempo em que a projeção de Mercator era eurocêntrica (superdimensionando-a e colocando-a na parte superior) a projeção de Peters é prontamente adotada pelo órgão internacional envolvido com a igualdade de princípios econômicos, sociais e políticos entre os povos. Isso, como foi aqui debatido, desde que organizados em Estados nacionais – o que, por sua vez, é apenas uma das formas de entendimento geopolítico do mundo.

Comparando os mapas medievais T-O com os utilizados no Renascimento, poderia se ter imaginado que suas diferenças revelam uma ampliação da extensão abrangida pelos cartógrafos, em muito conseqüente de um progresso técnico. O mesmo da polêmica da projeção de Peters, que baseia suas alterações da forma e dimensões de continentes na utilização de instrumentos tecnológicos mais precisos. Contudo, viu-se que os mapas que tomaram a Europa renascentista foram as projeções baseadas na cartografia de Ptolomeu, desenvolvida havia mais de quinze séculos. A imagem européia do mundo medieval era a imagem católica, que guiava a apreensão, representação e construção do mundo. A cartografia, como qualquer representação, envolve uma carga técnica e ideológica que a determina e, conseqüentemente, determina seus próprios objetos. Nesse sentido, a representação do mundo, mais que o representar, o constrói.

Quando os modos de apreensão, construção e representação deixam de se complementar, é sinal de um momento de crise. Nas ciências, são os períodos marcados pelas revoluções, estudadas por Thomas Kuhn. Articulados os modos de apreensão, construção e representação de uma realidade, tem-se o que foi proposto como uma matriz, que não molda essa realidade, e sim permite que ela seja apreendida, decodificada e representada – podendo ser então discutida e trabalhada. Concordando-se ou não com a organização de seus elementos, eles são aceitos como próprios a uma realidade. A crise das matrizes ocorre quando outras organizações dos mesmos elementos alteram as anteriores transversalmente. Mas principalmente quando, por transformações científicas, ideológicas ou tecnológicas, são considerados elementos que até então não faziam parte de uma realidade, e que não podem ser organizados a partir dos princípios vigentes. Em outras palavras, quando elementos não se articulam com as matrizes que lhes são contemporâneas, sendo fortes o suficiente para transformá-las radicalmente.

O interesse em entender por que, quando e como essas crises ocorrem, deu-se pela constatação de se viver em um desses momentos críticos. Tendo como objeto a dimensão espacial do mundo, a necessidade de apreendê-la, representá-la e propor maneiras de discuti-la e construí-la, chocava-se com a impossibilidade de, para isso, utilizar-se a contento da forma como os conceitos estavam organizados, ou apoderar-se de outros que vinham sendo cunhados para abordar o problema. Termos como não-lugar, espaço crítico, desterritorialização, desmaterialização e outros, não obstante uma arguta forma metafórica de apontar e lidar com sinais de um momento crítico, não possibilitam a construção de um corpo teórico sistêmico que abranja as reformulações dos conceitos que formam a matriz espacial contemporânea.

Desse modo, apesar de conscientes de que a contemporaneidade vive uma crise de paradigmas que nortearam a maior parte do século XX, preferiu-se não discorrer a partir dos efeitos dessa crise, e sim buscar seus fundamentos. Nesse momento de conclusão de trabalho, rememorando que na Introdução metodológica foi discutido o processo heurístico que o marcou, vale uma breve reflexão sobre como, do despertar para a crise, chegou-se a este livro.

Uma das primeiras inquietações foi a tentativa de se compreender a interação do mundo "real" e do ciberespaço, através de permeabilidades notadas pelos fluxos financeiros ou audiovisuais que, inseridos em pontos urbanos, por exemplo, criam regiões de interface entre o mundo material e o mundo informacional. Regiões de interface onde afloram sintomas da crise das matrizes espaciais contemporâneas. Nesse sentido, a afirmação de Paul Virilio de que toda tecnologia produz seus acidentes é tão simples quanto iluminadora. Os progressos tecnológicos foram sempre acompanhados de seus acidentes específicos. Foi assim com os descarrilamentos dos trens e com a submersão do Titanic, para dar dois exemplos usados pelo autor; mas também com as doenças ligadas à poluição dos automóveis à combustão. Para Virilio (1996: 13), a grande diferença das tecnologias informacionais está em que, até então, todos esses acidentes eram situados com precisão, com abrangência restrita à localização do instrumento tecnológico; numa sociedade em rede e em escala global, os acidentes tendem similarmente a ser globais.

Partindo dessa questão, envolvendo dimensões espaciais, regiões e períodos de crise, buscou-se o entendimento e a apropriação de conceitos que vinham sendo propostos para a análise desses problemas e similares. Todavia, experiências cotidianas e circunstanciais, outras dimensões geopolíticas, sociais e culturais do mundo contemporâneo, e observações sobre projetos e obras artísticas foram sendo debatidas como exemplos que corroborassem ou refutassem o procedimento teórico e metodológico da pesquisa. Percebeu-se que tais eventos reforçavam a percepção inicial, de se viver num período de crise de conceitos que expliquem e construam o mundo; em contrapartida, em diversos casos os novos termos (como não-lugar, transarquitetura), que se propunham a abordar essa crise, não se prestavam ao entendimento sistêmico desses eventos. A constatação era a de que eles sinalizavam que o entendimento da dimensão espacial do mundo estava em crise. Mas, se não isso, o que propor? Não bastava o "não-isso" ou o "des-aquilo".

E, no entanto, mesmo insatisfeito com a efetividade desses novos termos para se entender a crise, o que aqui se propôs não foi se cunhar outro – ou outros. Isso porque a característica comum a esses termos metafóricos é que trazem uma negação ou tentativa de suplantação de conceitos espaciais de base. Mas até que ponto esses conceitos estariam, em sua essência, em crise? Será que parte dos novos termos propostos para indicar essa crise (em muito pelo aditivo de partículas negativas) não se basearia em críticas compromissadas de seus argumentos?

Foi retomando conceitos da dimensão espacial, através de variadas e distintas abordagens, que se elegeu os três que lhe são fundamentais: espaço, lugar e território. Entendendo que eles compartilham um mesmo substrato, mas têm peculiaridades conceituais, percebeu-se que não se deveria diferenciá-los por extensões, multiplicações ou subtrações de um mesmo; tampouco escolher um deles para abarcar o entendimento completo da crise. Pautando as tentativas de conceituação fina mas crítica de cada um dos termos, em conjunto com discussões sobre eventos e obras que serviam de balizas para esse processo conceitual, foi sendo reiterado que uma possibilidade de se discutir a complexidade da crise seria, ao mesmo tempo em que se conservava os conceitos fundamentais, trabalhar a organização desses conceitos. Ainda, justamente por analisar a crise, procurou-se trabalhar essa organização de modo que não se configurasse com um pretenso "molde" do mundo, nem um "sistema" do seu funcionamento. Amadureceu, partindo-se da proposta de leitura da história de Paul Veyne, a noção de matriz espacial.

É a construção dessas matrizes espaciais que oferecemos como instrumentos conceituais e metodológicos para que pensemos os eventos da crise contemporânea – outros eventos, não só os exemplificados no livro. As matrizes espaciais como matrizes intelectuais para a compreensão do mundo. Matrizes que são, ao mesmo tempo, formadas e formadoras do mundo, que são significadas e dão significado aos fundamentos do espaço, território e lugar. As matrizes que são postas em crise, provocam a crise, alteram-se e alteram seus fundamentos. E se reconstroem, mutáveis.

BIBLIOGRAFIA

ABBAGNAND, Nicola (1971). *Dizionario di Filosofia*. Torino, UTET.
AGNEW, John e CORBRIDGE, Stuart (1989). "The New Geopolitics: The Dynamics of Geopolitical Disorder". In: JOHNSTON, R. J. e TAYLOR, P. J. *A World in Crisis?*. Oxford, Basil Blackwell, pp. 266-288.
ALLEN, Philip (1922). *L'atlas des atlas. Le monde vu par les cartographes*. France, Brepols, 1993. (Trad. Joseph Longton de *The Atlas of Atlases*). London, Marshall.
ANDRADE, Manuel Correia de (1994). "Territorialidades, Desterritorialidades, Novas Territorialidades: Os Limites do Poder Nacional e do Poder Local". In: SANTOS, Milton; SILVEIRA, Maria Laura e SOUZA, Maria Adélia (orgs.). *Território – Globalização e Fragmentação*. São Paulo, Hucitec/Anpur, pp. 213-220.
APPADURAI, Arjun (1990). "Disjuncture and Difference in the Global Cultural Economy". *Theory, Culture & Society*, London, Sage, vol. 7, n. 2-3 (special issue *Global Culture*), pp. 295-310.
_____.(1996). "Sovereignty without Territoriality: Notes for a Posnational Geography". In: YAEGER, Patricia (ed.). *The Geography of Identity*. Michigan, University of Michigan, pp. 40-58.
ARANTES, Otília (1998). *Urbanismo em Fim de Linha*. São Paulo, Edusp.

ARGAN, Giulio Carlo (1992). *História da Arte como História da Cidade*. São Paulo, Martins Fontes. (Trad. Pier Luigi Cabra de *Storia dell'Arte come Storia della Città*. Riuniti, 1984.)

ARNHEIM, Rudolf (1989). *Intuição e Intelecto na Arte*. São Paulo, Martins Fontes. (Trad. Jefferson L. Camargo de *New Essays on the Psychology of Art*. University of California, 1986.)

ARON, Raymond (1962). *Paix et guerre entre les nations*. Paris, Calmann-Lévy.

_____. (1959). *La société industrielle et la guerre*. Paris, Plon.

ASCOTT, Roy (1995). "Télénoïa". In: POISSANT, Louise (org.). *Esthétique des arts médiatiques – tome 1*. Sainte-Foy (Canadá), Université du Québec, pp. 363-383.

AUGÉ, Marc (1994). *Não-lugares. Introdução a uma Antropologia da Supermodernidade*. Campinas, Papirus. (Trad. Maria L. Pereira de *Non-lieux. Introduction à une anthropologie de la surmodernité*. Paris, Seuil, 1992.)

_____. (1994). *Pour une anthropologie des mondes contemporaines*. Paris, Aubier.

BACHELARD, Gaston (1989). *A Poética do Espaço*. São Paulo, Martins Fontes. (Trad. Antonio de Padua Danesi de *La poéthique de l'espace*. Paris, Presse Universitaire de France, 1957.)

BADIE, Bertrand (1995). *La fin des territoires*. Paris, Arthème et Fayard.

BARTHOLO JR., Roberto CAMPOS, Arminda Eugênia (org. e trad.) (1990). *Islã – O Credo e a Conduta*. Rio de Janeiro, Imago/Instituto Superior de Estudos da Religião.

BAUD, Pascal; BOURGEAT, Serge e BRAS, Catherine (1995). *Dictionnaire de Géographie*. Paris, Hatier.

BAUDRILLARD, Jean (1987). *L'autre par lui même. Habilitation*. Paris, Galilée.

_____. (1968). *Le système des objets*. Paris, Gallimard. (Trad. Zulmira Ribeiro Tavares. *O Sistema do Objeto*, São Paulo, Perspectiva, 1973.)

_____. (1983). *Les stratégies fatales*. Paris, Grasset.

BAUMAN, Zigmunt (1999). *Globalização: As Conseqüências Humanas*. Rio de Janeiro, Jorge Zahar. (Trad. Marcos Penchel de *Globalization: The Human Consequences*. Cambrigde/Oxford, Blackwell, 1998.)

BÉDARD, Jean-François (ed.) (1994). *Cities of Architectural Excavation. The Work of Peter Eisenman, 1978-1988*. Montréal, Centre Canadien d'Architecture and Rizzoli.

BENJAMIN, Walter (1987). *Rua de Mão Única. Obras Escolhidas II*. São Paulo, Brasiliense. (Trad. Rubens Rodrigues Torres Filho de *Einbahnstrasse* e José Carlos Martins Barbosa de *Berliner Kindheit um neunzehnhundert* e *Denkbilder. Suhrkamp*.)

BENKO, Georges e LIPIETZ, Alain (orgs.) (1992). *Les régions qui gagnent. Districts et réseaux: les nouveaux paradigmes de la géographie économique*. Paris, Presses Universitaires de France.

BENKO, Georges (1997). "Introduction: Modernity, Postmodernity and the Social Sciences". In: BENKO, Georges e STROHMAYER, Ulf (eds.). *Space and Social Theory – Interpreting Modernity and Postmodernity*. Oxford, Blackwell, pp. 1-44.

_____. (1999a). "La mondialisation de l'économie n'est pas synonyme d'abolition des territoires". In: CORDELLIER, Serge (org.). *Le nouvel état du monde – les 80 idées-forces pour entrer dans le 21e siècle*. Paris, La Découverte, pp. 128-130.

_____. (1999b). "Stratégies de communication et marketing urbain". *Pouvoirs locaux*, n. 42, pp. 12-18, sep.

_____. (1996). *Economia, Espaço e Globalização na Aurora do Século XXI*. Hucitec, São Paulo. (Trad. Antônio de Pádua Danesi.)

BONNEMAISON, Joël e CAMBREZY, Luc. (1996). "Le lien territorial – entre frontières et identités". *Géographie et cultures*. Paris, n. 20, pp. 7-18.

BOYERS, M. Christine (1996). *Cybercities*. New York, Princeton Architectural Press.

BRANDÃO, Carlos Antonio Leite. (1991). *A Formação do Homem Moderno Vista através da Arquitetura*. Belo Horizonte, AP Cultural.

BRETON, Roland (1991). *Géographie des civilisations*. 2. ed., Paris, Presses Universitaires de France.

_____. (1998). *Peuples et états. L'impossible equations?* Paris, Flammarion. (collection Dominos.)

BROCKMAN, John (1989). *Einstein, Gertrude Stein, Wittgenstein e Frankenstein. Reinventando o universo*. São Paulo, Cia. das Letras. (Trad. Valter Ponte.)

BROECKMAN, Andreas (1995). "Next Five Minutes: Some Points of Departure" (paper). Rotterdam, V2_Organisatie. (www.v2.nl/n5m).

_____. (1997). "Translocal Urbanities. Considerations about Experimental Interfaces for the Urban Machine" (paper). Rotterdam, V2_Organisatie. (www.v2.nl/n5m).

BRUNET, Roger; FERRAS, H. e THÉRY, H. (1993). *Les mots de la géographie – dictionnaire critique*. Montpellier, Reclus.

BUCKLEY, Walter (1971). *A Sociologia e a Moderna Teoria dos Sistemas*. São Paulo, Cultrix/Edusp. (Trad. Octavio Mendes Cajado de *Sociology and the Modern Theory of System*. Englewoods Cliffs, USA, Prentice-Hall, 1967.)

BUENO, Eduardo (1998). *A Viagem do Descobrimento*. Rio de Janeiro, Objetiva.

CALVINO, Italo (1991). *Cidades Invisíveis*. São Paulo, Cia. das Letras. (Trad. Diogo Mainardi de *Le città invisibili*. Italia, Palomar, 1972.)

CAMARGO, Nelly de (1995). "Um Comunicador/Educador sob Medida: o Profissional da Cultura". *Logos*, Rio de Janeiro, Universidade Federal do Rio de Janeiro, n. 3, pp. 23-28.

CARLOS, Ana Fani Alessandri (1996). *O Lugar do/no Mundo*. São Paulo, Hucitec.

CASEY, Edward (1993). *Getting Back into Place. Toward a Renewed Understanding of the Place-world*. Indianapolis, Indiana University Press.

_____. (1997). *The Fate of Place – A Philosophical History*. Berkeley y Los Angeles, University of California.

CASTELLS, Manuel (1986). "The New Urban Crisis". In: FRICK, Dieter (ed.). *The Quality of Urban Life. Social, Psychological and Physical Conditions*. Berlin/New York, Walter de Gruyter, pp. 13-18.

_____. (1989). *The Informational City*. Oxford, Blackwell.

_____. (1991). *The Informational City: A New Framework for Social Change*. (Research paper 184 in the city in the 1990s series.) Toronto, Centre for Urban and Community Studies, University of Toronto.

_____. (1997). *The Power of Identity*. Vol. 2 of *The Information Age: Economy, Society and Culture*. Malden, Blackwell.

_____. (1996). *The Rise of Network Society*. Vol. 1 of *The Information Age: Economy, Society and Culture*. Malden, Blackwell.

CASTI, John (1998). *Mundos Virtuais*. Rio de Janeiro, Revan. (Trad. Paulo Castanheira de *Would-be Worlds*. United States, John Wiley & sons, 1997.)

CERNETIG, Miro (1999). "Starbucks' Tempest in China's Teapot". *The Globe*, Ottawa, jan. 22.

CHOAY, Françoise (1979). *Urbanismo*, São Paulo, Perspectiva. (Trad. Dafne Nascimento Rodrigues.)

CHOSSUDOVSKY, Michel (1998). *La mondialisation de la pauvreté: la conséquence des réformes du FMI et de la Banque Mondiale*. Montréal, Écosociété. (Trad. de *The Globalisation of Poverty: Impact of IMF and World Bank Reforms*.)

CLAVAL, Paul (1994). *Géopolitique et géostratégie*. Paris, Nathan.

_____. (1994). *Géopolitique et géostratégie*. Paris, Nathan.

_____. (1993). *La géographie au temps de la chute des murs*. Paris, L'Harmattan.

COELHO NETTO, José Teixeira (1979). *A Construção do Sentido na Arquitetura*. São Paulo, Perspectiva.

COSTA, Cristina (1998). *Arte: Resistências e Rupturas*. São Paulo, Moderna.

COSTA, Lucio (1997). *Registro de uma Vivência*. São Paulo, Empresa das Artes.

COSTA E SILVA, Golbery do (1967). *Geopolítica do Brasil*. Rio de Janeiro, José Olympio.

COULQUHON, Alan (1991). "Historicism and the Limits of Semiology". *Essays in Architecture and Historical Changes*. Cambridge (US), MIT, pp. 129-138.

CROW, Dennis (1996). "Geography and Identity: Living and Exploring Geopolitics of Identity". In: CROW, Dennis (ed.). *Geography and Identity: Living and Exploring Geopolitics of Identity*. Washington, Maisonneuve, pp. 1-39.

DAL CO, Francesco & TAFURI, Manfredo (1991). *Architecture contemporaine*. Paris, Gallimard/Electa.

DEBORD, Guy (1992). *La société du spectacle*. Paris, Gallimard.

DELEUZE, Gilles e GUATTARI, Félix (1995). *Mil Platôs – Capitalismo e Esquizofrenia*, vol. 1. Rio de Janeiro, 34. (Trad. Ana Lúcia de Oliveira (coord.) de *Mille plateaux – capitalisme et schizoprhénie*. Paris, Minuit, 1980.)

DENTIN, Serge (1993). "O Virtual nas Ciências". In: PARENTE, André (org.). *Imagem-máquina. A Era das Tecnologias do Virtual*. Rio de Janeiro, 34, pp. 133-143.

DER SPIEGEL (1997). "Campo de Batalha Futuro Será Tela de Computador". *O Estado de S. Paulo*, São Paulo, 20 abr., p. A20.

DERRIDA, Jacques (1995). *Khôra*. Campinas, Papirus. (Trad. Nícia Adan Bonatti de *Khôra*. Paris, Galilée, 1993.)

DORFLES, Gillo (1984). *O Design Industrial e a sua Estética*. Lisboa, Presença. (Trad. Wanda Ramos.)

DUARTE, Fábio (1999). *Arquitetura e Tecnologias de Informação: da Revolução Industrial à Revolução Digital*. São Paulo, Annablume, Unicamp/Fapesp.

_____. (1998). *Global e Local no Mundo Contemporâneo*. São Paulo, Moderna.

DUPUY, Gabriel (1985). *Systèmes, réseaux et territoires. Principes réseautiques territoriale*. Paris, Presses de l'École Nationale des Ponts et Chaussées.

DURAND, Marie-Françoise; LÉVY, Jacques e RETAILLÉ, Denis (eds.) (1992). *Le monde, espaces et systèmes*. Paris, Dalloz et Fondation nationale des sciences politiques.

DUVIGNAUD, Jean (1977). *Lieux et non lieux*. Paris, Galilée.

ECO, Umberto (1976). *Obra Aberta*. São Paulo, Perspectiva. (Trad. Sebastião Uchoa Leite de *Opera aperta*. Milano, Valentino Bompiani.)

EISENMAN, Peter (1993). *Malhas, Escalas, Rastros e Dobras na Obra de Peter Eisenman*. Catálogo. São Paulo, Masp.

Encyclopaedia Universalis (1995). Paris, Encyplopaedia Universalis de France.

ENGELS, Friedrich (1996). *"The Great Towns"* from *The condition of the working class in England* (1845). In: LEGATES, Richard e STOUT, Frederic (orgs.). *The City Reader*. London/New York, Routledge.

ENZENBERGER, Hans Magnus (1995). *Guerra Civil*. São Paulo, Cia das Letras. (Trad. Marcos Lacerda de *Aussichten auf den Bürgerkrieg* e Sérgio Flaksman de *Europe in ruinen* e *Die grosse Wanderung*. Frankfurt, Suhrkamp, 1993.)

EPSTEIN, Isaac (1986). *Cibernética*. São Paulo, Ática.

ERNST, Wolfgang (1997). "Non-located Data versu Local Resistance". Paper sent by Christian Huebler.

FEATHERSTONE, Mike (1995). *Undoing Culture. Globalization, Postmodernism and Identity*. London, Sage.

FERRARA, Lucrécia D'Alessio (1998). "Arquitetura e Linguagem: Investigação Contínua". In: OLIVEIRA, Ana Cláudia e FECHINE, Yvana (orgs.). *Visualidade Urbanidade Intertextualidade*. São Paulo, Hacker.

_____. (1986). *A Estratégia dos Signos. Linguagem, Espaço, Ambiente Urbano*. São Paulo, Perspectiva.

_____. (1993). *Olhar Periférico. Informação, Linguagem, Percepção Ambiental*. São Paulo, Edusp.

FRAMPTON, Kenneth. (1996). "Place, Form, and Identity". In: CROW, Dennis (ed.). *Geography and Identity: Living and Exploring Geopolitics of Identity*. Washington, Maisonneuve, pp. 165-171.

_____. (1992). *Modern Architecture – A Critical History*. 3. ed. London, Thames and Hudson.

FRIEDMAN, Thomas L. (1999). "Manifesto para o Mundo Veloz". *O Estado de S. Paulo*, São Paulo, Caderno 2, 23 maio, pp. 4-7.

GARNIER, Jean-Pierre (1988). *Le capitalisme high-tech*. Paris, Spartacus.

GEISERT, Helmut (org.) (1994). *Aldo Rossi Architect*. London, Academy.

GIEDION, Siegfried (1978). *Espace, temps, architecture*. Paris, Denöel/Gonthier.

GUATTARI, Félix (1986). "Questionnaire: Answer". *Zone 1/2*, New York, p. 460.

_____. (1992a). "Regimes, Pathways, Subjects". *Zone 6*, New York, pp. 16-37.

_____. (1992b). *Chaosmose*. Paris, Galilée.

_____. (1989). *Trois écologies*. Paris, Galilée.

HABERMAS, Juergen (1987). "Arquitetura Moderna e Pós-moderna". *Novos Estudos*, n. 18, pp. 115-126, setembro. (Trad. C. Eduardo Jordão Machado.)

HALL, Edward (1984). *Le langage silencieux*. Paris, Seuil. (Trad. Jean Mesrie e Barbara Niceall de *The Silent Language*. Grande City, Doubleday, 1959.)

_____. (1969). *The Hidden Dimension*. New York, Anchor Book.

HALL, Peter e MARKUSEN, Ann (eds.) (1985). *Silicon Landscapes*. Winchester, Allen & Unwin.

HALL, Peter (1991a). *Cities and Regions in a Global Economy*. (Working paper 550) Institute of Urban and Regional Development, University of California at Berkeley, Nov.

_____. (1996). *Cities of Tomorrow. An Intellectual History of Urban Planning and Design in the Twentieth Century – Updated edition*. Cambridge, Blackwell. (Trad. Pérola de Carvalho. *Cidades do Amanhã*, São Paulo, Perspectiva, 1995.)

_____. (1990a). *Disappearing City?* (Working paper 506). Institute of Urban and Regional Development, University of California at Berkeley, march.

_____. (1990b). *International Urban Systems*. (Working paper 514). Institute of Urban and Regional Development, University of California at Berkeley, Mar.

_____. (1990c). *Reinventing the City*. (Research paper 179 in "The city in the 1990s series: lecture 1"). Centre for Urban and Community Studies, University of Toronto.

_____. (1991b). *The European City System in the 21st Century*. (Working paper 552). Institute of Urban and Regional Development, University of California at Berkeley, Dec.

_____. (1990d). *The Generation of Innovative Milieux: An Essay in Theoretical Synthesis*. (Working paper 505). Institute of Urban and Regional Development, University of California at Berkeley, Mar.

HALL, Stuart (1997). "Old and New Identities, Old and News Ethnicities". IN: KING, Anthony (org.). *Culture, Globalization and the World System. Contemporary Conditions for the Representation of Identity*. Minneapolis, University of Minnesota Press, pp. 41-68.

_____. (1997). "The Local and the Global: Globalization and Ethnicity". In: KING, Anthony (org.). *Culture, Globalization and the World System. Contemporary Conditions for the Representation of Identity*. Minneapolis, University of Minnesota Press, pp. 19-39.

HANNERZ, Ulf (1990). "Cosmopolitans and Locals in World Culture". *Theory, Culture & Society*. London, Sage, vol. 7, n. 2-3, (special issue *Global Culture*), pp. 237-251.

_____. (1997). "Scenarios for Peripheral Cultures". In: KING,

Anthony (org.). *Culture, Globalization and the World System. Contemporary Conditions for the Representation of Identity.* Minneapolis, University of Minnesota Press; pp. 107-128.

HARVEY, David (1990). *The Condition of Postmodernity.* Oxford, Blackwell.

HEIDEGGER, Martin. (1958). "Bâtir habiter penser". *Essais et conférences.* Paris, Gallimard. (Trad. André Préau.)

HERRENSCHMIDT, Clarisse. (1999). "Écriture, monnaie, réseau. Inventions des anciens, inventions des modernes". *Le débat*, n. 106, septembre-octobre.

HOBSBAWM, Eric. (1995). *Era dos Extremos. O Breve Século XX, 1914-1991.* São Paulo, Cia das Letras. (Trad. Marcos Santarrita de *Age of Extremes. The Short Twentieth Century, 1914-1991*, Pantheon Books, 1994.)

_____. (1990). *Nations and Natinalism since 1780.* Cambridge, Cambridge University Press.

HOERNER, Jean-Michel. (1996). *Géopolitique des territoires. De l'espace approprié à la suprématie des États-nations.* Perpignan, Presses Universitaires de Perpignan.

HOLANDA, Sergio Buarque. (1959). *Visão do Paraíso.* São Paulo, Brasiliense.

HUEBLER, Christian. (1997). *Entrevista a Fábio Duarte e Sandro Canavezzi.* São Paulo.

HUGHES, Robert. (1993). *A Cultura da Reclamação.* São Paulo, Cia. das Letras. (Trad. Marcos Santarrita de *Culture of complaint*, 1993.)

HUNTINGTON, Samuel. (1997). *O Choque de Civilizações e a Recomposição da Ordem Mundial.* Rio de Janeiro, Objetiva. (Trad. M. H. C. Côrtes de *The Clash of Civilizations and the Remaking of World Order*, 1996.)

IANNI, Octavio. (1988). "A Questão Nacional na América Latina". *Estudos Avançados.* Instituto de Estudos Avançados, Universidade de São Paulo, vol. 2, n. 1, pp. 5-40, jan.-mar.

_____. (1993). *A Sociedade Global.* Rio de Janeiro, Civilização Brasileira.

_____. (1995). *Teorias da Globalização.* Rio de Janeiro, Civilização Brasileira.

JACOBS, Jane. (1991). *Déclin et survie des grandes villes américaines.* Liège, Mardaga. (Trad. Claire Parin-Senemaud.)

JAMESON, Frederic. (1994). "Modernism *versus* Postmodernism in Peter Eisenman". In: BÉDARD, Jean-François (ed.). *Cities of Architectural Excavation. The Work of Peter Eisenman, 1978-1988.* Montréal, Centre Canadien d'Architecture and Rizzoli, pp. 27-73.

_____. (1995). *Espaço e Imagem. Teorias do Pós-moderno e Outros Ensaios*. Rio de Janeiro, Universidade Federal do Rio de Janeiro. (Trad. Ana Lúcia Almeida Gazolla.)
JENCKS, Charles (1991). *The Language of Postmodern Architecture*. 6. ed., London, Academy, 1991.
_____. (1996). *What is Post-modernism?*. London, Academy.
JUNG, Carl Gustav (1975). *Memórias, Sonhos, Reflexões*. Rio de Janeiro, Nova Fronteira. (Trad. Dora Ferreira da Silva de *Memories, Dreams, Reflexions*. Random House, 1961.)
KANDEL, Maya (1998). "Silicon Alley à la conquête des nouveaux médias". *Libération*, Paris. (http://www.liberation.com/alley/index.htm)
KELLNER, Douglas (1988). "Postmodernism as Social Theory: Some Challenges and Problems". *Theory, Culture & Society*. London, Sage, vol. 5, n. 2-3 (issue *Postmodernism*), pp. 239-269.
KITTO, H. D. F. (1996). "The polis" from The Greeks (1957). In: LEGATES, Richard e STOUT, Frederic (orgs.). *The City Reader*. London/New York, Routledge; pp. 32-36.
KNOWBOTIC RESEARCH (1996). "Dialogue with Knowbotic South", in www.khm.de/people/krcf/
_____. (1997). "I0_dencies: Questioning Urbanity". In www.khm.de/peple/krcf/
KRISTOF, Nicholas e SANGER, David (1999b). "How U.S. Wooed Asia to Let Cash Flow in". *The New York Times*, special document *Global Contagion*; Febr. 16.
KRISTOF, Nicholas e WUDUNN, Sheryl (1999c). "World's Markets, None of them an Island". *The New York Times*, special document *Global Contagion*, Febr. 17.
KRISTOF, Nicholas e WYATT, Edward (1999a). "Who Sank, or Swam, in Choppy Currents of a World Cash Ocean". *The New York Times*, special document *Global Contagion*, Febr. 15.
KUHN, Thomas (1983). *La structure des révolutions scientifiques*. Paris, Flammarion. (Trad. Beatriz Vianna Bolira e Nelson Bolira. *A Estrutura das Revoluções Científicas*, São Paulo, Perspectiva, 1976.)
KURZ, Robert (1997). "O Último Buraco Negro". *Folha de São Paulo*. Mais!, São Paulo, 14 dez, pp. 5-6.
LACHS, Manfred (1994). "O Direito Internacional no Alvorecer do Século XXI". *Estudos Avançados*, vol. 8, n. 21, pp. 97-117, maio-ago.
LACOSTE, Yves (direction) (1993). *Dictionnaire de géopolitique*. Paris, Flammarion.
_____. (1996). "Encore et toujours de territoires". *Géographies et cultures*. Paris, L'Harmattanno, n. 20, pp. 119-124.
_____. (1997). *Vive la nation. Destin d'une idée géopolitique*. Paris, Fayard.

LASH, Scott e URRY, John (1994). *Economies of Signs & Space*. London/ New Delhi, Sage.

LATOUR, Bruno (1995). *Le métier de chercheur – regard d'un anthropologue*. Paris, INRA.

―――――. (1991). *Nous n'avons jamais été modernes. Essai d'antrhopologie symétrique*. Paris, La Découverte.

LE CORBUSIER (1996)."A Contemporary City" from *The City of Tomorrow and its Planning* (1929). In: LEGATES, Richard & STOUT, Frederic (org.). *The City Reader*. London/New York, Routledge, 1996, pp. 368-375.

―――――. (1981). *Carnets. Volume 1, 1914-1948*. Paris, Herscher.

―――――. (1957). *Charte d'Athènes*. Paris, Minuit.

―――――. (1991). *Oeuvre complète. Volume 2, 1929-1934*. Zurich, Artemis.

―――――. (1980).*Urbanisme*. Paris, Arthaud.

LEFEBVRE, Henri (1981). *La production de l'espace*. Paris, Anthropos.

LEGATES, Richard and STOUT, Frederic (1996). *The City Reader*. London/ New York.

LÉVY, Jacques (1991). "Géopolitique et/ou géographie du politique". In: LÉVY, Jacques (org.). *Géographie du politique*. Paris, Fondation nationale des sciences politiques; pp. 17-22.

LÉVY, Pierre (1998). *A Inteligência Coletiva. Por uma Antropologia do Cciberespaço*. São Paulo, Loyola. (Trad. Luiz Paulo Rouanet de *L'intelligence collective. Pour une anthropologie du cyberspace*. Paris, La découverte, 1994.)

―――――. (1999). *Cibercultura*. Rio de Janeiro, 34. (Trad. Carlos Irineu da Costa de *Cyberculture*, Paris, Edile Jacob, 1997.)

LIPIETZ, Alain (1992). *Berlin, Bagdad, Rio. Le XXIe siècle est commencé*. Paris, Quai Voltaire.

LOROT, Pascal (1995). *Histoire de la géopolitique*. Paris, Economica.

LYNCH, Kevin (1990). *A Imagem da Cidade*. Lisboa, Edições 70. (Trad. Maria Cristina T. Afonso de *The Image of the City*. United States, MIT, 1960.)

LYOTARD, Jean-François (1979). *a condition postmoderne*. Paris, Minuit.

MAFFESOLI, Michel (1997). *Du nomadisme. Vagabondes initiatiques*. Paris, Livre de poche.

MAGNOLI, Demétrio (1996). *O Mundo Contemporâneo. Relações Internacionais 1945-2000*. São Paulo, Moderna.

MARCUSE, Peter e VAN KEMPEN, Ronald (1997). "A New Spatial Order in Cities?". *American Behavioral Scientist*, vol. 41, n. 3, pp. 285-298, nov.-dec.

MAREJKO, Jan (1994). *Dix méditations sur l'espace et le mouvement*. Lausanne, L'âge d'homme.

MARTIN, Hans Peter (1997). "O Brasil é uma Mentira". Entrevista a Elisa Byington. *Carta Capital*, ano II, n. 54, pp. 32-34, 6 ago.

MCLUHAN, Marshall. (1969). *Os Meios de Comunicação como Extensões do Homem*. São Paulo, Cultrix.

MERLIN, Pierre e CHOAY, Françoise (org.) (1988). *Dictionnaire de l'urbanisme et de l'aménagement*. Paris, Presses Universitaires de France.

MEYROWITZ, Joshua (1985). *No sense of place*. New York, Oxford University Press.

MIGRAY, Douglas (1999). "The Silicon Archipelago". *Daedalus*. American Academy of Arts and Sciences, vol. 128, n. 2, pp. 147-176, Spring.

MITCHELL, William (1995). *City of Bits: Space, Place and Infobahn*. Cambridge/London, MIT Press.

MONMONIER, Mark (1995). "The Peters Projection Controversy". *Drawing the Line*. New York, Henry Holtland Co., pp. 9-46.

MORIN, Edgar (1977). *Cultura de Massas no Século XX. O Espírito do Tempo 2 – Necrose*. Rio de Janeiro, Forense. (Trad. Agenor Soares Santos de *L'esprit du temps 2 – Necrose*. Paris, Gasset et Fasquelle, 1975.)

———. (1969). *Introdução à Política do Homem e Argumentos Políticos*. Rio de Janeiro, Forense. (Trad. Celso de Sylos de *Introduction à une politique de l'homme suivi de arguments politiques*. Paris, Seuil, 1965.)

MUMFORD, Lewis (1996). "What is a City?" from Architectural Record (1937). In: LEGATES, Richard e STOUT, Frederic (org.). *The City Reader*. London/New York, Routledge; pp. 184-188.

———. (1982). *A Cidade na História. Suas Origens, Transformações e Perspectivas*. São Paulo/Brasília, Martins Fontes/Universidade de Brasília. (Trad. Neil da Silva de *The City in History. Its origins, its Transformations and its Prospects*.)

MUSSOLINI, Benito (1995). "Entrevista a Emil Ludwig". IN: ALTMAN, Fábio. *A Arte da Entrevista – Uma Antologia de 1823 aos Nossos Dias*. São Paulo, Scritta, pp. 118-127.

NEGROPONTE, Nicholas (1995). *A Vida Digital*. São Paulo, Cia. das Letras. (Trad. Sérgio Tellaroli de *Being Digital*, 1995.)

NOPEN, Luc e MORISSET, Lucie (1998). *Québec de roc et de pierres. La capitale en architecture*. Québec, Multimondes.

NOVAK, Marcos (1991). "Liquid Architecture in Cyberspace". In: BENEDIKT, Michael (org.). *Cyberspace: First Steps*. Cambridge, MIT Press.

———. (1998). "Next Babylon, Soft Babylon – (Trans)Architecture is an Algorithm to Play in". *Architectural and Design – Architects in Cyberspace II*, London, pp. 21-27, vol. 68, n. 11-12, Nov./ Dec.

―――――. (1999). "Transarquiteturas e Transmoderno". Conferência no ciclo *Intervenções Megacidades*, organizado por ArteCidade. São Paulo, jun.

―――――. (1995). "Transmitting Architecture: The Transphysical Space". *International Symposium on Electronic Art: Proceedings*. 6. ed., Montréal; pp. 219-225.

―――――. "TransTerraFirma: After Territory". In *Transarchitecture*, site do autor: www.aud.ucla.edu/~marcos, s/d.

Nox (1996). "The Strategy of the Form". *Dutch Electronic Art Festival – Digital Territories*, Roterdã. www.v2/nl/DEAF/96/nodes/ NOX.

Ortega y Gasset, José (1970). "La Rebelión de las Masas". *Revista de Occidente*, 1970, 41. ed..

Ortiz, Renato (1999). *Um Outro Território. Ensaios sobre a Mundialização*. São Paulo, Olho d'Água.

―――――. (1994). *Mundialização e Cultura*. São Paulo, Brasiliense.

Parrochia, Daniel (1993). *Philosophie des réseaux*. Paris, Presses Universitaires de France.

Pavitch, Milorad (1989). *Dicionário Kazar*. São Paulo, Marco Zero. (Trad. Herbert Daniel.)

Peirce, Charles Sanders (1977). *Semiótica*. São Paulo, Perspectiva. (Trad. J. T. Coelho Netto.)

Peixoto, Nelson Brissac (1996). *Paisagens Urbanas*. São Paulo, Marca d'Água/Senac/Fapesp.

Pelletier, Monique (dir.) (1998). *Couleurs de la Terre. Des mappemondes médiévales aux images satellitales*. Paris, Seuil/ Bibliothèque nationale de France.

Perrella, Stephen (1994). "Topología de Hipersuperficies". *Fisuras – De las Entrezonoas y los Deslugares*, Madrid, n. 3, ¼, pp. 112-135.

Pirenne, Henri (1996). "Cities and European Civilization" from *Medieval cities* (1925). In: Legates, Richard & Stout, Frederic (orgs.). *The City Reader*. London/New York, Routledge; pp. 41-45.

Platão. *Timeu e Crítias ou a Atlântida*. São Paulo, Hemus, s/d. (Trad. Norberto de Paula Lima.)

Plaza, Julio (1993). "As Imagens de Terceira Geração. Tecno-poéticas". In: Parente, André (org.). *Imagem-máquina. A Era das Tecnologias do Virtual*. Rio de Janeiro, 34; pp. 72-88.

―――――. (1996). "Arte/Ciência: Uma Consciência". *Comunicações e Artes* n. 29, pp. 24-33, set.-dez.

_____. (1987). *Tradução Intersemiótica*. São Paulo, Perspectiva.

POE, Edgar Alan (1978). "O Poço e o Pêndulo". *Histórias Extraordinárias*. São Paulo. (Trad. de Breno Silveira e outros de *Tales of the Grotesque and Arabesque*, pp. 259-278.)

PRADO, Gilbertto (1997b). "Cronologia de Experiências Artísticas nas Redes de Telecomunicações". *Trilhas*, n. 6, vol. 1, pp. 77-103, jul.-dez. de 1997b.

_____. (1997a). "Dispositivos Interativos: Imagens em Redes Telemáticas". IN: DOMINGUES, Diana (org.). *A Arte no Século XXI – A Humanização das Tecnologias*. São Paulo, Unesp, 1997a, pp. 295-302.

PROULX, Marc-Urbain (1995). *Réseaux d'information et dynamique locale*. Chicoutimi, Université de Québec à Chicoutimi.

PUCHKIN, V. N. (1969). *Heurística, a Ciência do Pensamento Criador*. Rio de Janeiro, Zahar.

QUÉAU, Philippe (1995). "Les frontières du virtuel et du réel". In: POISSANT, Louise (org.). *Esthétique des arts médiatiques – tome 1*. Sainte-Foy, Université du Québec; pp. 347-352.

_____. (1993). *Le virtuel – vertus et vertiges*. Seyssel, Champ Vallon/INA.

QUÉBEC. Gouvernement du Québec. *Centre de développement des technologies de l'information*. http://www.cdti.gouv.qc.ca.

_____. (1998). Ministère des Finances du Québec. *Communiqué*, 5 nov.

QUÉBEC. (1991). Ville de Québec. *Le quartier Saint-Roch. Une priorité aujourd'hui*.

_____. (1992). *L'espace Saint-Roch. Un projet réaliste*.

RAMONET, Ignacio (1993). *Geopolítica do caos*. 3. ed. Petrópolis, Vozes. (Trad. Guilherme J. F. Teixeira de *Géopolitique du chaos*. Paris, Galillé, 1997.)

RANGEL, Vicente Marotta (s/d). *Direito Internacional Público I*. São Paulo, Universidade de São Paulo, (mimeografado).

_____. *Teoria Geral do Direito Internacional Público*. (s/d) São Paulo, Universidade de São Paulo, (mimeografado).

REGNAULD, Hervé (1998). *L'espace, une vue de l'esprit?*. Rennes, Presses Universitaires de Rennes.

ROBIC, Marie-Claire. (1999). *L'invention de la géographie*. Cours à l'Université de Paris 1, oct.

ROSSI, Aldo (1988). *Autobiographie scientifique*. Marseille, Parenthèses. (Trad. de l'italien par Catherine Peyre.)

ROTZER, Florian (1994). "Between nodes and data packets". In: WEIBEL, Peter e GERBEL, Karl (orgs.). *ARS Electronica 94 – Intelligent Environment (Band 1)*. Linz, PVS, pp. 108-114.

Russ, Jacqueline (1991). *Dictionnaire de Philosophie*. Paris, Bordas.
Rybczynski, Witold (1992). *Looking Around – A Journey Through Architecture*. New York, Penguin.
_____. (1996). *Vida nas Cidades. Expectativas Urbanas no Novo Mundo*. Rio de Janeiro, Record. (Trad. Beatriz Horta de *City Life: Urban Expectations in a New World*, 1995).
Sabbah, Françoise (1985). "The New Media". In: Castells, Manuel (ed.). *High Technology, Space, and Society*. Urban Affairs Annual Review vol. 28, Beverly Hills, Sage, pp. 210-224.
Sachs, Aaron (1997). *Eco-justice: Linking Human Rights and the Environment*. (Worldwatch paper 127). Washington, Worldwatch Institute, Dec.
Sagan, Carl (1998). *Bilhões e Bilhões*. São Paulo, Cia. das Letras. (Trad. Rosaura Eichemberg de *Billions and billions*).
Santanayo, Mauro (1994). "O Século XXI e o Desafio das Etnias". In: Santos, Milton; Silveira, Maria Laura e Souza, Maria Adélia de (orgs.). *Território – Globalização e Fragmentação*. São Paulo, Hucitec/Anpur; pp. 321-330.
Santos, Milton (1996). *Técnica, Espaço e Tempo. Globalização e Meio Técnico-Científico-Informacional*. 2. ed. São Paulo, Hucitec.
_____. (1994). "O Retorno do Território". In: Santos, Milton; Silveira, Maria Laura e Souza, Maria Adélia (orgs.) *Território – Globalização e Fragmentação*. São Paulo, Hucitec/Anpur; pp. 15-20.
_____. (1997). *A Natureza do Espaço. Técnica e Tempo. Razão e Emoção*. 2. ed. São Paulo, Hucitec.
_____. (1989). *Espace et méthode*. Paris, Publisud. (Trad. Marie-Hélène Tiercelin de *Espaço e Método*. São Paulo, Nobel, 1985.)
Santos, Theotonio dos (1994). "A Globalização Reforça as Particularidades". In: Santos, Milton; Silveira, Maria Laura & Souza, Maria Adélia (orgs.) *Território – Globalização e Fragmentação*. São Paulo, Hucitec/Anpur; pp. 72-76.
Sassen, Saskia (1996). "Identity in the Global City: Economic and Cultural Encasements". In: Yaeger, Patricia (ed.). *The Geography of Identity*. Michigan, University of Michigan, pp. 131-151.
_____. (1996). "The Global City". In: Campbell, Scott e Fainstein, Susan (eds.). *Readings in Urban Theory*. Oxford, Blackwell, pp. 61-71.
Saul, John (1997). *La civilisation inconsciente*. Paris, Payot.
Segawa, Hugo (1998). *Arquitetura no Brasil: 1900-1990*. São Paulo, Edusp.

SENNETT, Richard (1995). *O Declínio do Homem Público – As Tiranias da Intimidade*. São Paulo, Cia. das Letras. (Trad. Lygia Araújo Watanabe de *The Fall of Public Man*, 1974.)

SHORT, Ernest (1936). *Esquisse de géopolitique*. Paris, Payot.

SIEGFRIED, André (1998). "Quelques aspects mal explorés de la géographie: la géographie des couleurs, des odeurs et des son". (Conférence donnée à Paris le 18 mars 1947.) In: DULAU, Robert e PITTE, Jean-Robert (orgs.). *Géographie des odeurs*. Paris/Montréal, L'Harmattan.

SINGER, Paul (1998). *Economia Política da Urbanização*. 14. ed. São Paulo, Contexto.

SLATER, David (1997). "Geopolitics and the Postmodern: Issues of Knowledge, Difference and North-South relations". In: BENKO, Georges e STROHMAYER, Ulf (eds.). *Space and Social Theory – Interpreting Modernity and Postmodernity*. Oxford, Blackwell, pp. 324-335.

SOJA, Edward (1997). "Planning in/forPostmodernity". In: BENKO, Georges e STROHMAYER, Ulf (eds.). *Space and Social Theory – Interpreting Modernity and Postmodernity*. Oxford, Blackwell, pp. 236-249.

_____. (1989). *Postmodern Geographies*. London/New York, Verso.

SPUYBROECK, Lars (1998). "Nox Projects". *Architectural and Design – Architects in Cyberspace II*. London, Nov.-Dec, pp. 34-41, vol. 68, n. 11-12.

STEFOFF, Rebecca (1995). *Maps and Mapmaking*. London, The British Library.

TABB, William (1997). "Globalization is *an* issue, the power of capital is *the* issue". *Globalization Monthly Review*, pp. 20-30, June.

TAFURI, Manfredo (1993). "Entrevista por Ana Luiza Nobre". *Arquitetura e Urbanismo*. São Paulo, n. 48, pp. 66-68, jun.-jul.

_____. (1972). *Projecto e Utopia*. Lisboa, Presença, 1985. 1. ed.

_____. (1972). *Teorías e Historia de la Arquitectura*. Barcelona, Laia.

_____. (1990). *The Sphere and the Labyrinth – Anvant-Gardes and Architecture from Piranesi to the 1970's*. London/Cambridge, MIT Press. (Translation by Pellegrino d'Acierno and Robert.)

TAYLOR, Mark (1994). "Designing the simcit". In: WEIBEL, Peter e GERBEL, Karl (orgs.). *ARS Electronica 94 – Intelligent Environment (Band 1)*. Linz, PVS; pp. 68-83.

TOFFLER, Alvin e TOFFLER, Heidi (1994). "Surfing The Third Wave. On Life And Work In The Information Age". Interview by Mary Eisenhart. *MicroTimes*, Jan; http://www.microtimes.com/toffler94.html.

_____. (1995). *Créer une nouvelle civilisation: la politique de la troisième vague*. Paris, Fayard. (Trad. de P.-E. Dauzat, M. Deutsch, A. Charpentier e J. Chicheportiche, *Creating a New Civilization: The Politics of the Third Wave*. Washington, The Progress & Freedom Foundation, 1994.)

TOFFLER, Alvin (1995). "Perspectives for a Changing World. A Return Visit With Alvin Toffler". (Interview by Mary Eisenhart.) *Microtimes*, http://www.microtimes.com/toffler.html.

_____. (1993). "Shock Wave (Anti) Warrior". (Conversation with Peter Schwartz.) *Wired Magazine*, http://www.wired.com/wired/1.5/features/toffler.html.

TUAN, Yi-Fu (1983). *Espaço e Lugar. A Perspectiva da Experiência*. São Paulo, Difel. (Trad. Lívia de Oliveira de *Space and Place: the Perspective of Experience*. University of Minnesota, 1977.)

VEYNE, Paul (1986). "O Inventário das Diferenças". (Aula inaugural no Collège de France.) Lisboa, Gradiva. (Trad. José Vasco Marques de *L'inventaire des différences*. Paris, Seuil, 1976.)

VIDAL DE LA BLACHE, Paul (1984). "Préface de l'Atlas Général". In: PINCHEMEL; Philippe, ROBIC, Marie-Claire e TISSIER, Jean-Louis (orgs.). *Deux siècles de géographie française – choix de textes*. Paris, Comité des Travaux Historiques et Scientifiques.

VIDAL, Gore (1997). "As Diversões Imperiais". *Folha de São Paulo*, Mais!, 7 dez., pp. 4-7.

VIRILIO, Paul (1995). "L'ère du gothique électronique". In: POISSANT, Louise (org.). *Esthétique des arts médiatiques – tome 1*. Sainte-Foy, Université du Québec, pp. 353-362.

_____. (1994). *Bunker archeology*. New York, Princeton Architectural Press. (Trad. George Collins, Paris, Centre Georges Pompidou, 1975.)

_____. (1996). *Cybermonde, la politique du pier*. Paris, Textuel.

_____. (1984). *L'horizon négatif*. Paris, Galilée.

_____. (1990). *L'inertie Polaire*. Paris, Christian Bourgois.

_____. (1993). *O Espaço Crítico*. Rio de Janeiro, 34. (Trad. Paulo Roberto Pires de *L'espace critique*. Paris, Christian Bourgois.)

WALLERSTEIN, Immanuel (1997). "The National and the Universal: Can There be such a Thing as World Culture?". In: KING, Anthony (org.). *Culture, Globalization and the World System. Contemporary Conditions for the Representation of Identity*. Minneapolis, University of Minnesota Press, pp. 91-105.

_____. (1991). *Geopolitics and geoculture*. Cambridge/Paris, Cambridge University Press/Maison des Sciences de l'Homme.

WATTS, Michael (1996). "Mapping Identities: Place, Space, and Community in an African City". In: YAEGER, Patricia (ed.). *The*

Geography of Identity. Michigan, University of Michigan, pp. 59-97.

WEIBEL, Peter (1994). "Intelligent Beings in an Intelligent Universe". In: WEIBEL, Peter e GERBEL, Karl (orgs.). *ARS Electronica 94 – Intelligent Environment (Band 1)*. Linz, PVS, pp. 6-26.

WESTWOOD, James (1995). *Lugares Misteriosos*. Madri/Lisboa, Del Prado. (Trad. Maria Irene Carvalho de *The Atlas of Mysterious Places*.)

WILHEIM, Jorge (1994). *Fax – Mensagens de um Futuro Próximo*. Rio de Janeiro, Paz e Terra.

_____. (1998). *O Caminho de Istambul*. Rio de Janeiro, Paz e Terra.

WINTLE, Michael (1999). "Renaissance Maps and the Construction of the Idea of Europe". *Journal of Historical Geography*, vol. 25, n. 2, April, pp. 137-165.

WITTGENSTEIN, Ludwig (1975). *Remarques philosiphiques*. Paris, Gallimard. (Trad. Jacques Fauve de *Philosophische bemerkungen*.)

YAEGER, Patricia (1996). "Introduction: Narrating Space". In: YAEGER, Patricia (ed.). *The Geography of Identity*. Michigan, University of Michigan, pp. 1-38.

ZEVI, Bruno (1983). "Il Colloquio di Le Corbusier con la Storia". *Pretesti di Critica Architettonica*. Torino, Enaudi, pp. 155-163.

ZIELINSKI, Siegfried (1995). "Paris Revue Virtuelle". In: www.khm.de/~mem_brane/Forum/Phil/Paris.html.

ZUKIN, Sharon (1988). "The Postmodern Debate over Urban Form". *Theory, Culture & Society*, vol. 5, n. 2-3 (special issue *Postmodernism*.) London, Sage, pp. 431-446.

URBANISMO NA PERSPECTIVA

Planejamento Urbano – Le Corbusier (D037)
Os Três Estabelecimentos Humanos – Le Corbusier (D096)
O Substantivo e o Adjetivo – Jorge Wilheim (D114)
Arquitetura, Industrialização e Desenvolvimento – Paulo J. V. Bruna (D135)
Escritura Urbana – Eduardo de Oliveira Elias (D225)
Crise das Matrizes Espaciais – Fábio Duarte (D287)
O Urbanismo – Françoise Choay (E067)
A Regra e o Modelo – Françoise Choay (E088)
Cidades do Amanhã – Peter Hall (E123)
Área da Luz – R. de Cerqueira Cesar, Paulo J. V. Bruna, Luiz R. C. Franco (LSC)

Impressão e Acabamento
Bartira
Gráfica
(011) 4123-0255